GW01607517

DESSINER

mode d'emploi

LES ANIMAUX

VIGOT

Sommaire

Observer et dessiner les animaux 5
Le matériel de base 6
Outils et matériel 7
Techniques d'ombrage 9
Traits au crayon et textures 11
Comprendre les valeurs 12
Travailler l'ombre et la lumière 14
Décomposer en formes élémentaires 15
S'aider avec des formes 16
Dessiner avec précision 17
Le canard 18
La grue 19
Textures naturelles 20
Textures animales 22
L'ours 24
L'âne 26
L'écureuil 27
Expérimenter d'autres médiums 28
Le perroquet 30

Premiers pas vers les animaux 31
La biche 32
L'écureuil 34
Exprimer les émotions 35
Le coq 36
Le colley 37
Sélection de croquis 38
Dessiner des animaux en mouvement 40

Animaux du monde entier 43
Dessiner des animaux 44
Dessiner à partir de photographies 46
Calquage et utilisation d'une grille 48
Dessiner un animal vivant 49
Dessiner d'après nature 50

Animaux sauvages 51
L'éléphant 52
La gazelle 53
La girafe 54
L'iguane 55
Le babouin 56
L'antilope 57
Le flamand 58
Le toucan 59
Le chimpanzé 60
Le lion 62
Le panda géant 64
Le wapiti 65
L'élan 66
Le bison 68
Le loup 70
Le serpent à sonnette 71
L'ours blanc 72
Les manchots 74

Compagnons du quotidien : nos animaux de compagnie 75
Dessiner un lapin 76
Le cochon d'Inde 78
Les perruches 79
Le lapin 80
Le furet 81
Le perroquet 82
Le serpent 83

Jamais sans mon chien 85
Dessiner des chiens 86
Proportions et anatomie 88
Techniques d'ombrage pour la fourrure 90
Les museaux 91
Les chiots 92
Le dogue allemand 94
Le Setter irlandais 95
Le Springer 96
Le chiot shar-pei 97
Le bouledogue 98
Le doberman 99
Le Golden Retriever 100
Jouer avec les contrastes 102

Chats mystérieux 107
Dessiner des félins 108
Anatomie et proportions 110
La tête du chat 111
Techniques d'ombrage 112
Les traits des félins 113
Les pattes et les queues 114
Les formes de base 115
Le chat persan 116
Le chat tigré 118
Les chats à poils courts 120
Les attitudes courantes 122
Un chaton en action 124
Un chat perché 126

Les chevaux, fidèles compagnons 129
Anatomie et proportions 130
Techniques d'ombrage 132
Yeux et museaux 134
Oreilles et sabots 135
Étudier les profils 136
Les bases du profil 138
Portrait d'un pur-sang 142
Le poney 146
Le corps d'un poulain 148
L'arabe 150
Le poney Shetland 151
Le Quarter Horse 152
Le trotteur américain 154
Cheval et cavalier en mouvement 156
Le saut 158
Cheval de selle américain et cavalier 160

Masterclass en portraits animaliers 165
Composition d'un dessin 166
Les bases de la perspective 168
Le raccourci 169
Définir un point focal 170
Profondeur et importance des éléments de paysage 171
Paysages verticaux 173
Composer des scènes animalières 174
Le kangourou 176
L'éléphant d'Asie 182
Le koala 186
Faire un portrait ressemblant 192

Les cartoons 199
Pour commencer 200
Les animaux de cartoon 202
Quelle direction ? 203
Chauds et doux 204
Animaux en folie 206
Un peu de réalisme 208
Les traits du visage 210
Corps de bêtes 212
Humains malgré tout 214
Habillez-les ! 215
Pleins de vie 216
Créer une feuille de modèles 217

Animaux fantastiques 219
Construire des créatures 220
Associez les références 221
Créer des attributs physiques 222
Associer des parties d'anatomie 224
Pégase 226
Cerbère 228
Fáfnir 230
Le phénix 232
Le Minotaure 234

OBSERVER ET DESSINER LES ANIMAUX

Si vous aimez dessiner les animaux, vous avez là un sujet formidable ! Les animaux ne divergent pas uniquement dans leurs spécificités zoologiques : mammifères, poissons, oiseaux et autres insectes sont fascinants à bien d'autres égards. Saisir l'animal en mouvement est une gageure, même pour les dessinateurs les plus expérimentés. Pour qui veut apprendre à bien dessiner les animaux, il est indispensable de connaître ses outils. Il est tout aussi important d'entraîner son regard. Savoir restituer sur papier le tempérament d'un animal et sa façon de se mouvoir en un dessin réaliste et poignant requiert de l'observation, de la patience, et un entraînement studieux.

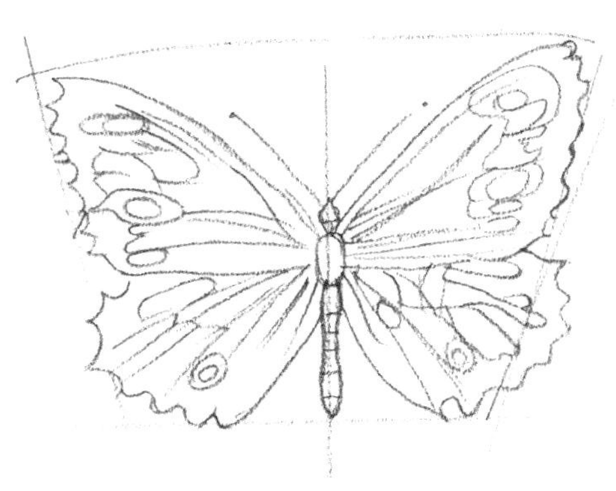

LE MATÉRIEL DE BASE

Le dessin n'est pas seulement un passe-temps amusant, c'est un art à part entière. Lorsque vous écrivez votre nom, même en caractères d'imprimerie, vous dessinez. Vous faites naître des formes en agençant des lignes. Si vous poussez un peu plus loin l'expérience en précisant des ombres et des zones claires, vous créerez un effet tridimensionnel qui va rendre votre dessin encore plus réaliste. L'un des grands avantages du dessin, c'est qu'il se pratique n'importe où et que le matériel nécessaire est très bon marché. Cependant, plus les fournitures sont chères et meilleures elles sont, donc achetez ce que vous pouvez vous offrir de mieux au départ et améliorez votre matériel dès que possible. Certes, tout objet capable de laisser une trace sur le papier peut servir à dessiner, mais dans ce cas, les fruits de vos efforts ne résisteraient pas au temps. Voici une sélection qui vous permettra de partir du bon pied.

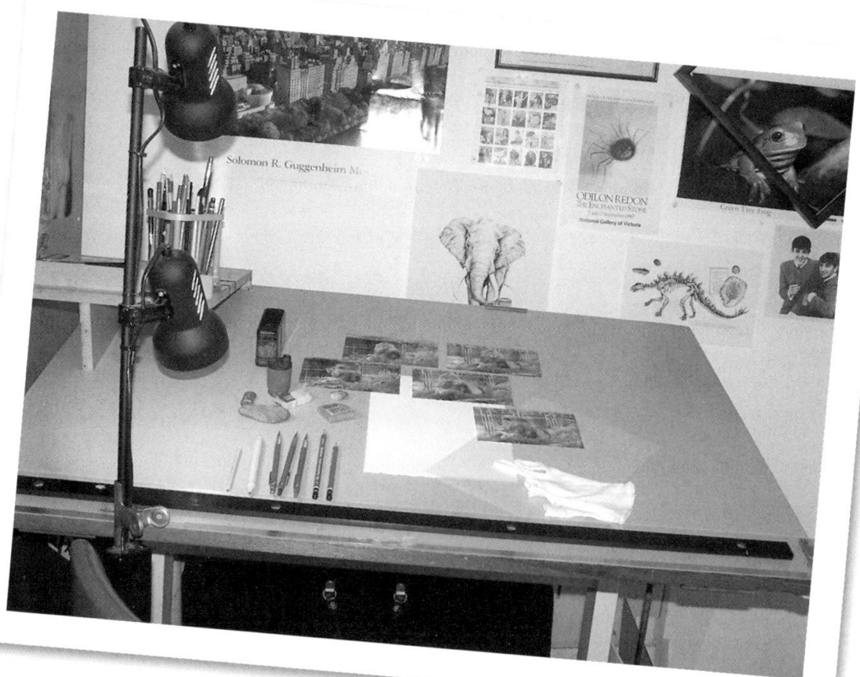

Plan de travail Installez-vous dans un endroit bien éclairé sur un plan de travail suffisamment grand pour que vous puissiez dessiner et étaler votre matériel dessus. Évidemment, le mieux serait de disposer d'une pièce entière dotée d'une rampe de spots d'éclairage, d'un chevalet et d'une table à dessin. Mais vous pouvez vous contenter d'un peu d'espace près d'une fenêtre qui vous fournisse un éclairage naturel. Si vous dessinez de nuit, procurez-vous une lampe à lumière chaude et une autre à lumière de jour de sorte à disposer d'un éclairage chaud (tirant vers le jaune) et d'un froid (tirant vers le bleu).

Carnets de croquis Les blocs à dessin existent dans une grande variété de formats et de reliures et proposent des papiers de textures et de grammages variés. Ils sont très pratiques pour faire des croquis rapides et dessiner en extérieur. Vous pouvez avoir recours à de grands carnets chez vous pour travailler à la conception d'une peinture ou emporter un petit bloc en voyage pour y noter vos impressions sur l'instant. Le plus souvent, c'est le papier de grain fin à moyen qui convient le mieux.

Supports pour fusain Les feuilles de papier pour fusain, libres ou en bloc, existent également dans une grande variété de textures. Certaines possèdent un grain très grossier qui permet des effets de matière. Ces papiers se présentent dans une large gamme de couleurs grâce auxquelles vous pourrez accentuer un effet de profondeur ou mieux accrocher le regard.

Papiers à dessin Pour la réalisation d'œuvres d'art, le mieux est d'avoir recours à des feuilles à l'unité. On en trouve dans une grande variété de textures : papier pressé à chaud (grain fin, satiné), papier pressé à froid (grain moyen), papier à gros grain ou grain torchon. Le papier pressé à froid est le plus polyvalent : de texture intermédiaire, il n'est pas tout à fait lisse et constitue un bon support pour toute une gamme de techniques de dessin différentes.

Outils et matériel

Qu'il soit au crayon, au fusain ou au lavis noir, le dessin comporte bien des avantages, et notamment celui de pouvoir emporter partout avec vous un matériel simple, léger… et peu coûteux ! Au fur et à mesure que vous explorerez différentes techniques de dessin, vous trouverez celle qui vous convient le mieux. Les outils et le matériel ci-dessous sont mes indispensables à moi. N'hésitez pas à tester d'autres outils, papiers et techniques. Il n'existe en effet pas une mais plusieurs façons de dessiner.

Pinceau Ce pinceau à petit prix (A) sert traditionnellement à enduire les viandes de sauce avant la cuisson et se trouve facilement en magasin. Je m'en sers pour enlever les morceaux de gomme ou d'autres particules de la surface du papier. C'est très pratique !

Stylo gomme Un stylo gomme rechargeable (B) est idéal pour les zones précises. Il convient de l'utiliser avec un pochoir de gommage.

Porte-crayon Ne jetez pas vos fins de crayons ! Utilisez un porte-crayon quand ils deviennent trop courts.

Tortillon Le tortillon (D), aussi appelé estompe, sert, dans les dessins au crayon ou au fusain, à créer des ombrages et des fondus. Lorsque la pointe est noircie, vous pouvez la nettoyer en la frottant contre une gomme mie de pain.

Gomme mie de pain La gomme mie de pain (E) est un outil indispensable. Elle se modèle pour atteindre des zones très détaillées ou peut être aplatie pour retirer du graphite ou du fusain du papier, sans en altérer la qualité. Elle ne s'effrite pas.

Grille de gommage Ce pochoir (F) sert à protéger les zones que vous ne voulez pas gommer.

Gomme en plastique Pratique pour gommer des zones plus larges, cette gomme (G) permet également d'éclaircir les valeurs sombres. Utilisez-la avec précaution pour ne pas endommager le papier.

Affûteurs Un taille-crayon à main (H) donnera à vos crayons une mine pointue. Vous pourrez en utiliser la pointe pour tracer des lignes fines et le côté pour réaliser des ombrages grâce à des traits plus larges. Un bloc de papier de verre (I) vous permet de définir plus précisément la forme de la mine de votre crayon. Faites rouler le crayon de côté entre vos doigts pour une mine ronde et uniforme, ou frottez-la à la verticale pour une mine émoussée de forme plus carrée.

Crayons Il en existe une grande variété. Je vous conseille d'en essayer plusieurs pour trouver celui qui correspond le mieux à votre façon de dessiner. On trouve des crayons de graphite en bois (J), en matière synthétique (K) ou mécaniques (porte-mines) (L). Les crayons sont classés par degré de dureté. Les pinceaux de type H sont secs et généralement utilisés pour les dessins aux valeurs claires. Ceux de type B, plus gras, sont utilisés pour ombrer différentes zones d'un sujet. Plus le chiffre précédant la lettre est élevé, plus le crayon est gras. Par exemple, un crayon 4H est très sec et donne une valeur claire, tandis que le 9B est très gras et produit un tracé sombre et dense.
Attention : les crayons secs peuvent marquer votre papier ; utilisez-les sans trop appuyer. Je commence habituellement mes esquisses avec un crayon HB, qui équivaut à un crayon n° 2 standard. Les crayons dont je me sers le plus souvent sont les HB, 3B, 4B, 6B et 9B. Ils me permettent de restituer une large gamme de valeurs. Toutes les références supérieures au 6B doivent être réservées aux zones les plus sombres de votre dessin.

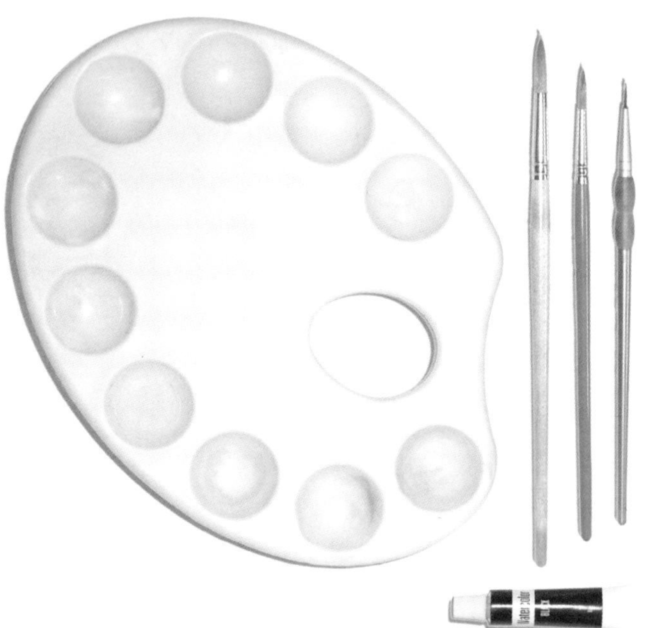

Aquarelle Vous voudrez peut-être ajouter quelques lavis (fines couches d'aquarelle) à vos dessins pour leur conférer plus de panache. Pour cela, seulement quelques pinceaux vous seront nécessaires (ma préférence va aux pinceaux en martre), ainsi qu'un tube d'aquarelle noire et une palette pour y mélanger différentes valeurs. Prévoyez également du papier essuie-tout pour absorber l'excès d'eau du pinceau. Je vous invite à tester quelques techniques sur des feuilles à dessin avant d'appliquer l'aquarelle sur le vôtre.

Fusain À l'instar des crayons, le fusain s'achète sous plusieurs formes, et les crayons fusains possèdent divers degrés de dureté, quoique moins que le graphite. Vous pouvez aussi vous procurer des bâtons de fusain bruts. Certains artistes utilisent même des bouts de bois brûlés récupérés dans leur cheminée. Pour créer des fondus au fusain, utilisez les mêmes outils que pour le graphite.

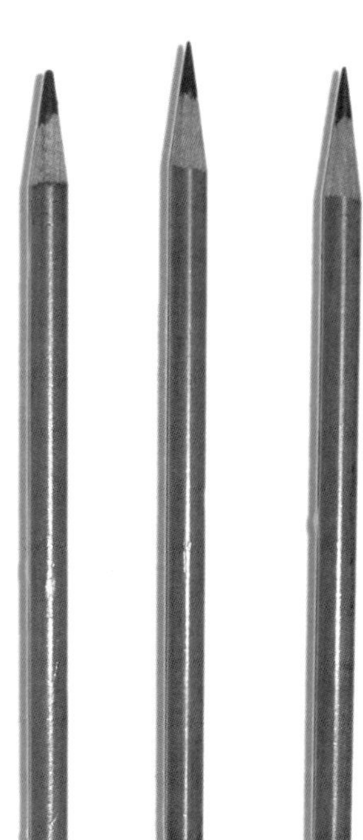

Table lumineuse Une table lumineuse vous permettra de transférer aisément votre esquisse sur une feuille de papier vierge ou de l'affiner en la décalquant sur une nouvelle feuille.

Comment tenir votre crayon à dessin

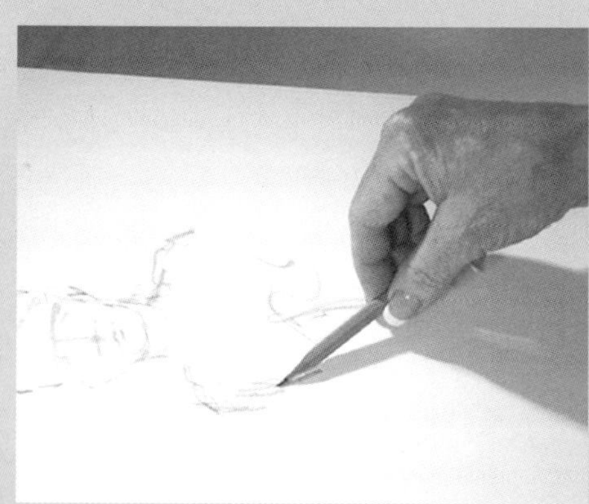

Sous la paume La position sous la paume vous permet de bouger le bras et le poignet aisément pour des esquisses énergiques et vivantes. Utilisez à la fois la mine et le côté de votre crayon, en changeant simplement l'angle de votre poignet et de votre bras.

Sous la paume – variante Tenir le crayon par son extrémité vous permet de donner de petits coups légers, courts ou longs. Cela vous aide aussi à mieux maîtriser le rendu des reflets, des zones sombres et des textures. Placez une feuille de protection sous votre poignet pour ne pas risquer de maculer votre dessin.

Écriture La position d'écriture, la plus courante, vous donne une plus grande précision sur la finition des détails et des lignes. Prenez garde à ne pas trop appuyer sur la mine pour ne pas marquer le papier. Et pensez à ne pas maintenir le crayon trop fermement pour éviter les crampes.

Techniques d'ombrage

Travailler les traits

Il n'est pas obligatoire d'utiliser une mine très affûtée pour tracer des lignes. Dans certains cas, une mine émoussée est parfois même plus appropriée pour obtenir un effet en particulier. Si vous utilisez des mines à diamètre plus large, l'effet d'une mine émoussée sera d'autant plus accentué. Amusez-vous à tester vos différents crayons pour découvrir le style de traits qu'ils produisent. Prenez une mine affûtée puis une émoussée et testez librement en traçant toutes sortes de lignes. Entraînez-vous avec les exemples proposés ci-dessous pour fluidifier vos mouvements.

Vous remarquerez sûrement que certains de vos griffonnages rappellent certaines images ou textures. Par exemple, des petits « v » font penser à des oiseaux en vol, des lignes ondulantes à la mer.

Dessiner avec une mine émoussée

Il est intéressant de reproduire cet exercice avec une mine émoussée. Vous verrez que, même en gardant la même position et en donnant les mêmes coups de crayon, les résultats seront différents. Observez bien les exemples de cette page : les mêmes traits ont été dessinés, mais le crayon à la mine émoussée a produit un effet différent. Vous pouvez obtenir une mine émoussée en frottant la mine de votre crayon contre un bloc de papier de verre ou un morceau de papier rugueux.

Exercice

Dessiner avec une mine affûtée

Commencez par tracer des lignes parallèles, verticalement, puis en diagonale. Faites des courbes, en donnant de grands puis de petits coups de crayon. Tracez ensuite des lignes ondulantes, en diagonale, puis d'autres verticales et courtes. Tracez une spirale puis de courtes courbes rapprochées. Entraînez-vous ensuite à varier la pression de votre mine. Les « O », les « V » et les « U » comptent parmi les lettres les plus communément utilisées dans les dessins.

« Peindre » au crayon

Donner un style pictural à vos tracés conférera à votre dessin une nouvelle dimension. Imaginez que votre crayon est un pinceau et laissez à votre bras une plus grande latitude de mouvement. Pour cela, essayez la position sous la paume, en tenant votre crayon entre votre pouce et votre index et en utilisant le côté du crayon (voir page 8). Pour éviter d'avoir à l'affûter trop fréquemment, faites rouler le crayon entre vos doigts de temps à autre pour changer de côté. Plus la mine est large, plus vos lignes seront épaisses. Plus votre mine est grasse, plus son effet pictural sera grand. Les exemples ci-dessous ont tous été réalisés sur du papier lisse avec un crayon 6B, mais vous pouvez faire l'essai sur du papier plus rugueux pour un effet moins régulier.

Premiers pas Commencez par de simples coups de crayon rapprochés, verticaux, horizontaux et courbes. Appliquez une forte pression au début pour la relâcher à mesure que vous progressez.

Jouer sur la pression Couvrez au hasard une petite zone de papier, en variant l'intensité de pression que vous appliquez. Gardez un mouvement fluide et relâché.

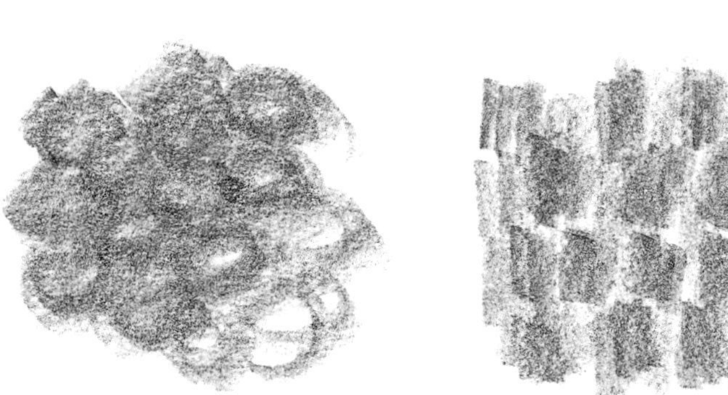

Utiliser de plus petits traits Pour le premier exemple, tracez de petits cercles. Ils évoquent la peau tannée d'un animal. Pour le deuxième exemple, appliquez de petits coups de crayons, en alternant pression forte puis pression faible pour obtenir un rendu de pierre ou de brique.

Mouvements fluides Tracez de grands traits verticaux, en variant la pression à chaque fois, jusqu'à ce que vous voyiez des herbes hautes (à gauche). Testez ensuite des mouvements légèrement plus relâchés, comme pour dessiner de l'eau (exemples de droite), en formant tout d'abord de petits mouvements de spirale avec votre bras (en haut) puis en dessinant des ondulations en variant la pression (en bas).

Exercice

La sensation du crayon sur le papier

Avec le temps, vous allez développer une meilleure perception de la façon dont le crayon interagit avec le papier en fonction du type de hachure. La pression que vous devez exercer deviendra également un réflexe plus naturel, ancré dans votre main. Mais tout cela nécessite que vous vous entraîniez avec des exercices tels que celui-ci.

Commencez par dessiner un motif hautement artistique composé de cercles et d'ovales variés. Remplissez les surfaces ainsi créées avec des hachurages ou des zones d'ombre. L'important est de développer des réflexes et une habitude de travail avec vos crayons. Mieux vous aurez vos crayons en main, plus vous prendrez confiance en vos capacités.

Traits au crayon et textures

Si vous êtes débutant, concentrez-vous pour l'instant sur l'apprentissage du dessin plutôt que sur le résultat final. Tenez votre crayon de manière décontractée, afin que vos traits coulent facilement et vous permettent de garder une approche simple et directe. Commencez par bien observer la silhouette générale de l'objet, puis ébauchez quelques lignes de guidage à partir de vos observations. Une fois ces lignes correctes, faites votre dessin préliminaire, en vous concentrant sur les angles, les silhouettes et les masses de la ligne de base. Un trait de crayon assuré n'est pas seulement une question de talent : il provient aussi de la pratique. Étudiez les différents types de textures et de hachures présentés sur cette page, et faites quelques exercices d'entraînement. Donnez quelques écailles au poisson, ajoutez des briques au mur ou du feuillage aux arbres.

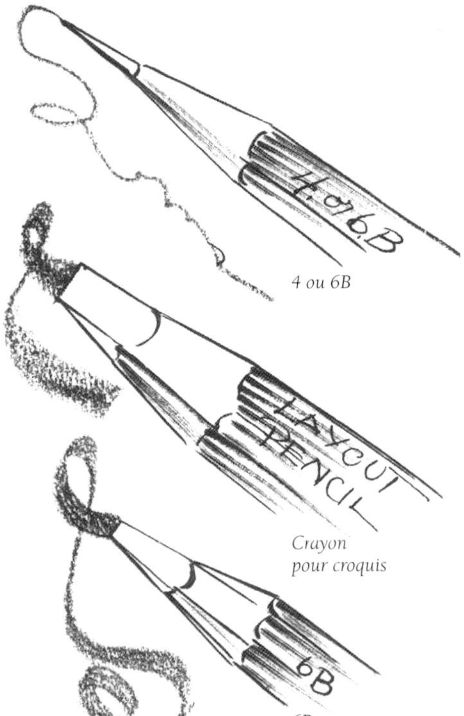

4 ou 6B

Crayon pour croquis

6B

Prenez note du type de trait que laissent les différentes pointes de crayon.

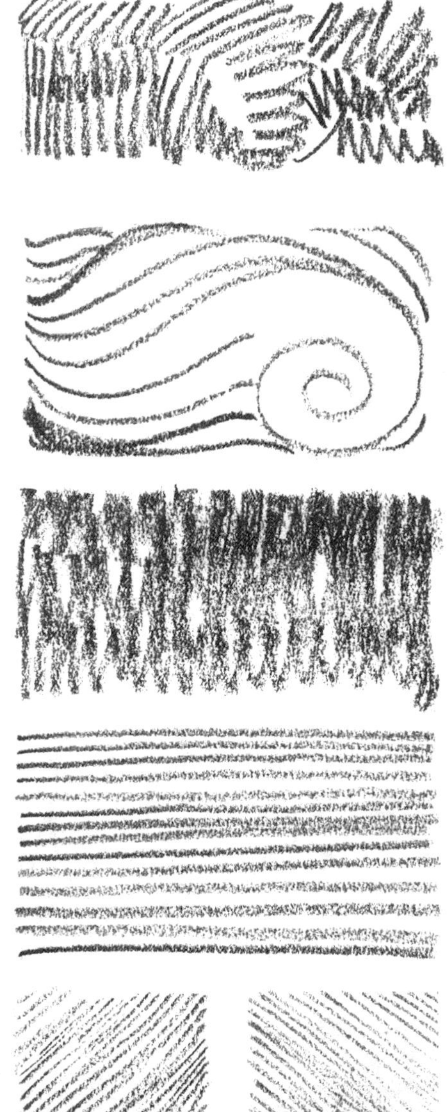

Comprendre les valeurs

Maintenant que vous avez acquis quelques bases sur la création de tons pleins, testez différentes duretés de crayon pour créer des variations de *valeurs* (la relative clarté d'une couleur ou d'un noir). En jouant sur les ombrages (ajout de valeurs foncées) et les dégradés (ajout de valeurs claires), vous opérez des variations de valeurs qui transportent vos dessins dans un univers tridimensionnel et leur donnent un aspect réaliste.

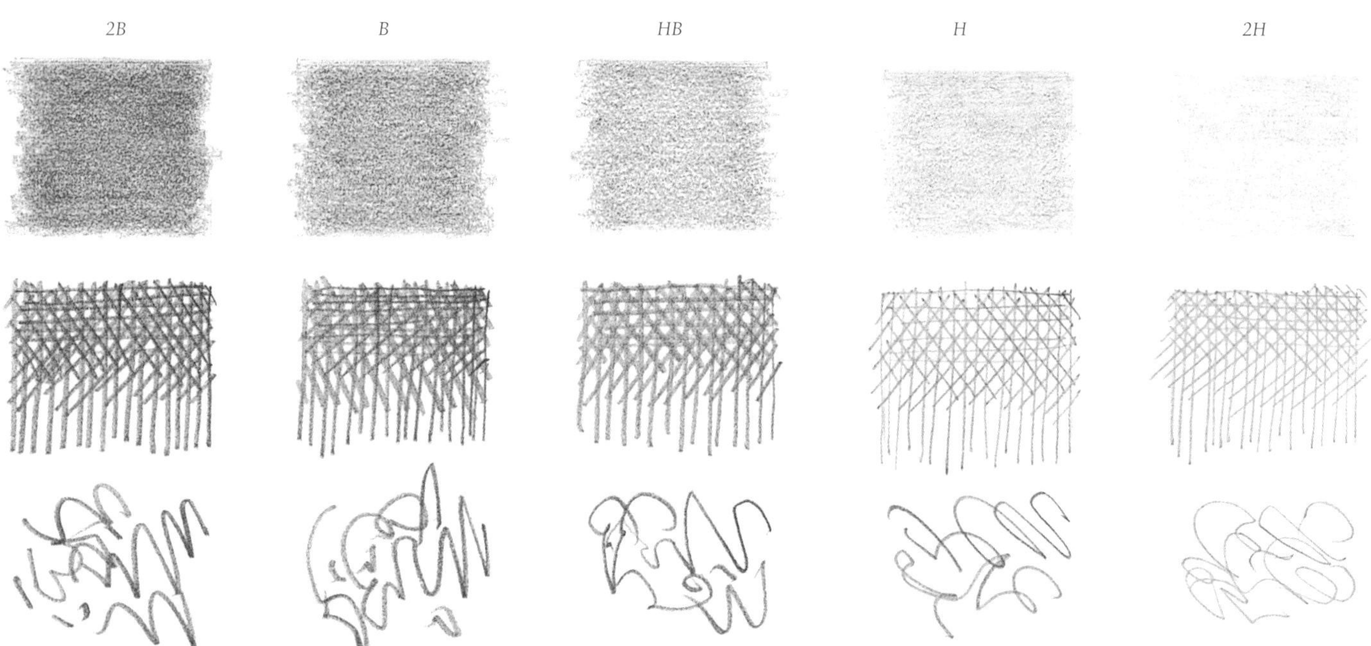

Tableau de valeurs Choisissez une série de crayons allant du plus sec au plus gras (j'ai utilisé ici des crayons 2B, B, HB, H et 2H). Utilisez chaque crayon pour appliquer différentes techniques, comme les traits droits, les hachures et les traits spontanés. Veillez à exercer toujours la même pression. Une fois que vous avez terminé, notez sous chaque essai le crayon utilisé. Ce tableau vous aidera à choisir la dureté de votre crayon en fonction des valeurs et des effets désirés.

Échelle de valeurs Composer vous-même une échelle de valeurs vous permettra de vous familiariser avec leur variation. Choisissez une série de crayons (j'ai utilisé ici des crayons 2B, B, HB, H et 2H). Commencez avec un 2B et remplissez une zone de lignes horizontales et régulières. Remplissez la zone suivante avec un B. Poursuivez ainsi jusqu'à la teinte la plus claire, avec le 2H.

Échelle de valeurs estompées Composez une nouvelle échelle de valeurs, cette fois-ci en estompant le graphite à l'aide d'un tortillon pour créer une gradation douce et régulière. Commencez par la gauche avec votre 2B puis avancez vers la droite, en estompant le graphite uniformément pour créer une texture fluide. Lorsque vous arrivez aux valeurs les plus claires avec votre 2H, appliquez des coups de crayon très légers et réguliers qui viendront se fondre dans le blanc du papier.

Comment ombrer un dessin

Vous pouvez donner du relief à vos dessins en jouant sur les valeurs, c'est-à-dire sur la luminosité ou l'obscurité relative d'une couleur ou d'un noir. Ainsi, le fait de varier les valeurs de gris permet par exemple de mieux définir la forme d'un objet. Comme les valeurs nous éclairent davantage sur le volume d'un objet que sur son contour, les artistes figuratifs utilisent un ensemble de techniques (dont celles présentées ci-dessous) pour créer toute une palette d'ombres et d'effets de lumière, et réaliser ainsi des dessins aux formes et aux proportions plus réalistes.

Le grisé à plat Pour ombrer des zones importantes et créer une demi-teinte généralisée en tenant le crayon sous la main.

Le dégradé En tenant le crayon sous la main, appuyez de fortement à légèrement sur la mine pour obtenir une gradation régulière des valeurs de gris.

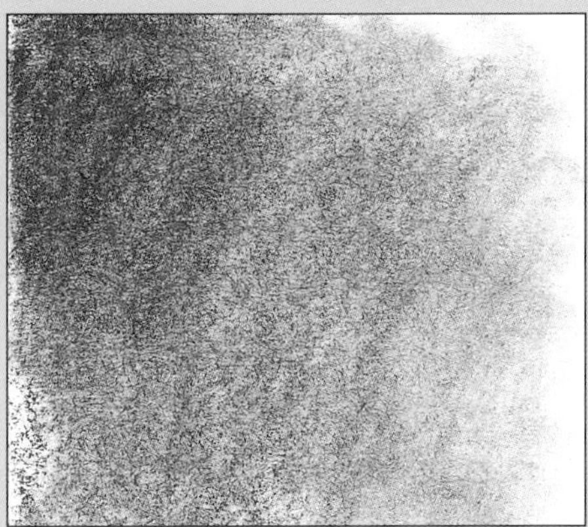

L'estompage Pour une transition très douce d'une valeur à l'autre et des contours flous, travaillez le grisé du bout du doigt ou au tortillon.

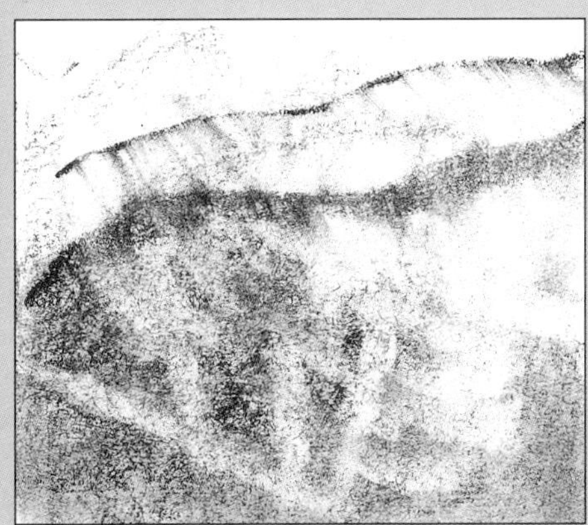

Le gommage Pour adoucir les contours et modifier le tracé, travaillez avec un petit morceau de gomme mie de pain (ou avec un fragment de gomme en plastique aux contours bien nets).

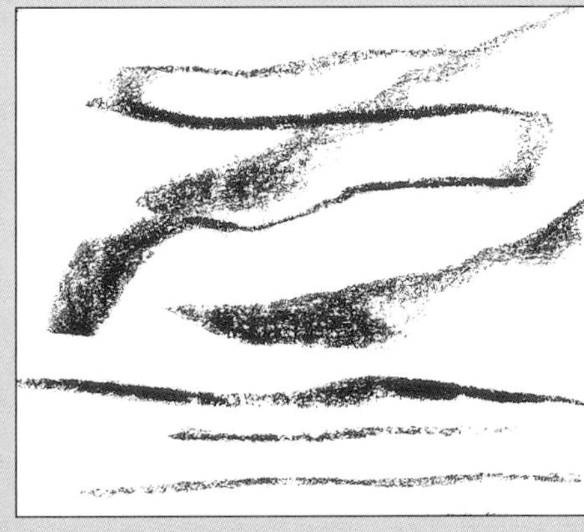

Le tracé expressif Pour réaliser ce tracé, tenez le crayon en position intermédiaire, puis dessinez en le poussant, en le tirant ou en lui faisant faire des cercles en variant la pression exercée.

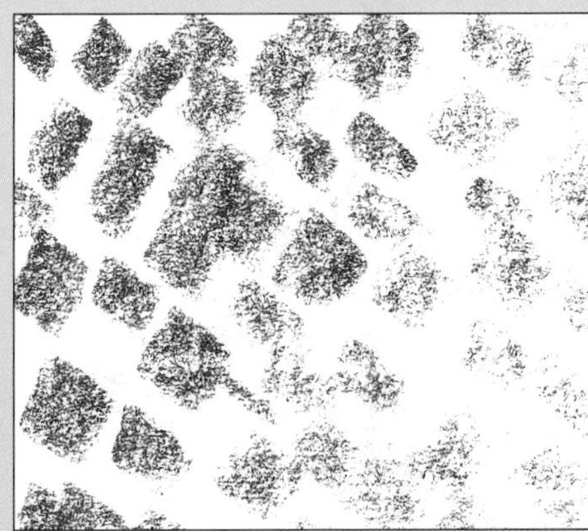

Le pointillage Pour créer un motif en arrière-plan, tel un papier peint ou un tapis, utilisez cette technique en variant la pression exercée sur le crayon, et faites preuve d'imagination.

Les croisillons Pour obtenir une ombre plus soutenue ou donner du volume, dessinez des croisillons. Plus ils se recoupent et s'entrecroisent, plus la zone sera foncée.

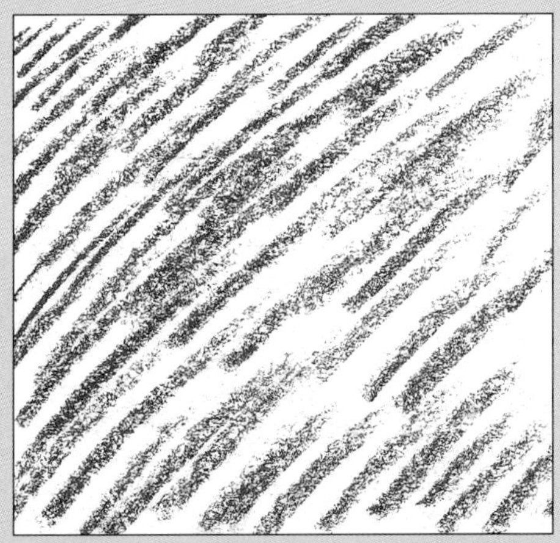

Le hachurage Pour donner du volume à une zone en l'ombrant, hachurez-la en traçant des traits parallèles qui épousent la forme, l'arrondi ou la direction de la surface.

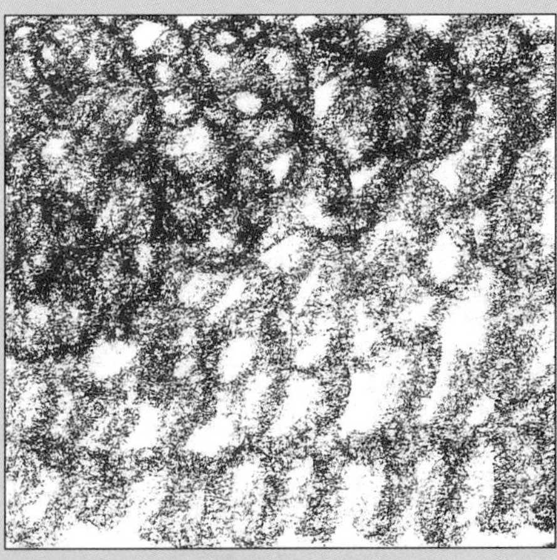

Le gribouillage Pour obtenir un dessin plus contrasté, gribouillez certaines parties en y dessinant des boucles aléatoires d'un trait plus ou moins appuyé.

Travailler l'ombre et la lumière

Chaque forme que nous percevons est le résultat de la rencontre entre la surface de l'objet et la lumière. Pour obtenir un effet réaliste, le sujet doit être éclairé de façon à révéler sa forme réelle. Par exemple, si vous éclairez la face d'un objet, vous ne verrez pas les ombres qui se forment normalement sur les côtés et il vous semblera plat. Si vous l'éclairez de trois quarts, des ombres se formeront. La variation des valeurs donne ainsi du volume aux sujets.

On compte deux principaux types d'ombre : les ombres portées et les ombres propres. Les ombres portées sont celles que l'objet projette sur d'autres surfaces. Les ombres propres sont celles qui se forment sur la surface de l'objet lui-même – ce sont elles qui donnent à l'objet sa profondeur. Les ombres propres varient en fonction de la source de lumière. Plus elles s'éloignent de la lumière, plus elles s'assombrissent.

Un dessin sur lequel le contraste en ombre et lumière est très net (valeurs sombres très foncées et valeurs particulièrement claires) est dit à « fort contraste », tandis qu'un dessin composé principalement de valeurs claires ou de demi-teintes est dit à « faible contraste ». Ajouter du contraste à vos dessins fera ressortir le volume de vos sujets en leur donnant un aspect tridimensionnel – mais vous pouvez opter pour moins de contraste lorsque vous traitez des sujets plus « doux », comme une lionne allaitant ses petits. Explorez les différences entre des dessins à fort et à faible contraste en étudiant les exemples ci-dessous.

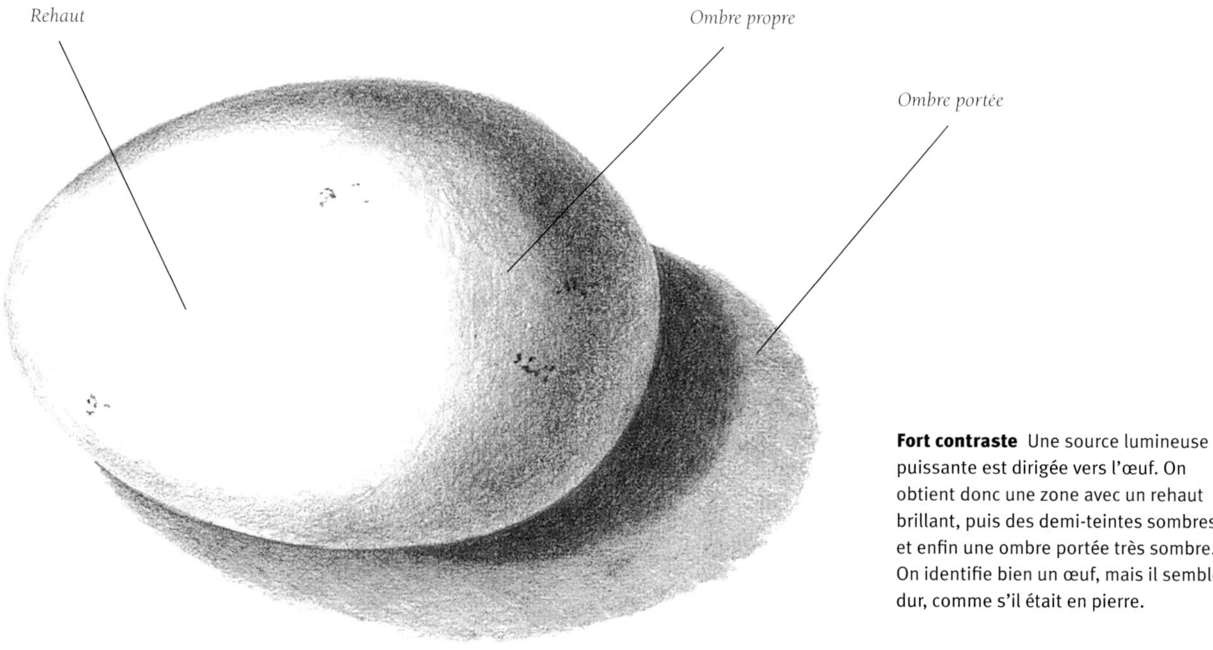

Fort contraste Une source lumineuse puissante est dirigée vers l'œuf. On obtient donc une zone avec un rehaut brillant, puis des demi-teintes sombres et enfin une ombre portée très sombre. On identifie bien un œuf, mais il semble dur, comme s'il était en pierre.

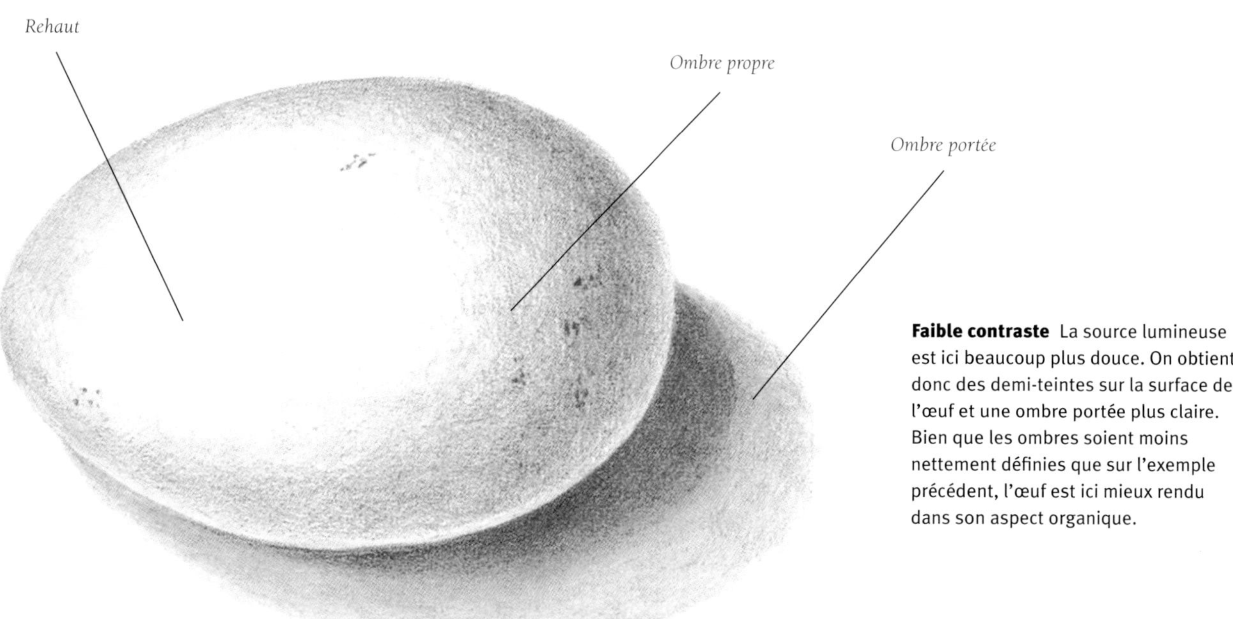

Faible contraste La source lumineuse est ici beaucoup plus douce. On obtient donc des demi-teintes sur la surface de l'œuf et une ombre portée plus claire. Bien que les ombres soient moins nettement définies que sur l'exemple précédent, l'œuf est ici mieux rendu dans son aspect organique.

Décomposer en formes élémentaires

Quiconque peut dessiner n'importe quel sujet dès lors qu'il est capable de décomposer ce sujet en formes élémentaires telles que cercles, rectangles, carrés et triangles. En dessinant un contour englobant les formes qui composent son sujet, il obtiendra la silhouette générale de celui-ci. Mais tout objet réel a trois dimensions : c'est un volume. Les volumes correspondant aux formes élémentaires sont la sphère, le cylindre, le cube et le cône. Par exemple, le ballon ou le pamplemousse sont des sphères, le bocal ou le tronc d'arbre sont des cylindres, la boîte ou le bâtiment sont des cubes, et le sapin et l'entonnoir sont des cônes. Les premières étapes de réalisation d'un dessin ne sont pas plus compliquées que cela : repérer les formes et les transformer en volumes. Ensuite, il ne reste plus qu'à lier ces volumes, affiner les lignes et ajouter des détails.

Créer des volumes Les schémas ci-dessous montrent comment créer des volumes à partir de quatre formes de base. Des ellipses permettent de passer du cercle à la sphère, du rectangle au cylindre et du triangle au cône ; on obtient un cube en reliant deux carrés avec des lignes parallèles.

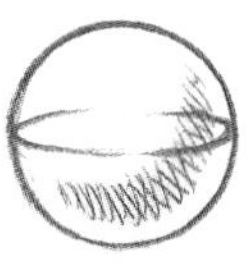

Sphère

Cylindre

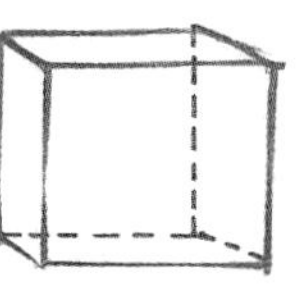

Cube

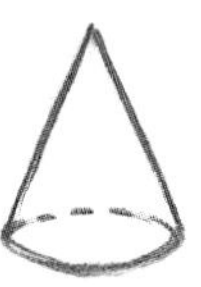

Cône

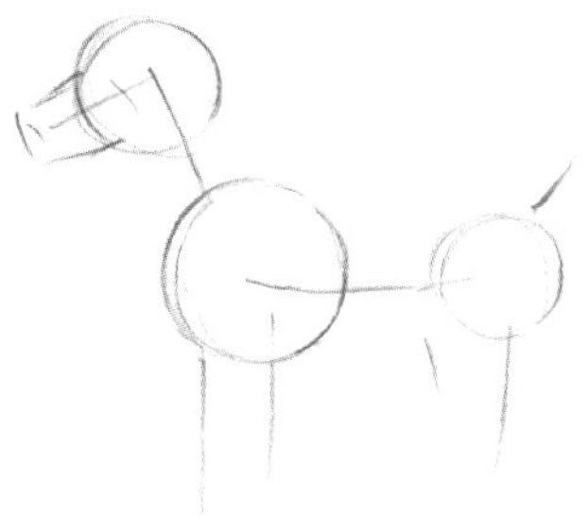

Combiner diverses formes Dans ces exemples, vous voyez comment on commence en dessinant des formes élémentaires. On indique tout d'abord la direction du mouvement puis on reconstruit la forme du chien et du poussin à l'aide d'ovales, de cercles, de rectangles et de triangles.

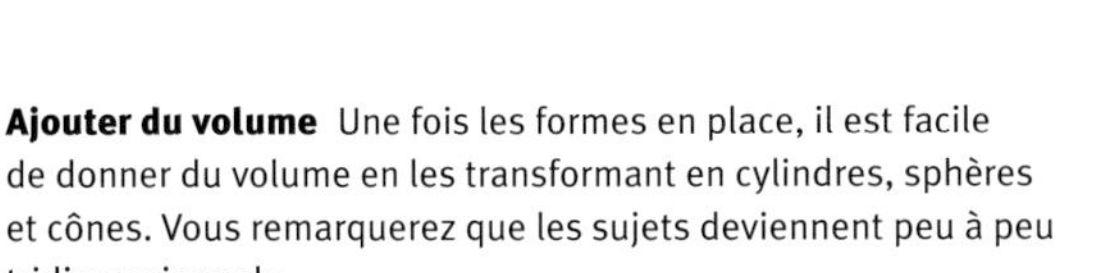

Ajouter du volume Une fois les formes en place, il est facile de donner du volume en les transformant en cylindres, sphères et cônes. Vous remarquerez que les sujets deviennent peu à peu tridimensionnels.

Dessiner en transparence Il s'agit de dessiner les formes exactes du sujet en intégrant toutes les lignes de construction, même celles qui n'apparaîtront peut-être plus à la fin. Au moment d'indiquer les volumes, les faces arrière du chien et du poussin ci-contre ont été dessinées. Même si, dans le dessin final, cette partie de leurs corps n'est pas visible, la visualiser permet d'obtenir un effet tridimensionnel. Pour parachever le dessin, il suffit d'affiner les contours et d'ajouter les plumes duveteuses du poussin.

S'AIDER AVEC DES FORMES

Lorsque vous débutez, dessiner des animaux d'après nature peut être un vrai casse-tête. Bien souvent, vos premiers essais ressemblent à tout sauf à l'animal que vous avez devant vous. Ne vous découragez surtout pas. Vous venez sûrement de dessiner l'idée préconçue de ce à quoi l'animal devrait ressembler au lieu de le dessiner vraiment. La meilleure façon d'éviter cela est de faire un effort délibéré pour ne pas dessiner l'animal, mais, à la place, de dessiner les formes qui le composent. En décomposant l'animal en simples cercles, ovales, carrés ou triangles, vous vous faciliterez la tâche, et serez sûr d'en établir la bonne structure et les bonnes proportions.

Voici quelques exemples de dessins d'animaux composés de formes simplifiées. Comme vous le voyez, des cylindres, des cercles et des ovales servent de lignes conductrices pour chaque dessin. J'utilise souvent cette technique lorsque j'entreprends un nouveau portrait d'animal. Quand vous dessinez d'après nature, commencez par dessiner ces formes et ces lignes simples. Faites-le en quelques coups de crayon rapides et fluides, en restant simple. Si l'animal bouge, ne baissez pas les bras et commencez un nouveau dessin sur la même page, ou sur une nouvelle. Les animaux reviennent souvent à leur position après avoir tourné un peu, et vous pourrez reprendre votre dessin. Remplissez votre page de différentes vues et angles de l'animal en mouvement. Ne vous préoccupez pas des petits détails : tentez de saisir la forme et l'expression de l'animal, comme si vous en preniez une « photo instantanée » avec votre crayon.

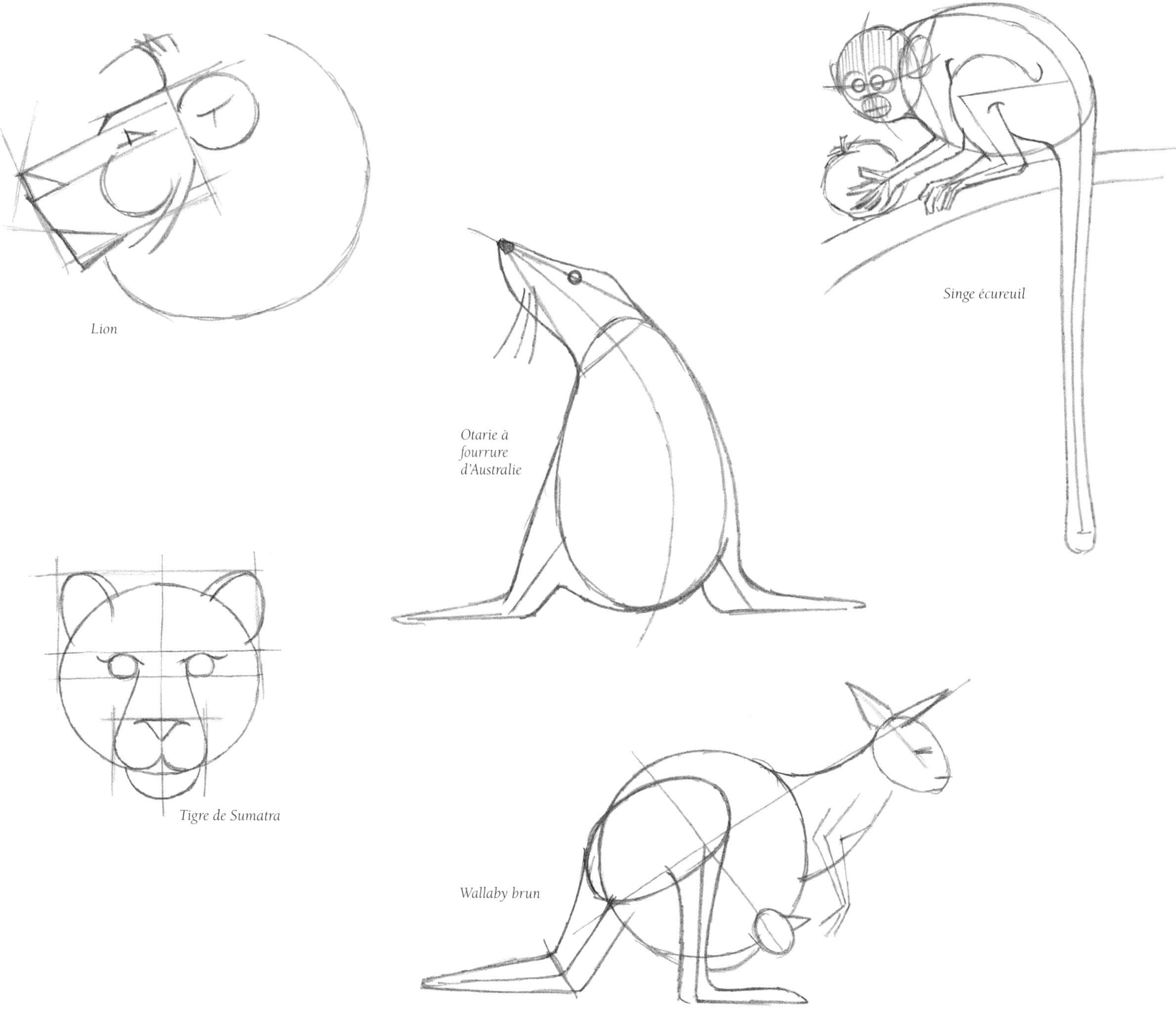

Lion

Singe écureuil

Otarie à fourrure d'Australie

Tigre de Sumatra

Wallaby brun

Dessiner avec précision

Pour que votre dessin soit le plus ressemblant possible, la précision est indispensable. Si votre style est plutôt impressionniste, la précision clinique n'est pas aussi primordiale – mais votre dessin doit tout de même conserver un certain degré de réalisme pour convaincre le spectateur que l'image est « plausible ». Voici trois méthodes efficaces pour restituer un profil de lionne avec une précision réaliste.

Dessiner à main levée

Le dessin à main levée est une technique qu'il est nécessaire d'acquérir et d'entretenir, car elle permet d'observer et de comprendre la forme et la structure d'un sujet. Plus vous vous entraînerez, meilleur vous serez. Je commence toujours par observer le sujet avant de le décomposer en formes basiques, accompagnées de notes sur les dimensions.

Commencer simplement Ce profil peut être considéré comme une association de triangles, de cercles, d'angles et de lignes. Je commence par tracer deux lignes de référence verticales, coupées par deux lignes horizontales perpendiculaires. À l'intérieur du carré ainsi formé, je dessine un triangle figurant l'œil. J'utilise ensuite une série de traits droits pour marquer les angles et la position de la tête et de ses divers éléments. J'obtiens ainsi une structure de base pour mon dessin.

Développer le dessin J'affirme ensuite les contours de mon dessin à coups de crayon assurés, en étoffant la forme du sujet au fur et à mesure. Je me réfère en permanence à la photo qui me sert de modèle. Je ne gomme pas toutes les lignes conductrices : je pars d'elles pour tracer une série de lignes de « recherche » qui sculptent le profil, en fonçant celles qui me semblent correctes. Ne vous inquiétez pas si votre dessin devient un peu brouillon avec toutes ces lignes de recherche, car les yeux du spectateur seront attirés par les lignes corrigées, c'est-à-dire les plus sombres. Il m'a fallu à peu près 15 minutes pour terminer ce dessin à main levée.

Le canard

Les oiseaux sont des sujets merveilleux parce qu'ils ont des lignes nettes et simples, et qu'on peut les rendre avec un minimum ou un maximum de détails selon son choix. Les dessins commencent avec une simple silhouette de base – un ovale ou un cercle – autour de laquelle on construit le reste de l'oiseau.

Le canard de cette page fournit aussi une excellente étude de la proportion. La proportion est la relation adéquate d'une partie par rapport à une autre ou à l'ensemble, particulièrement en termes de taille et de forme. Le corps de ce canard fait deux fois la longueur de sa tête et de son cou, et son bec est pratiquement aussi long que sa tête. Gardez ces proportions à l'esprit lorsque vous esquisserez votre dessin.

Conseil d'artiste
Rassemblez quelques photographies de divers oiseaux pour vos dessins d'entraînement. Il est beaucoup plus facile de travailler d'après des images que d'essayer d'obtenir de votre sujet à plumes qu'il arrête de se dandiner !

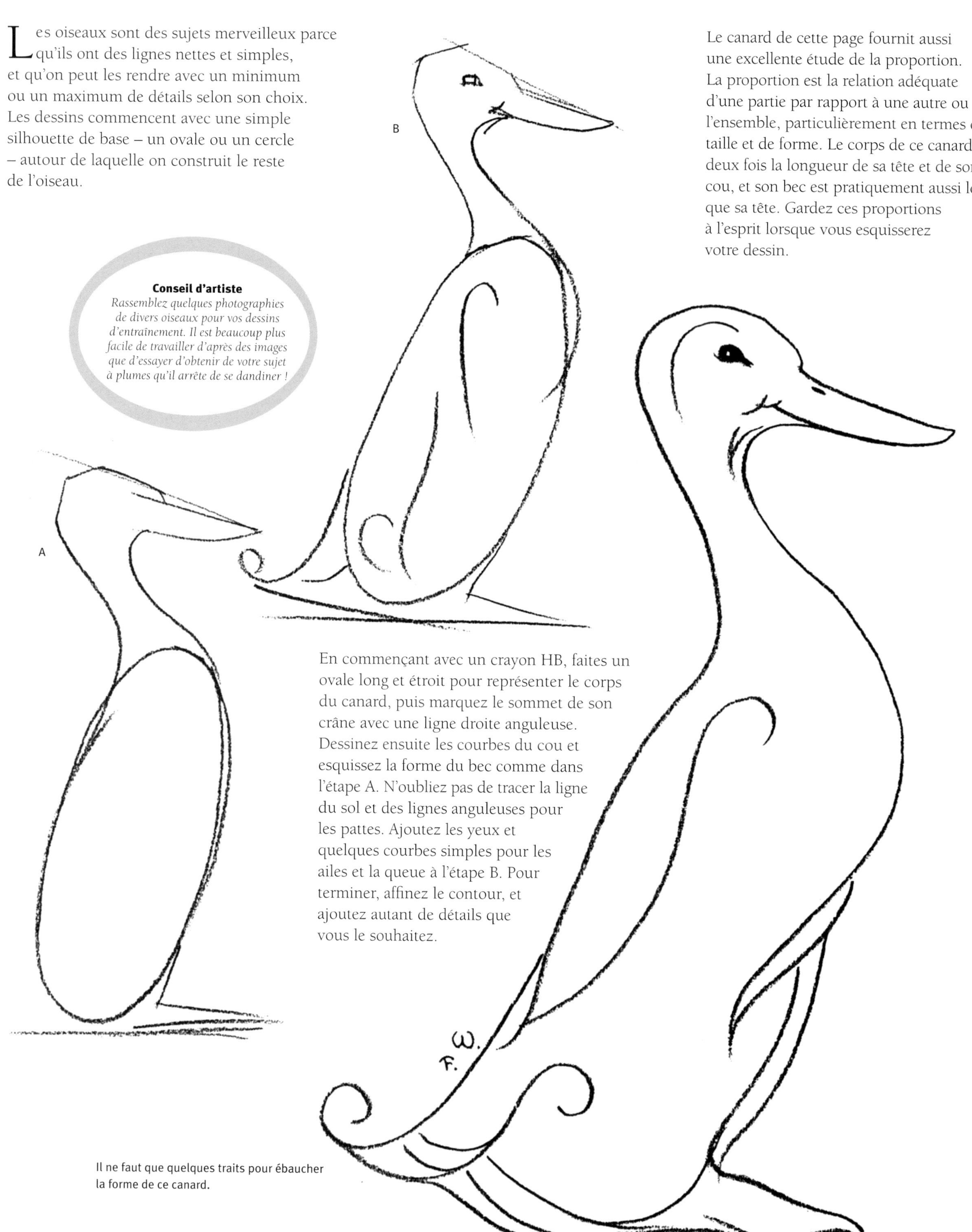

En commençant avec un crayon HB, faites un ovale long et étroit pour représenter le corps du canard, puis marquez le sommet de son crâne avec une ligne droite anguleuse. Dessinez ensuite les courbes du cou et esquissez la forme du bec comme dans l'étape A. N'oubliez pas de tracer la ligne du sol et des lignes anguleuses pour les pattes. Ajoutez les yeux et quelques courbes simples pour les ailes et la queue à l'étape B. Pour terminer, affinez le contour, et ajoutez autant de détails que vous le souhaitez.

Il ne faut que quelques traits pour ébaucher la forme de ce canard.

La grue

Les grues sont des oiseaux de grande envergure, gracieux, avec un long bec et de longues pattes. Leurs lignes élégantes en font un bon sujet, aussi bien pour les dessins au pinceau et à l'encre que pour ceux au crayon. Quel que soit le médium que vous avez choisi, le premier stade de votre dessin consiste à esquisser un ovale pour le corps de l'oiseau au crayon HB. À l'étape B ébauchez le contour des ailes et indiquez l'emplacement général des pattes et de la tête. Développez davantage le contour et ébauchez certaines des plumes de l'aile.

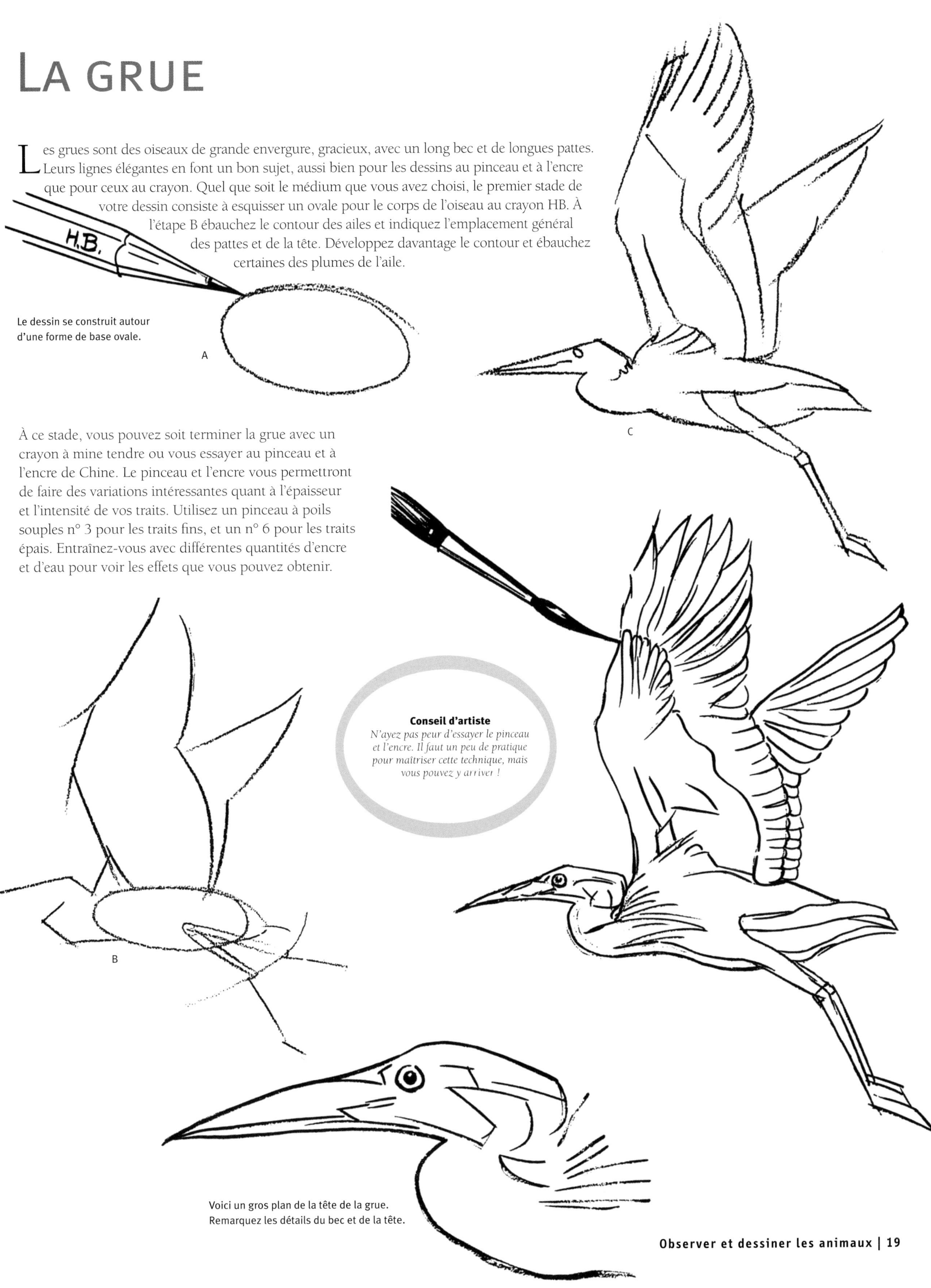

Le dessin se construit autour d'une forme de base ovale.

À ce stade, vous pouvez soit terminer la grue avec un crayon à mine tendre ou vous essayer au pinceau et à l'encre de Chine. Le pinceau et l'encre vous permettront de faire des variations intéressantes quant à l'épaisseur et l'intensité de vos traits. Utilisez un pinceau à poils souples n° 3 pour les traits fins, et un n° 6 pour les traits épais. Entraînez-vous avec différentes quantités d'encre et d'eau pour voir les effets que vous pouvez obtenir.

Conseil d'artiste

N'ayez pas peur d'essayer le pinceau et l'encre. Il faut un peu de pratique pour maîtriser cette technique, mais vous pouvez y arriver !

Voici un gros plan de la tête de la grue. Remarquez les détails du bec et de la tête.

Textures naturelles

On trouve dans la nature des textures parmi les plus délicates et fascinantes. La faune est tout particulièrement intéressante à dessiner, car chaque animal possède ses propres éléments de texture. Prenez un oiseau : son plumage chatoyant, ses pattes écaillées, son bec lisse et ses yeux brillants. Qu'est-ce qu'un artiste peut demander de plus ?
Toutes les textures que je peux trouver dans mon jardin sont autant de sollicitations et de défis à relever, du délicat papillon à la marmotte au poil hirsute. Je vous présente ici des textures aperçues chacune autour de chez moi. D'autres encore vous attendent au pas de votre porte.

Plumes

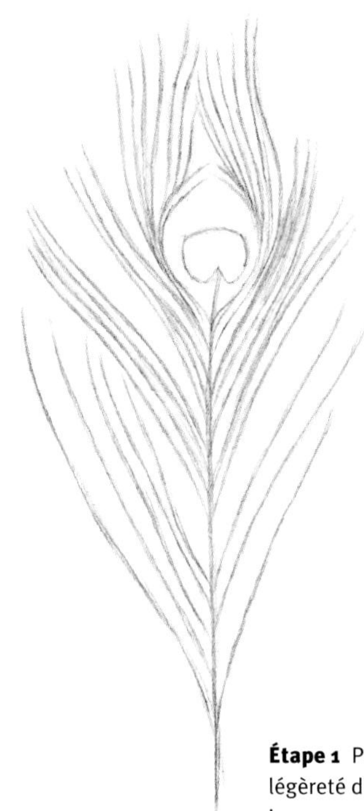

Étape 1 Pour transcrire la légèreté d'une plume de paon, je commence par dessiner des traits fins partant d'une ligne centrale verticale. Je dessine ensuite un cercle dans un ovale pour l'« œil » de la plume. Je trace les lignes courbes qui entourent cet « œil » de manière à ce qu'elles suivent la forme ovale.

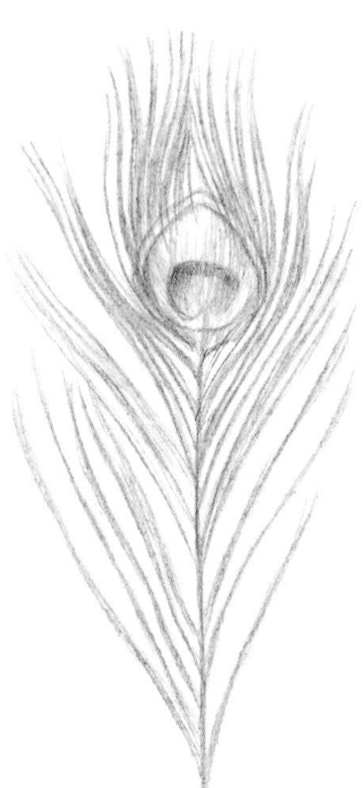

Étape 2 J'assombris le centre de l'« œil » pour mettre en valeur ce motif caractéristique du paon. La zone autour du centre reste dans des valeurs très claires pour indiquer le changement de couleur et la délicate texture de la plume.

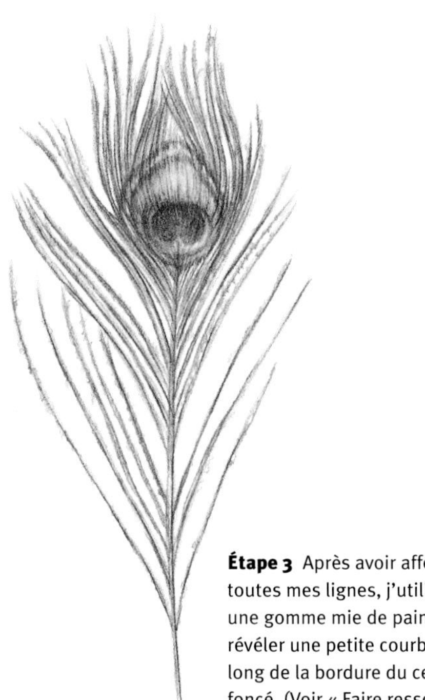

Étape 3 Après avoir affermi toutes mes lignes, j'utilise une gomme mie de pain pour révéler une petite courbe le long de la bordure du centre foncé. (Voir « Faire ressortir le plumage » ci-dessous pour plus de détails.)

Faire ressortir le plumage

J'utilise ici une gomme pour révéler les bordures blanches des plumes. Je renforce ensuite les contours au crayon pour indiquer leur délimitation. Il est bien souvent difficile de maîtriser la forme des contours d'un élément mis en volume, qui perdent alors de leur finesse. J'utilise de petits traits qui suivent le sens des plumes pour leur donner plus de matière. Je crée enfin un fondu en arrière-plan avec une gomme pour mieux faire ressortir le plumage.

Écailles et peau

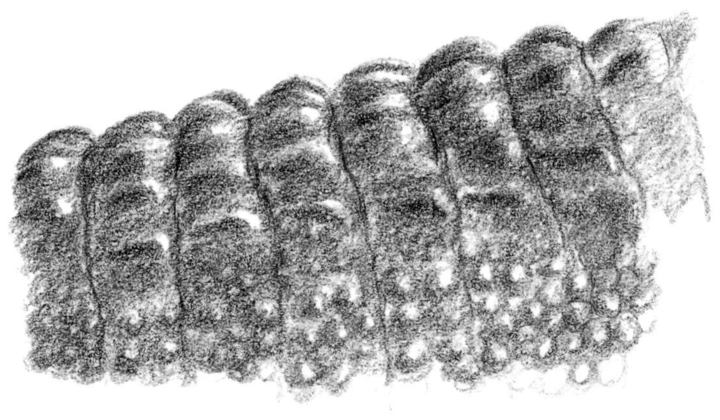

Alligator J'utilise un crayon gras et large sur du papier calandré, les aspérités d'un papier rugueux pouvant interférer avec la texture tannée et bosselée de la peau de l'alligator. Lorsque vous travaillez des textures, observez attentivement la direction de la source lumineuse – la peau d'un alligator est constituée de nombreuses petites stries, et chacune doit être correctement éclairée pour que le rendu final soit réaliste.

Poisson Je commence par esquisser les écailles, en concentrant mon attention sur les détails. J'ajoute ensuite un ombrage à la base des écailles là où elles se chevauchent pour accentuer cette texture particulière. Notez qu'un rehaut a été appliqué sur chaque écaille – rappelant le scintillement de la peau des poissons.

Papillon Je définis en premier le lieu le contour du dessin à l'aide d'un crayon HB bien affûté. Je dessine ensuite, sans appuyer, les très fines veines à l'aide de longs traits. Au deuxième passage, j'ajoute une nouvelle couche de graphite, cette fois-ci en recouvrant également les zones plus claires de l'aile. Je prends ensuite un crayon 2B pour approfondir les veines, en augmentant progressivement la pression que j'exerce sur le crayon et en traçant de longues lignes qui suivent le contour de l'aile. Je reprends mon HB et trace de longs traits pour assombrir les valeurs claires de l'aile, en autorisant certains à être plus foncés pour créer une légère variation dans les tons les plus doux de la zone claire.

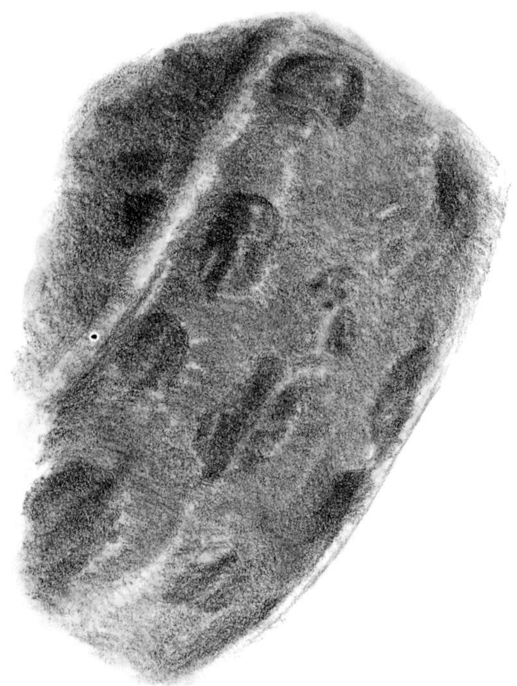

Grenouille La peau des grenouilles est généralement humide. J'utilise des tons plus foncés pour créer les bosses en relief et retire un peu de graphite pour ajouter des rehauts à la surface visqueuse, pour rendre l'aspect humide de la peau.

Textures animales

Après vous être familiarisé avec la structure squelettique d'un animal, il vous faut « l'habiller » de peau ou de poils. Il existe une large variété de textures que vous pouvez créer pour rendre la peau et les poils. Pour que chacune ait un aspect réaliste, il faut adapter légèrement votre technique. Je vous présente ici six textures différentes que je décompose en trois étapes pour que vous puissiez voir comment les obtenir. J'utilise ces techniques tout au long du livre : référez-vous à cette double page lorsque vous réaliserez les pas à pas suivants.

Fourrure courte

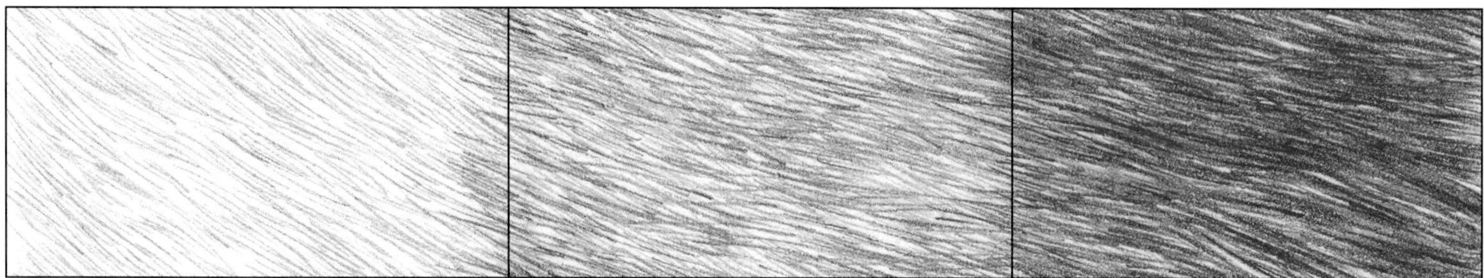

Étape 1 Avec un porte-mine doté d'une mine 2H de 5 mm très affûtée (quel que soit le crayon que vous utilisez, il doit être taillé très finement pour obtenir ce rendu), je crée une première couche de valeurs claires en donnant des coups de crayon rapides et courts. J'oriente les traits dans le sens de pousse des poils, en évitant de former un motif visible.

Étape 2 Je prends à présent un crayon classique HB pour créer la deuxième couche, avec les mêmes gestes que dans l'étape 1. Je ne recouvre pas toute la zone, mais laisse au contraire un peu de papier visible pour figurer les rehauts.

Étape 3 Je choisis enfin un crayon 2B pour travailler sur la même zone avec les mêmes traits rapides et courts. Cela intensifie la teinte de la fourrure et produit une texture réaliste. Le 2B, plus sombre, permet une autre « lecture » des zones moins travaillées, qui deviennent des poils plus clairs, individuels. C'est cette méthode que j'utilise pour la fourrure du kangourou page 176.

Fourrure courte à motifs

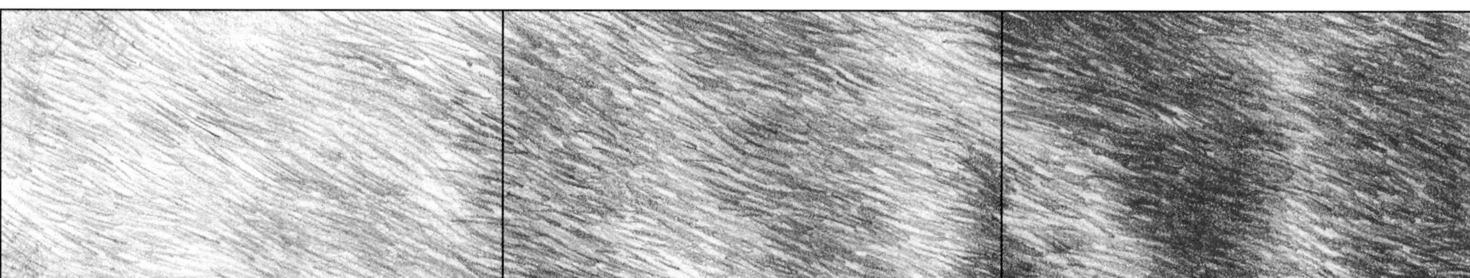

Étape 1 J'utilise un crayon F émoussé pour remplir quelques petites taches de ton clair et homogène. Je prends ensuite un 2H et reprends l'étape 1 de l'exemple précédent, en créant cette fois-ci quelques zones plus foncées en traçant des traits sombres rapprochés.

Étape 2 Avec un crayon HB, j'applique de petits traits dans le sens de la pousse des poils. Dans les petites taches créées à l'étape 1, je trace des traits rapprochés. Dans les zones plus claires, j'espace les traits. Je veille à laisser du papier visible pour définir les rehauts.

Étape 3 J'intensifie les taches sombres avec un 2B bien affûté, en traçant autant de traits rapprochés que possible dans chaque zone, mais en variant la pression exercée. J'augmente un peu plus la valeur des zones claires à l'aide d'un crayon HB à la mine aiguisée.

Poils longs

Étape 1 J'utilise un porte-mine avec une mine HB très affûtée pour dessiner une série de longues lignes courbes et créer une « touffe » de 20 ou 30 lignes allant dans la même direction et d'à peu près la même longueur. Chaque touffe a une longueur et une orientation différente, et les touffes se chevauchent entre elles.

Étape 2 Comme pour la fourrure, j'utilise un crayon classique HB pour la seconde couche, mais en donnant des coups de crayon plus aléatoires. Je laisse ici également quelques zones blanches à travers les lignes.

Étape 3 Je choisis à présent un crayon 2B pour former des zones foncées par de longs coups de crayon. J'accole délibérément les zones les plus foncées aux parties les plus claires et les dispose là où je veux obtenir les ombres les plus sombres. Ces contrastes créent des « poils » naturels et des rehauts.

Poils blancs

Étape 1 De nombreux artistes sont un peu frileux lorsqu'il s'agit de dessiner des poils blancs : pas moi ! Le blanc du papier vous facilite grandement la tâche. Il vous suffit de dessiner les ombres et les zones négatives. Je crée une première couche à l'aide d'un crayon 2H aiguisé, mais j'applique des coups de crayon uniquement dans les zones d'ombre portée, et avec une pression très légère.

Étape 2 À l'aide d'un crayon HB bien aiguisé, je dessine avec une grande précaution les ombres portées des poils, en suivant leur sens de pousse. Je ne trace pas trop de lignes pour ne pas remplir toutes les zones blanches.

Étape 3 Je choisis ensuite un 2B affûté pour créer les zones d'ombre les plus foncées. Ces valeurs sombres contrastent nettement avec le papier blanc, créant l'illusion de poils blancs. J'utilise ensuite la pointe du 2H pour ajouter de légers coups de crayon çà et là et donner un peu plus de volume aux poils. C'est cette méthode que j'utilise pour les zones claires du koala page 186.

Peau épaisse, ridée

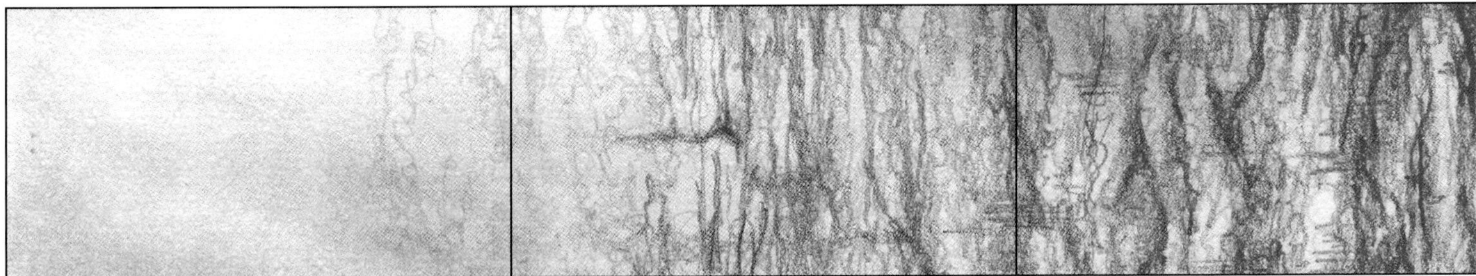

Étape 1 À l'aide d'un crayon émoussé, j'applique un ton clair et homogène. J'utilise ensuite un tortillon propre pour créer un fondu et adoucir le ton en éliminant le « grain » du papier. J'essaie de conserver des zones plus claires et d'autres plus sombres pour ne pas créer un effet monotone.

Étape 2 Pour ajouter des rides sur ce fond homogène, j'applique ce que j'appelle une technique de griffonnage. Avec un crayon 2H bien affûté, je trace des lignes légèrement accidentées sans relever la pointe de mon crayon. Ces lignes semblent se promener sur la feuille, créant l'illusion d'une texture irrégulière. Je prends ensuite un HB pour dessiner des lignes horizontales légèrement plus sombres chevauchant les premières. Ces traits de différentes longueurs représentent les rides.

Étape 3 J'alterne à présent entre un HB et un 2B, en ajoutant des lignes et des « griffonnages » sur la première couche de ton. Cette technique « relâchée » fonctionne bien pour la peau d'éléphant, de rhinocéros et de certains serpents. Elle peut aussi être appliquée pour transcrire l'aspect tanné d'un museau ou d'un coussinet si la première couche est créée avec un crayon B plus foncé.

Peau reptilienne

Étape 1 Avec un crayon 2H, je trace une série de lignes légères dans une direction, puis une deuxième série dans la direction opposée, pour former un motif de diamant. J'utilise un crayon F émoussé pour remplir chaque diamant d'une série de lignes rapprochées. Je laisse un fin contour blanc ainsi qu'un rehaut dans l'angle en haut à gauche de chaque diamant.

Étape 2 Je reprends ensuite mon 2H pour tracer des lignes par-dessus celles dessinées avec le crayon F, mais dans la direction opposée. On obtient ainsi un fondu sans utiliser de tortillon. J'ajoute à présent des traits courbes avec un HB dans chaque diamant, en me concentrant sur la partie droite de la base. J'utilise ce même crayon pour remplir les contours de chaque diamant et former ainsi une ombre entre les formes.

Étape 3 Pour finir, je crée les zones d'ombre les plus foncées en bas à droite de chaque diamant avec un 2B, puis j'utilise un HB pour ajouter des lignes circulaires sur la couche précédente, en homogénéisant le ton.

L'ours

Les ours ont une grosse tête et un corps volumineux ; leur arrière-train est massif et leurs pattes sont courtes mais puissantes. Ils ont aussi de longues griffes acérées qui leur permettent de creuser, et bien qu'ils marchent assez lentement, ils peuvent courir très vite. N'oubliez pas qu'il faut étudier chaque partie de l'anatomie d'un animal avant de commencer à le dessiner. Essayez de saisir la personnalité de l'ours pendant que vous le représentez, en faisant attention à la façon dont chaque trait affecte tout votre dessin.

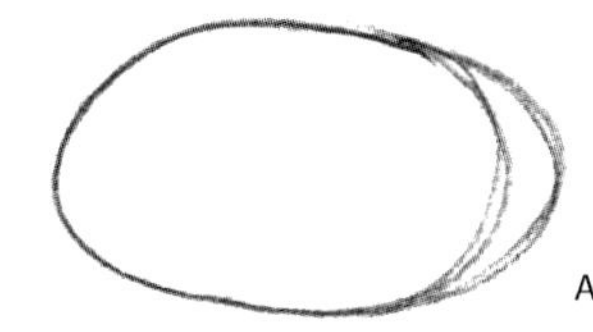

Les étapes de l'esquisse indiquées ci-dessus et à gauche sont de bons exemples sur la façon de commencer. Une fois que vous serez satisfait de la position de votre ours, ajoutez-lui des détails et ombrez-le.

Exercez-vous à faire des hachures comme celles indiquées ci-dessous. Vous pourrez les utiliser pour ombrer vos dessins d'animaux, ce qui créera une impression de fourrure.

Créer des textures animales

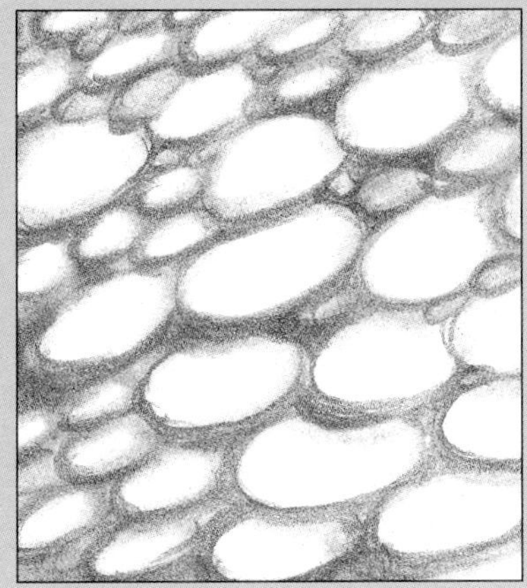

Écailles lisses Pour représenter des écailles lisses, commencez par dessiner des ovales de différentes tailles, puis ombrez les espaces entre eux. Comme les écailles se chevauchent, veillez à bien couvrir partiellement chaque écaille avec la couche suivante.

Écailles rugueuses Pour représenter des écailles rugueuses, dessinez des formes irrégulières suivant un alignement légèrement incurvé. Ombrez les espaces entre elles, puis créez un ombrage plus léger sur l'ensemble au moyen de légers traits parallèles.

Plumes fines Pour représenter un léger duvet, appliquez de fines lignes parallèles le long de la tige de sorte à créer une série de formes en V. Évitez les contours nets, qui nuiraient à l'impression générale de finesse et de douceur.

Plumes épaisses Pour créer un duvet plus épais et plus défini, procédez au moyen de traits parallèles assez appuyés que vous estomperez avec un tortillon. Appliquez plus de graphite sur les zones d'ombre entre les plumes.

Peau/cuir Pour créer une peau luisante ou à poils ras, tracez des traits droits et courts avec le côté large du crayon. Pour créer des rides subtiles, ajoutez quelques bandes horizontales de valeur plus claire.

Peau duveteuse Pour représenter des couches de boucles ou de duvet, réalisez des traits doux en forme de S que vous terminerez par des courbes plus resserrées. N'appliquez pas d'ombrage aux zones claires et foncez progressivement pour les ombres.

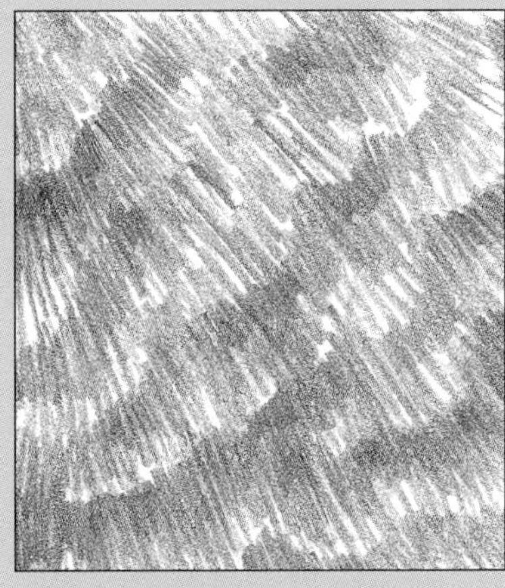

Pelage rugueux Pour un subtil motif rugueux, dessinez des traits courts dans le sens de la pousse du poil. Appliquez ensuite des traits plus foncés et appuyés en bandes horizontales irrégulières. Créez des zones claires à la gomme.

Pelage lisse Pour une surface lisse, soyeuse, procédez par balayage au moyen de traits de crayon parallèles, sans appliquer de graphite sur les zones claires, en alternant entre la pointe et le côté large du crayon.

Poils ondulés Un pelage ondulé et laineux peut être réalisé au moyen de traits circulaires de valeur différente. Pour plus de réalisme, dessinez des boucles de forme et de taille différentes et adoucissez l'ensemble par un fondu.

Poils longs Pour réaliser des poils longs – qu'il s'agisse de la surface totale du pelage ou simplement de la crinière ou de la queue –, procédez au moyen de traits longs légèrement incurvés et terminez en pointe à l'extrémité.

Moustaches Pour les moustaches, commencez par tracer des rangées de points sur la joue de l'animal. Représentez la fourrure comme vous l'avez fait ailleurs, puis avec le bout d'une gomme mie de pain, créez de fines lignes courbes.

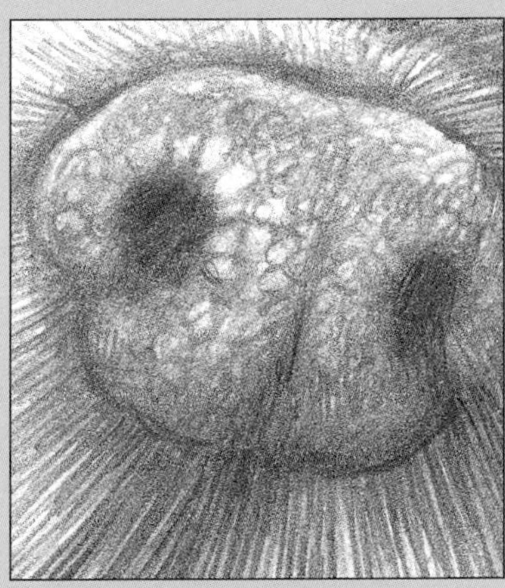

Nez La plupart des nez d'animaux présentent une texture bosselée qui peut être réalisée au moyen d'un motif très léger. Ajoutez une ombre sous le nez, puis définissez les zones claires au moyen d'une gomme mie de pain.

L'ÂNE

Pour dessiner ce charmant animal, visualisez la forme de sa tête sans sa fourrure soyeuse et duveteuse. Une fois encore, tracez vos lignes de guidage dans l'ordre indiqué à l'étape A. Continuez jusqu'à l'étape C, jusqu'à ce que vous ayez développé les traits de base de la tête. Créez ensuite la fourrure au moyen d'une technique de lavis, en utilisant un pinceau rond n° 3 et un lavis d'eau et d'encre de Chine (ou d'aquarelle noire).

Pinceau rond n° 3

Pinceau rond n° 6

Humidifiez le papier avec un peu d'eau avant d'y appliquer l'encre ou l'aquarelle. Il est recommandé de s'entraîner sur une feuille de papier séparée afin de tester l'effet du lavis. Une fois que vous aurez réussi votre effet de fourrure, vous pourrez commencer à travailler directement sur votre dessin.

Après avoir appliqué le lavis, soulevez votre dessin et tournez-le dans différents sens afin que les couleurs se mélangent dans toutes les directions. C'est ainsi qu'on obtient la forme tridimensionnelle de la tête de l'âne.

L'ÉCUREUIL

Remarquez comment ce dessin diffère du précédent en ce qui concerne l'ombrage et la texture. Bien que ce petit écureuil ne soit pas difficile à dessiner, assurez-vous que chacune de vos étapes d'ébauche est correcte avant de passer à la suivante. Par exemple, puisque l'écureuil n'est pas vraiment de face, l'œil le plus éloigné doit être placé correctement pour qu'il soit réaliste.

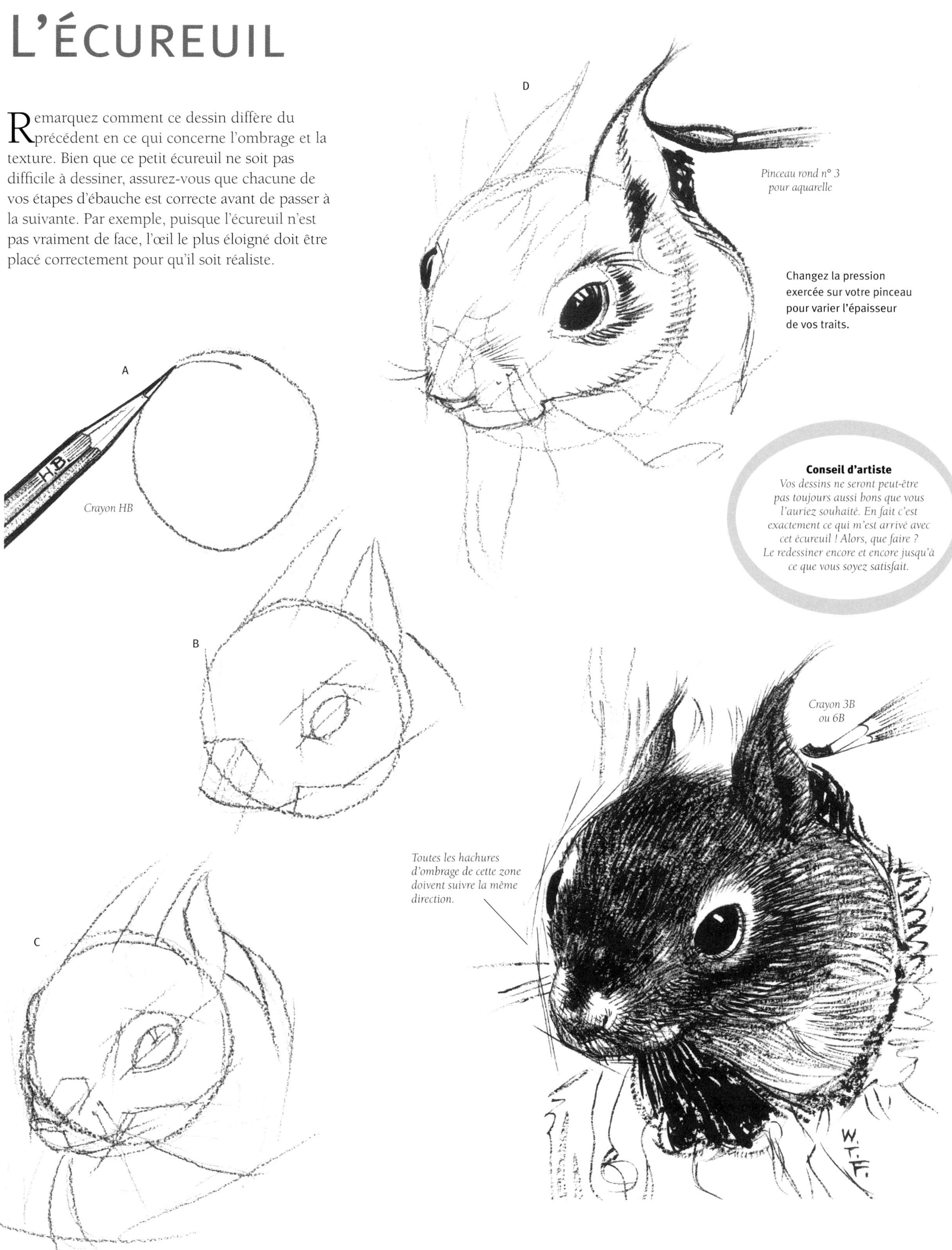

Conseil d'artiste

Vos dessins ne seront peut-être pas toujours aussi bons que vous l'auriez souhaité. En fait c'est exactement ce qui m'est arrivé avec cet écureuil ! Alors, que faire ? Le redessiner encore et encore jusqu'à ce que vous soyez satisfait.

Expérimenter d'autres médiums

Dessiner, c'est créer. En tant qu'artiste, je suis constamment à la recherche de stimulations nouvelles pour mon imagination et toujours intéressé par la découverte de techniques de travail. La meilleure méthode pour y parvenir est d'expérimenter différents médiums. Ici, j'ai donc élargi mes possibilités et dessiné avec des stylos à encre tubulaires, des bâtonnets de fusain, des crayons et des carrés Conté, afin de vous montrer toutes les possibilités qui s'offrent à vous. Mais n'hésitez pas à prendre des risques et à essayer d'autres médiums de votre choix.

Étudier les textures des pelages

J'adore dessiner des animaux, d'abord parce que je les aime beaucoup et aussi parce que ce sont des créatures magnifiques. On en trouve de petits et délicats comme des grands et puissants, portant sur eux toute une gamme de couleurs, de textures et de motifs. C'est très amusant que d'essayer de montrer la différence entre la fourrure hirsute du jeune coyote, la longue crinière du lion, l'épaisse fourrure noire et blanche du panda et le pelage rayé du tigre ou du zèbre. Essayez donc !

Carré Conté Pour recréer la fourrure hirsute de ce jeune coyote, j'ai décidé d'utiliser des carrés Conté. J'ai travaillé les poils plus longs à touches spontanées comme pour une esquisse et puis j'ai fondu mes traits autour des yeux et sur la face. Pour ce faire, vous pouvez utiliser vos doigts ou un doux pinceau mouillé. Ici, j'ai fondu les valeurs en travaillant par-dessus le noir avec un carré Conté blanc.

Lavis à l'encre Ce dessin a été fait avec un lavis à base d'eau et d'encre de Chine. En mélangeant plus ou moins d'eau à l'encre, vous pouvez obtenir toutes les valeurs désirées. Pour les grandes zones de couleur, j'ai chargé mon pinceau d'encre diluée et appliqué mon lavis avec le côté de la brosse. Puis j'ai pris un petit pinceau à aquarelle rond et pointu ; et j'ai dessiné les détails avec une solution d'encre plus foncée.

Les crayons de cire Pour réaliser le portrait de ce tigre, j'ai utilisé un crayon de cire noir. J'ai pu créer les douces zones sombres de la fourrure avec le côté de la mine en tenant mon crayon dans la position de base. L'estompe ne fonctionnant pas très bien avec ce médium, je n'en ai utilisé que pour les fondus les plus subtils de certaines zones, comme les yeux.

Conseil d'artiste
Voyagez, soyez curieux de tout autour de vous et collectionnez les souvenirs : vous n'en serez que plus riche d'images.

Fondus subtils Pour réaliser ce portrait du roi des animaux, j'ai choisi le crayon fusain. Il m'a permis d'obtenir différentes textures de poils sur la face et dans la crinière. Puis j'ai pris un carré Conté blanc pour fondre les valeurs sur les joues et obtenir des gris.

Stylo à encre tubulaire Ce zèbre a été dessiné avec un stylo à encre à pointe rigide et calibrée pour produire la même largeur de ligne à chaque touche. En posant des hachures rapides, j'ai pu parvenir à varier mes lignes et les valeurs, même si ce n'est pas dans la même amplitude qu'avec un stylo à bille. Quoi qu'il en soit, cet outil convient très bien au dessin des poils fins et du motif rayé complexe de ce zèbre.

Le stylo à bille Cette lionne, je l'ai dessinée avec un stylo à bille de pointe moyenne. J'ai pu épaissir mon trait par endroits en appuyant plus fort sur la pointe et j'ai obtenu des lignes fines et des hachures précises en tenant mon stylo d'une main légère par son extrémité. Observez les variations dans la largeur des lignes et l'effet de matière obtenu par rapport au traitement à l'encre du zèbre. Lorsque vous dessinez avec un stylo à bille, placez une feuille de papier entre votre main et le dessin pour éviter de le tacher.

Quelques pensées en conclusion

Choisissez de dessiner des sujets que vous aimez vraiment, parce qu'à ce moment-là vous aurez envie de consacrer le temps et l'énergie nécessaires à la réussite de vos dessins. Dans vos natures mortes, introduisez des objets qui ont une signification spéciale à vos yeux. Dessinez des paysages d'endroits qui vous rappellent d'agréables souvenirs. Et bien qu'il n'y ait pas de substitut à la pratique – encore et encore ! – si vous avez un lien avec le sujet de votre œuvre, cela se sentira dans votre manière de dessiner. Laissez donc vos intérêts, vos loisirs, vos passions guider et stimuler votre talent artistique.

Bonne chance à vous et amusez-vous bien !

Le perroquet

Ce perroquet audacieux est rendu dans un style très différent, très contrasté, qui correspond à son plumage voyant et à sa personnalité impudente. Son gros bec crochu est un trait saillant qui sera le point focal de votre dessin.

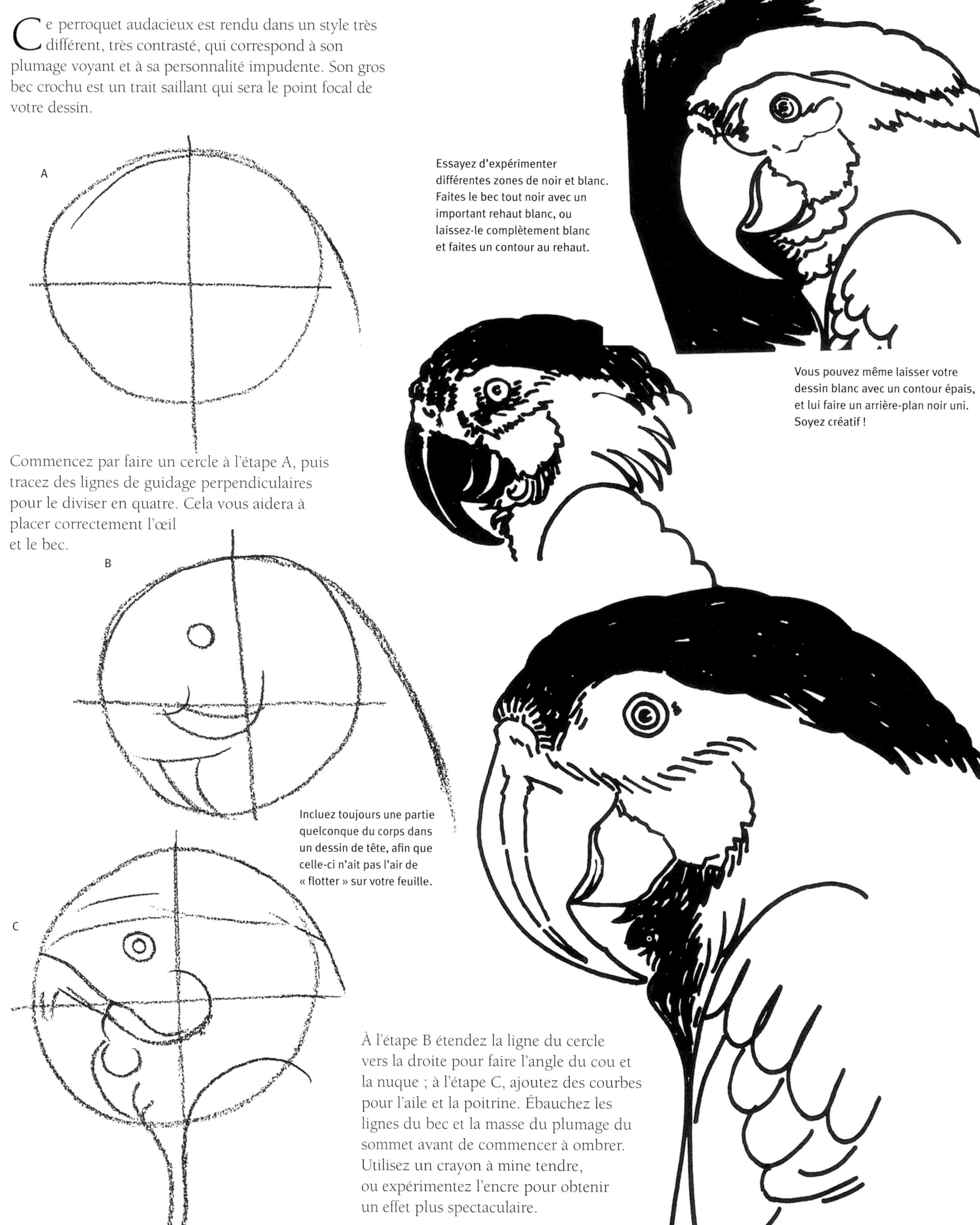

Essayez d'expérimenter différentes zones de noir et blanc. Faites le bec tout noir avec un important rehaut blanc, ou laissez-le complètement blanc et faites un contour au rehaut.

Vous pouvez même laisser votre dessin blanc avec un contour épais, et lui faire un arrière-plan noir uni. Soyez créatif !

Commencez par faire un cercle à l'étape A, puis tracez des lignes de guidage perpendiculaires pour le diviser en quatre. Cela vous aidera à placer correctement l'œil et le bec.

Incluez toujours une partie quelconque du corps dans un dessin de tête, afin que celle-ci n'ait pas l'air de « flotter » sur votre feuille.

À l'étape B étendez la ligne du cercle vers la droite pour faire l'angle du cou et la nuque ; à l'étape C, ajoutez des courbes pour l'aile et la poitrine. Ébauchez les lignes du bec et la masse du plumage du sommet avant de commencer à ombrer. Utilisez un crayon à mine tendre, ou expérimentez l'encre pour obtenir un effet plus spectaculaire.

Premiers pas vers les animaux

Se sentir plus à l'aise avec un crayon et faire ses propres griffonnages : voici les premières clés d'une bonne préparation à la réalisation de portraits d'animaux réussis. Votre crayon est, de surcroît, le meilleur outil pour vous familiariser avec les animaux, les observer et apprendre à les connaître. Cette passion toujours renouvelée devient parfois un sacerdoce. S'il est indubitable que vous allez suivre votre propre chemin, il est nécessaire, pour commencer, d'attirer votre attention sur une telle démarche. Lorsque vous dessinez, l'exactitude de vos traits n'est pas l'unique but recherché. Plus important encore est votre rapport à l'animal que vous dessinez. Vous trouverez des idées et des pistes de réflexion utiles dans les pages suivantes.

La biche

Pour vous familiariser avec le nombre important de sujets à dessiner, vous déciderez peut-être de faire des croquis en extérieur. Le zoo est alors l'endroit idéal pour cela. Choisissez un animal particulier, concentrez-vous sur une seule partie, comme la tête, le pied, l'œil ou l'oreille puis dessinez cette partie plusieurs fois et dans différentes positions.

Il est important de se souvenir des proportions afin de rendre correctement votre sujet. Lorsque vous dessinez les parties corporelles, gardez toujours à l'esprit leur taille par rapport au reste du corps. Par exemple, notez la taille de la tête de l'animal par rapport au reste de son corps.
Les oreilles, qui sont grandes, augmentent sa taille générale, et les pattes semblent presque trop fines pour supporter le reste de la biche.
Lorsque vous serez satisfait de vos esquisses d'étude, combinez-les afin de dessiner l'animal entier.
Vous pouvez aussi essayer de saisir une biche en mouvement en dessinant les étapes A et B du bas de cette page.

Suivez les étapes A à C ci-dessus afin d'établir les proportions de la tête de la biche.

Les biches ont des yeux magnifiques. Lorsque vous les dessinez, observez leur position et leur angle par rapport à la tête. Étudiez le schéma ci-dessous pour comprendre les étapes qui apprennent à créer des yeux bien dessinés. Les rehauts donnent vie, éclat et innocence à la biche. Exercez-vous sur une feuille séparée jusqu'à ce que vous vous sentiez à l'aise pour les dessiner ; ajoutez-les ensuite à la tête de la biche que vous êtes en train de dessiner.

Conseil d'artiste

L'adorable faon ci-contre a des taches qui disparaîtront avec l'âge. Portez une attention toute particulière à ce type de détail lorsque vous observez vos sujets ; ils vous aideront à transmettre l'âge de l'animal.

L'ÉCUREUIL

Tous les animaux ont des lignes magnifiques, et l'écureuil ne fait pas exception à la règle. Ici, la forme générale de l'animal est faite de lignes aux courbes gracieuses qui se fondent en parfaite harmonie.

Pour dessiner ce petit bonhomme, commencez par ébaucher sa posture de base à l'étape A. Ajoutez ensuite les traits et les détails aux étapes B et C. Ombrez avec le côté d'une craie noire à dessin pour faire ressortir la forme de l'écureuil, et prenez un crayon pour créer sa fourrure. Essayez différents types de hachures pour produire diverses textures.

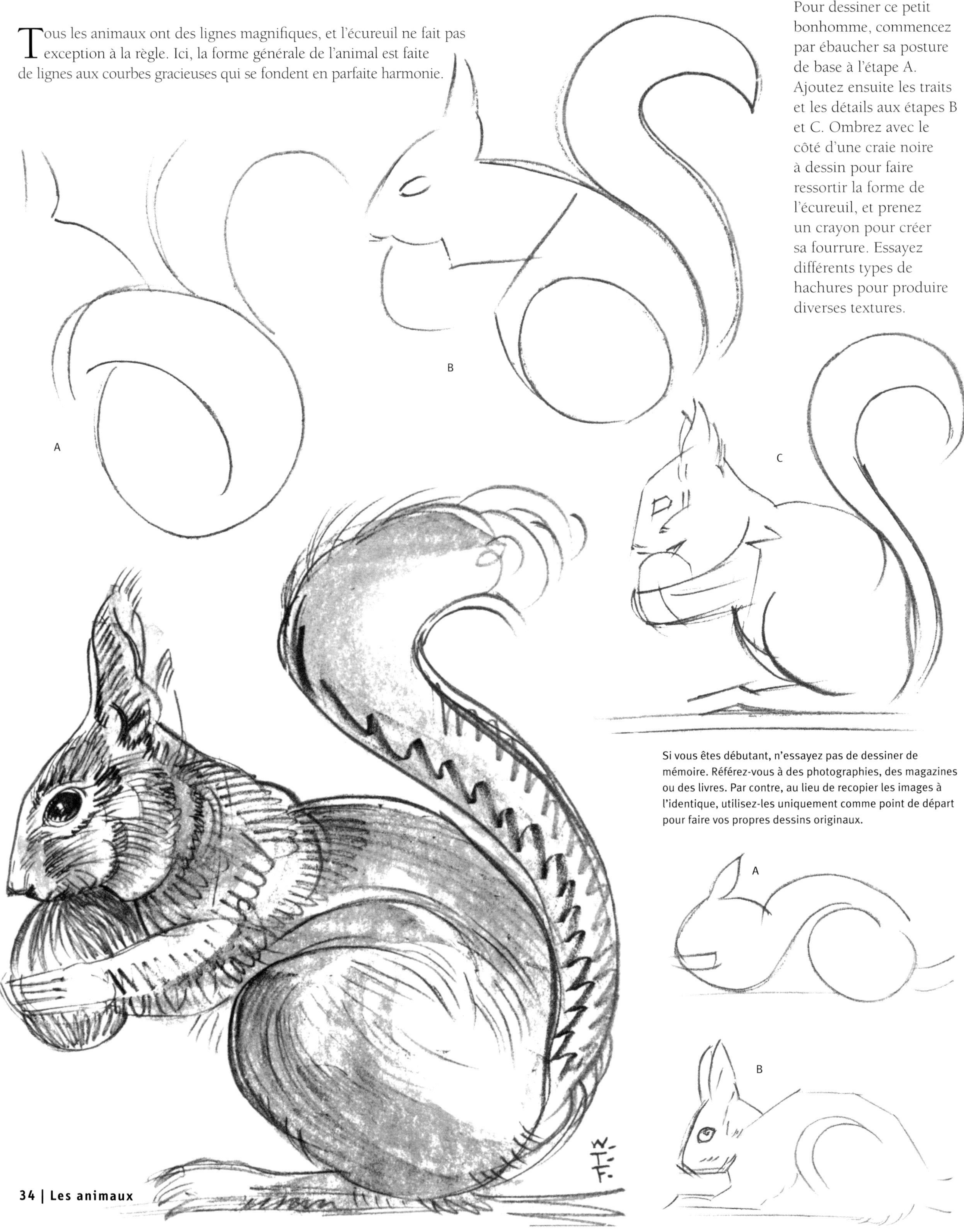

Si vous êtes débutant, n'essayez pas de dessiner de mémoire. Référez-vous à des photographies, des magazines ou des livres. Par contre, au lieu de recopier les images à l'identique, utilisez-les uniquement comme point de départ pour faire vos propres dessins originaux.

EXPRIMER LES ÉMOTIONS

Essayez de planifier votre dessin à l'avance, ainsi vous aurez moins d'erreurs à corriger ultérieurement. La planification permet aussi de déterminer une pose sympathique pour vos sujets. La posture donne en effet un certain caractère à votre dessin, et elle peut même communiquer certains sentiments, comme le conflit, l'amour ou la haine.

La pose ci-dessous transmet le lien qui existe entre la mère et son petit. Une fois encore, réfléchissez aux émotions ou aux sentiments que vous aimeriez montrer, afin de pouvoir vous appliquer à les faire apparaître dans vos dessins.

Utilisez les étapes A et B ci-dessus pour vous aider à placer les moutons ensemble dans la même pose. Vous remarquerez comment deux formes de base deviennent les corps principaux. Variez vos hachures d'ombrage pour créer la texture de la toison que vous voyez à la dernière étape du dessin, ci-dessous.

Les étapes A et B ci-dessous illustrent comment dessiner la tête d'un mouton en gros plan.

Le coq

Le corps du coq est trapu et arrondi, ce qui demande des lignes d'ébauche précises, comme indiqué à l'étape A. Développez ensuite les traits à l'étape B, et planifiez votre ombrage. Essayez diverses techniques d'ombrage sur une feuille séparée afin de créer les textures que vous voyez au final. Une fois que vous serez arrivé à l'effet désiré, commencez à ombrer votre dessin.

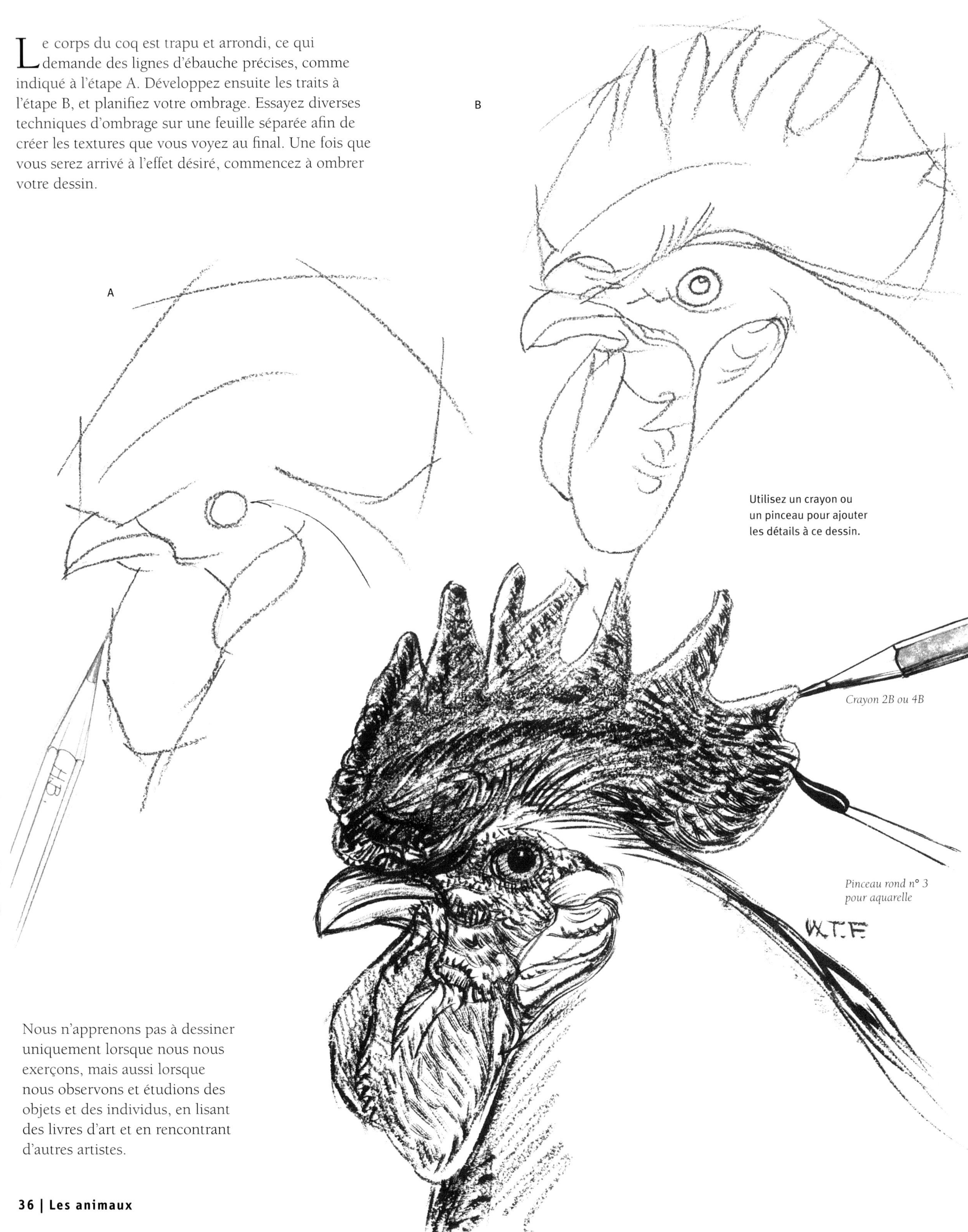

Utilisez un crayon ou un pinceau pour ajouter les détails à ce dessin.

Crayon 2B ou 4B

Pinceau rond n° 3 pour aquarelle

Nous n'apprenons pas à dessiner uniquement lorsque nous nous exerçons, mais aussi lorsque nous observons et étudions des objets et des individus, en lisant des livres d'art et en rencontrant d'autres artistes.

Le colley

Bien qu'on puisse trouver des colleys dans de nombreux foyers, ils sont surtout très prisés comme chiens de bergers en Écosse, en Irlande et en Angleterre. Ils ont un long museau pointu, pratiquement pas de dépression au niveau de l'œil et un pelage épais, légèrement ondulé. Ce dessin a été fait à main levée afin de créer une impression artistique. Lorsque vous aurez développé votre technique, votre style propre émergera.

À l'étape A, ébauchez la silhouette simple du profil du colley avec un crayon HB. Faites bien attention à placer l'œil correctement, afin que votre dessin soit fidèle. À l'étape B, ébauchez légèrement le nez, la bouche et les oreilles. À ce stade ne vous préoccupez pas des détails : la plupart se feront quand vous développerez la fourrure. Utilisez un pinceau pointu par la pointe et de l'encre de Chine pour faire des hachures fines et lâches.

Conseil d'artiste
Le plus célèbre de tous les colleys fut Lassie, le chien vedette de nombreux films et émissions de télévision.

Sélection de croquis

Il m'arrive très souvent de me rendre au zoo ou à la réserve naturelle près de chez moi, et j'y emporte toujours mon carnet de croquis. Je suis parfois tellement plongé dans mon observation que je ne fais qu'un ou deux dessins. Mes carnets sont pleins d'études inachevées. Et c'est justement là leur fonction : j'y consigne mes notes sur les animaux et leurs comportements. J'apprends un peu plus à chacune de mes sorties. Voici une sélection de croquis choisis dans mes carnets.

Babouin mâle Alpha Le babouin Alpha d'une troupe possède une magnifique fourrure de poils luxuriants, dont les femelles du harem s'occupent avec assiduité. Les yeux de cet animal fier sont sombres et enfoncés.

Pélican Le cou de cet oiseau au plumage soigné offre de belles courbes. Je trouve fascinant de le voir atteindre de son bec et avec une telle aisance des parties de son corps à première vue inaccessibles.

Zèbre Ce zèbre fort serviable a eu l'amabilité de se tenir immobile pendant quelques minutes. Lui aussi profitait du soleil printanier.

Kangourou roux Surnommé « le vieil homme du désert », le kangourou possède une grosse tête formée d'un bloc et flanquée de deux grandes oreilles droites, et une musculature marquée au niveau des épaules et des avant-bras. En mouvement, le kangourou est grand et gracieux, mais plutôt languissant au repos.

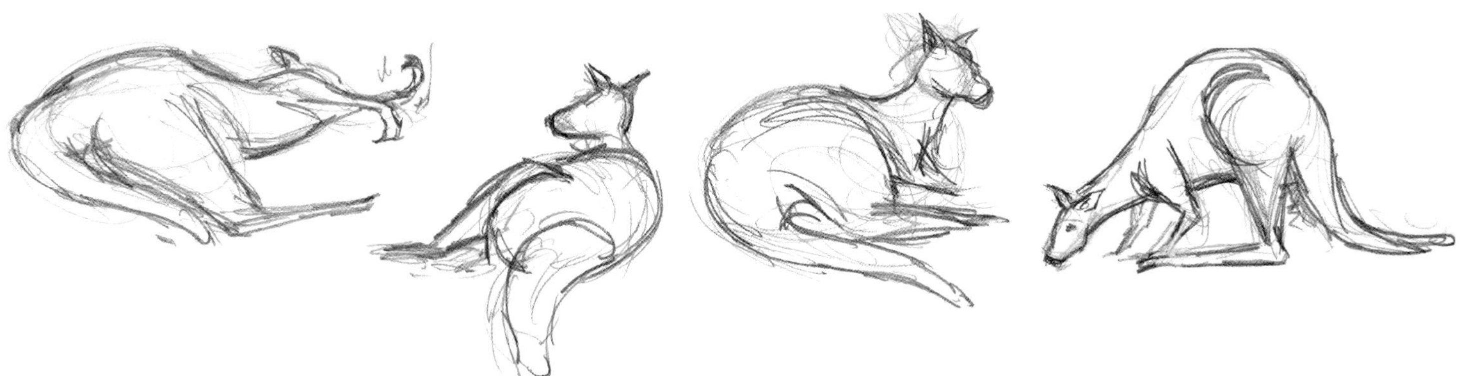

Wallaby de l'île Eugène La structure des wallabies ressemble pour beaucoup à celle des kangourous, à ceci près qu'ils sont moins grands, plus ronds et que leur tête est plus petite.

Wombat à nez poilu Le wombat est souvent surnommé le « bulldozer des buissons » en raison de son corps rond, massif et robuste.

Otarie de Californie Les otaries comptent parmi les animaux que je préfère dessiner – mais elles sont en perpétuel mouvement. Ceci dit, elles reprennent régulièrement les mêmes poses, et je les dessine progressivement, en dessinant plusieurs positions différentes dans un même jet. Cela m'a finalement appris à bien rendre leurs mouvements frétillants.

Dessiner des animaux en mouvement

L'esquisse d'animaux en mouvement est un exercice aussi passionnant pour les débutants que pour les artistes chevronnés parce qu'il exige que l'on enregistre un maximum d'informations en un minimum de temps. Comme les animaux actifs (ces loutres et ces singes-araignées, par exemple) sont presque tout le temps en mouvement, il faut dessiner rapidement et apprendre à ne capturer que les traits essentiels et le mouvement d'ensemble. Balayez votre papier de longs traits rapides et n'ajoutez que quelques lignes aux ombres pour suggérer le modelé. N'hésitez pas à tenter diverses poses : un singe en plein bond peut sembler une vraie gageure, mais peut aussi donner une image saisissante qui vous incitera à vous surpasser. Et n'oubliez pas que plus vous pratiquez, plus vous serez rapide et plus vous aimerez le dessin d'animaux en action !

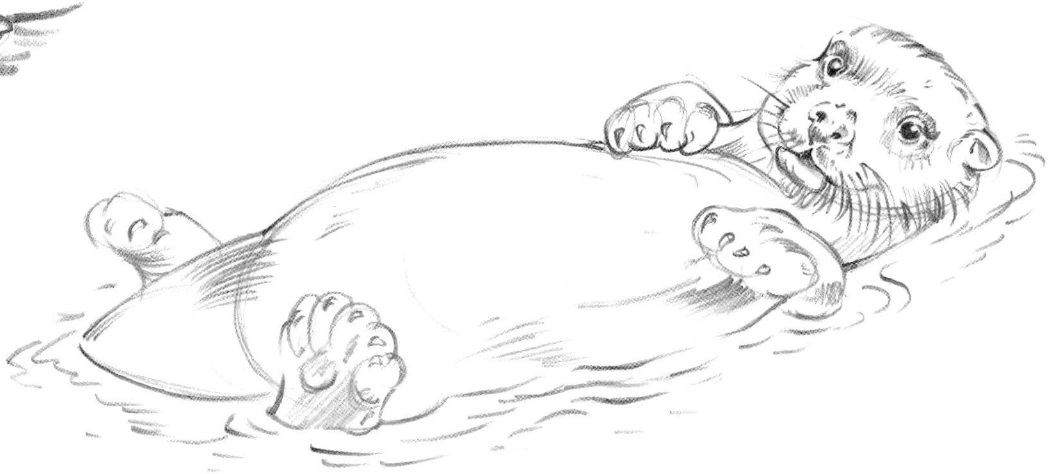

Loutres Commencez par dessiner des cercles légers et souples pour représenter les formes de base de la tête et du corps. Ces contours permettent de décider plus facilement de l'endroit où placer les membres et la queue. Une fois le volume global de l'animal défini, ajoutez des détails : les traits du museau, les ombres et les griffes, par exemple.

Singes Bien que le singe-araignée se distingue par une silhouette longue et fine, utilisez d'abord des formes circulaires pour dessiner sa tête et son corps. Reprenez ensuite le contour à l'aide d'une série de petits traits légèrement incurvés et terminez par un ombrage léger en utilisant le plat d'une mine tendre.

W. T. F.

Animaux du monde entier

Vous trouverez dans ce chapitre un grand choix de magnifiques modèles : animaux domestiques, animaux sauvages, créatures de la forêt tropicale, herbivores imposants, chasseurs agiles, oiseaux coquets et adorables bébés. Ces animaux, vous pouvez les trouver près de vous et apprendre, grâce aux présentations en pas à pas, à les dessiner avec fidélité.
Faites en fonction de vos possibilités : tout le monde n'a pas la chance de vivre à proximité d'un parc animalier. Les photos demeurent une bonne alternative, d'autant plus que les animaux y sont sages... comme des images !
S'il vous est toutefois possible d'observer en toute quiétude les animaux dans leur habitat naturel ou au zoo, n'hésitez pas une seconde et lancez-vous !

Dessiner des animaux

J'ai toujours été fasciné par les animaux et j'ai passé de nombreuses heures au zoo, muni de mon carnet à croquis, à étudier leurs mouvements, la structure de leurs corps et les textures de leurs pelages. Le crayon est un outil tellement polyvalent qu'il permet de dessiner la robe à poils raides d'une chèvre comme celle à poils soyeux d'une biche. Certes, vous n'êtes pas obligé d'aller au zoo pour trouver des modèles ; vous pouvez déjà essayer de copier les croquis ci-dessous ou vous référer à un livre sur la faune sauvage et essayer de dessiner les animaux qui vous inspirent.

Étudier une tête de girafe Pour dessiner cette tête, j'ai prêté une attention particulière aux traits les plus distinctifs de la girafe. J'ai accentué son museau effilé et la lourdeur de ses paupières sur lesquelles j'ai ajouté de longs cils recourbés. Afin que les cornes noueuses n'aient pas l'air de rajouts collés, je les ai dessinées dans la continuité du front avec une seule ligne qui fait demi-tour pour atteindre leur point d'attache sur la tête.

Étudier la structure d'une girafe Pour dessiner le corps dans son entier, il me fallait veiller au respect des proportions. J'ai commencé en plaçant les cercles du ventre, des épaules, du garrot et de la croupe. Puis je me suis basé sur la largeur du corps pour dessiner les autres parties : en effet, le cou (des épaules à la tête) et les pattes sont à peu près aussi longs que le corps est large. La tête fait, elle, à peu près un tiers de la largeur du corps.

Dessiner fourrures et poils

Pelage soyeux Ombrez les poils de bourre avec le côté de la mine d'un crayon 2B émoussé. Puis disséminez des poils de jarre que vous tracerez avec un crayon HB pointu.

Pelage broussailleux Utilisez le côté de la mine de votre crayon et ombrez en suivant différentes directions et en variant la nature de vos touches et la pression exercée sur votre mine.

Poils longs Tracez des traits ondulants dans le sens de la pousse des poils, en soulevant votre crayon à la fin de chaque touche.

Poils courts Prenez un crayon HB émoussé pour tracer des traits courts qui se chevauchent. Soulevez votre crayon à la fin de chaque touche pour en effiler la pointe.

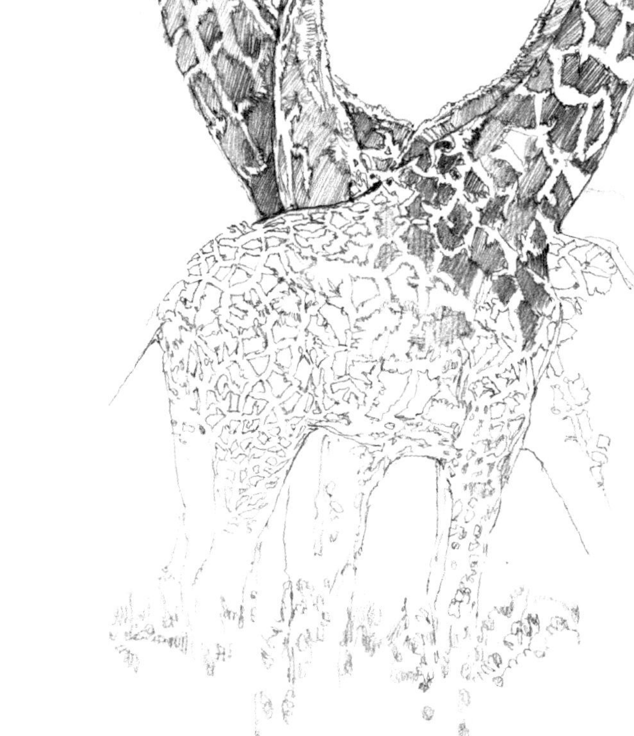

Étudier les taches de la robe J'ai commencé ce trio en ébauchant leurs formes générales puis en traçant les contours des taches de leur pelage avec un crayon HB très pointu. Ensuite, j'ai ombré les taches à l'aide d'un HB émoussé, en assombrissant mes touches dans les zones d'ombre, à la fois sur les taches et entre celles-ci.

Rendre votre sujet unique

Avant de commencer à dessiner un animal quel qu'il soit, je me demande ce qui fait que cet animal se distingue des autres. Par exemple, les moutons, les chevaux et les girafes ont des sabots et une structure corporelle similaire. Néanmoins, les mouflons possèdent des cornes enroulées et un pelage hirsute, tandis que le cheval présente une robe soyeuse et n'a qu'un orteil à son pied, et que la girafe affiche un cou immense, de très longues pattes et une robe au motif très marqué. En vous concentrant sur ces caractéristiques particulières, vous rendrez vos dessins plus crédibles et ressemblants.

Dessiner des poils Pour reproduire la texture de la fourrure de ce mouflon, j'ai utilisé la pointe d'un crayon 2B, avec laquelle j'ai tracé de longs traits ondulants sur son corps et de courtes boucles éparses sur ses pattes et son ventre.

Faire un portrait Pour saisir le visage de ce cheval, je me suis concentré sur ses traits : ses larges narines, ses grands yeux, ses oreilles pointées en avant, et ses fortes joues sont autant de détails qui le distinguent du mouflon sur sa gauche ou de la girafe de la page précédente. J'ai eu recours à la pointe d'un crayon bien taillé pour le contour et les détails et j'ai utilisé le côté de ma mine pour ombrer. Ensuite, j'ai repris mes ombres avec la pointe de ma mine pour signaler la présence de muscles sous-jacents. J'ai laissé de grandes réserves de blanc pour suggérer une robe lisse et brillante.

Le détail des pieds Les chevaux ont un orteil unique doté d'un sabot robuste, tandis que les girafes, les moutons et d'autres ruminants possèdent des sabots fendus. Vous remarquerez que l'angle entre le pied et la jambe est plus aigu chez le cheval et que chez la girafe, les orteils ne sont pas parfaitement symétriques.

Dessiner l'action Je copie souvent des photographies d'animaux de sorte à pouvoir étudier leurs mouvements suspendus par l'appareil photo. Ici, je me suis concentré sur les angles aigus formés par les pieds et les jambes. J'ai suggéré la présence des muscles sous-jacents en variant la direction de mes traits.

Cheval

Girafe

Dessiner à partir de photographies

Les photographies fournissent de merveilleux modèles d'animaux. Si vous les prenez vous-même, essayez de saisir un mouvement ou une pose caractéristique de l'animal : par exemple celle du guépard qui s'apprête à bondir ou celle d'un singe-araignée qui se balance en pleine extension. Tenez-vous toujours prêt à prendre un cliché et faites-en plusieurs du même sujet ; il n'est pas facile de saisir la personnalité d'un animal sur cliché ou une vidéo, mais l'attente en vaut la peine !
Une fois prêt à dessiner, feuilletez vos photos et choisissez celle que vous préférez. Ne vous sentez surtout pas obligé de vous limiter à une seule. Vous pouvez aimer l'expression d'une et la posture d'une autre. Vous pouvez aussi prélever des éléments d'arrière-plan dans d'autres clichés. Prenez-les toutes ! Combinez vos modèles à volonté en modifiant la scène à votre goût. C'est ce que l'on appelle la « liberté artistique » et c'est l'un des outils les plus puissants dont disposent les artistes.

Reproduire un portrait
Ce dessin a été réalisé d'après la photo ci-dessus. Elle traduit bien l'expression fière et puissante, ainsi que les traits caractéristiques des gorilles mâles adultes. Le dessin reproduit fidèlement cette photographie d'une netteté exceptionnelle.

Combiner des modèles
Le dessin de droite a été réalisé à partir des deux photos ci-contre. La photo de l'ours polaire en mouvement montre bien la forme et les proportions de son corps, mais son museau est plus clair sur l'autre photo.

Créer une banque d'images

Plus votre technique de dessin s'améliorera, plus vous vous passionnerez pour des animaux différents, et plus vous voudrez avoir de modèles de référence à votre disposition. Bon nombre d'artistes classent les images qu'ils stockent dans des dossiers ou « banque d'images ». Ce système de collecte de photographies, de diapositives et d'images numérisées peut venir en supplément des notes que vous prenez dans vos carnets de croquis, comme la couleur, la texture ou les proportions d'un sujet. Vous pouvez aussi y conserver des coupures de magazines, des cartes postales ou d'autres matériaux visuels. Veillez toutefois à ne les copier que pour un usage privé.

De nos jours, les artistes ont la chance de disposer d'innombrables moyens de classement pour leurs images. On peut stocker des milliers de photographies sur CD et DVD, et chacune peut être extraite et affichée sur un écran en quelques secondes. Si vous préférez les dossiers papiers, vous pouvez classer vos images par ordre alphabétique et par thème afin d'y accéder rapidement quand vous en avez besoin. Et vous pouvez utiliser toutes sortes de stockages pour votre banque d'images : vous pouvez même imprimer des clichés instantanés extraits de vos vidéos.

Utiliser une grille En prenant pour référence les côtés des carrés de la grille, vous pouvez placer les traits de votre sujet de façon précise. Veillez à ne pas appuyer trop sur les traits de la grille, car il faudra la gommer une fois votre dessin transféré.

Choisir les éléments à conserver

Il est rare que votre photo de référence ressemble exactement au dessin et à la composition que vous avez en tête. Vous serez très probablement amené à laisser de côté ou au contraire ajouter des éléments pour améliorer le rendu final, à mettre en avant telle zone ou à modifier l'atmosphère de la scène pour l'accommoder à votre propre goût.

Changer votre photo Sur la photo du Golden Retriever ci-dessus, j'aime la manière dont la main tient le chiot, mais le reste du corps du personnage ne colle pas exactement à la composition. Je décide de ne pas garder le corps humain, en laissant un arrière-plan blanc pour adoucir la scène. La main plus sombre crée un contraste opportun avec le pelage clair du chiot. Sur la photo, la patte droite du chiot est floue (même si vous tenez un chiot dans vos bras, il bougera d'une façon ou d'une autre), ce que je corrige sur le dessin final.

Calquage et utilisation d'une grille

Si le dessin à main levée offre une excellente entrée en matière dans la découverte des animaux et du dessin de précision, le moyen le plus rapide pour dessiner avec exactitude est l'utilisation d'un calque ou d'une grille. Ces méthodes ne s'apparentent en aucun cas à de la « triche » : toutes deux sont de vrais outils utilisés par les artistes depuis des siècles. Ces méthodes vont vous servir à définir des contours et lignes conductrices précis, mais ce sera ensuite à vous de créer une composition et un dessin final avec application et technique. Ne vous appuyez pas non plus trop sur ces outils, dans la mesure où ils ne doivent pas remplacer le dessin à main levée. Souvenez-vous également que les éventuelles distorsions d'une photo (un format grand angle par exemple) se traduiront à l'identique sur votre dessin, et que vous devez être préparé à les corriger.

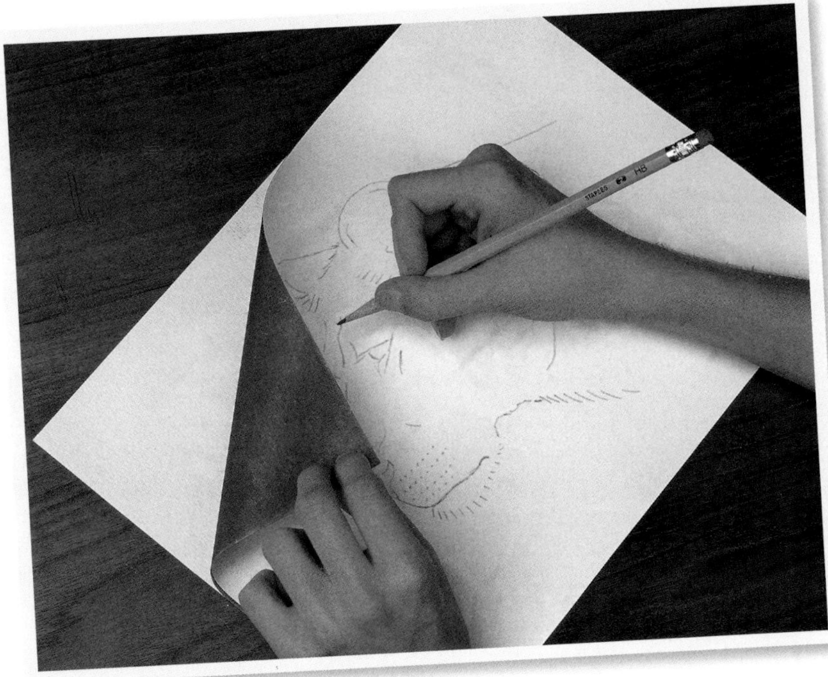

Calquage Photocopiez ou imprimez l'image que vous voulez calquer (il sera peut-être intéressant de l'agrandir ou de la réduire). Déposez une feuille de calque sur l'image et, idéalement à l'aide d'une table lumineuse, tracez les contours de l'animal, ainsi que ses principaux traits. Si vous ne possédez pas de table lumineuse, vous pouvez confectionner votre propre papier à transfert. Retournez le papier-calque et recouvrez le verso d'une couche de graphite uniforme. Déposez ensuite le calque (côté maculé) sur votre feuille à dessin vierge. À l'aide d'un crayon HB, repassez précautionneusement sur les lignes tracées sur le calque. Elles seront transférées sur le papier à dessin.

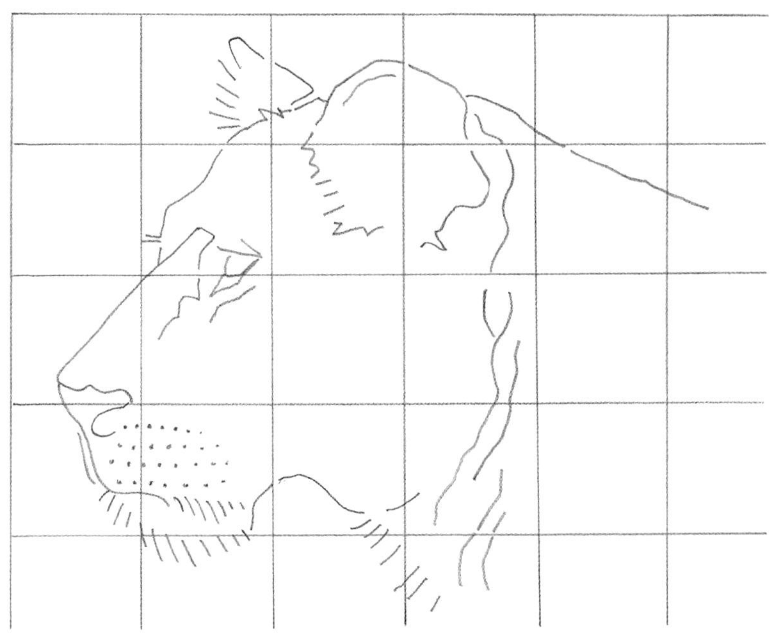

Technique de la grille Photocopiez la photo de référence, puis dessinez une grille décomposée en carrés (un format 2,5 x 2,5 cm convient bien pour commencer) sur la photocopie. Dessinez ensuite une grille identique sur du papier à croquis (certains artistes dessinent la grille directement sur leur papier à dessin, mais je trouve cela moins soigné et la gomme dangereuse pour le papier). Assurez-vous que vos grilles comportent un nombre de carrés identiques, même si ceux-ci sont de taille différente, afin de conserver les proportions. Une fois les grilles dessinées, reportez simplement ce que vous voyez dans chaque carré de la grille de référence sur chaque carré de votre grille de dessin. Travaillez sur un carré à la fois jusqu'à ce que tous soient remplis. Utilisez ensuite la méthode du calquage décrite ci-dessus pour transférer le dessin sur son support final.

Dessiner un animal vivant

Pour réaliser des portraits d'animaux réalistes, il est important de les observer et de se lancer dans des esquisses sur le vif. Regardez la manière dont ils se déplacent, dont ils interagissent avec leur environnement et les autres animaux. Vous retranscrirez d'autant mieux leur physionomie et leur tempérament. Dessiner un animal dans son milieu naturel n'est pas chose aisée et peut s'avérer dangereux. Les zoos, parcs animaliers, réserves naturelles ou centres d'accueil constituent de très bons viviers. Si vous n'en n'avez pas près de chez vous, vous pouvez opter pour une vidéo, mais elle remplacera difficilement le fait de voir, entendre et sentir la créature.

Dessiner sur place
La coauteure Linda Weil (au premier plan) en pleine séance avec sa nièce au zoo de San Francisco.

Que devez-vous emporter ?

C'est à vous de choisir le matériel que vous souhaitez prendre et êtes en mesure de porter. Voici ce que j'emporte traditionnellement lorsque je vais dessiner sur place :

1. Une sélection de crayons (au moins un HB et un 2B)
2. Un carnet à croquis
3. Une tenue adéquate et un chapeau
4. Du produit anti-insectes
5. Une protection solaire
6. Une bouteille d'eau
7. Un taille-crayon
8. Un appareil photo (si vous travaillez sur un animal que vous voyez pour la première fois ou sur lequel vous avez peu de références)
9. Quelque chose pour s'asseoir (dans le cas d'une séance prolongée)

En pratique

1. **Préparez-vous à des animaux peu coopérants.** Comme par hasard, c'est juste lorsque je décide d'aller étudier UN animal en particulier que celui-ci reste caché toute la journée ou bien n'est pas sorti pour le public ce jour-là. Si je compte me focaliser sur un animal, je sais maintenant que je dois appeler avant pour m'assurer qu'il sera bien de sortie – le reste dépendra de son bon vouloir. Il n'y a rien de plus frustrant que de tomber sur l'unique jour de l'année où l'animal est en visite chez le vétérinaire !
2. **Renseignez-vous sur les habitudes de l'animal.** Nombre d'animaux se montrent plus actifs au petit matin ou le soir, et se reposent à l'abri des regards pendant l'après-midi. S'il s'agit d'un animal nocturne, demandez au gardien quel est le meilleur moment pour le voir, ou prenez rendez-vous pour une visite privée. Si vous connaissez les heures de repas, soyez présent à ce moment-là.
3. **Soyez patient.** Si l'animal reste immobile ou bien est absent à votre arrivée, attendez un peu. Les animaux obéissent à leur propre emploi du temps, pas au vôtre ! Soyez patient et vous serez largement récompensé.
4. **Soyez souple.** La patience n'a rien donné ? Allez donc voir ce qui se passe chez l'animal d'à côté. Je vous garantis qu'en ouvrant bien vos yeux, vous trouverez votre bonheur ailleurs.
5. **Attendez-vous à avoir des spectateurs.** Les passants sont toujours curieux de voir ce que vous faites, surtout les enfants. Si vous êtes timide ou n'êtes pas certain de vouloir être scruté, cherchez une place discrète un peu en retrait. Certaines personnes se montreront très intéressées et vous poseront des questions sur votre activité. C'est une bonne occasion de parler un peu de vos créations. Si vous êtes assez sûr de vous, donnez-leur vos coordonnées : vous pourriez avoir la bonne surprise de recevoir une commande !
6. **Soyez poli.** Les animaux peuvent se montrer sensibles et timides. Évitez donc de crier, de frapper à la vitre ou de faire de grands gestes pour attirer leur attention. Cela peut les effrayer autant que vous donner l'air ridicule, surtout lorsque les animaux demeurent dédaigneusement impassibles… Ne monopolisez pas non plus les meilleurs points de vue. Partagez-les au contraire avec les autres, et plus spécialement les enfants. Faites le maximum pour éveiller leur intérêt et leur permettre de voir à leur tour ce que vous observiez.

Dessiner d'après nature

Dessiner des croquis d'animaux d'après nature permet une approche à la fois spontanée et originale du dessin, puisque chaque pose, chaque composition est unique ! Terminer un dessin sur place comporte toutefois quelques inconvénients : d'abord, vous risquez de ne pas pouvoir rester jusqu'à la fin ; ensuite l'éclairage change au fil des heures et, avec elle, les ombres et les lumières. Enfin, la plupart des animaux bougent, ou même s'en vont pendant que vous dessinez, rendant ainsi difficile la réalisation d'un travail ressemblant. Au lieu d'essayer de finaliser un dessin détaillé sur le site, utilisez un carnet de croquis pour collecter les informations qui pourront vous aider à terminer votre dessin plus tard. Travaillez avec rapidité et souplesse, en vous attachant à reproduire les formes générales de l'animal, ses caractéristiques, ses traits, ses gestes et expressions principaux. Entraînez-vous à dessiner avec le bras tout entier, pas seulement avec la main et le poignet. Variez la position de votre crayon et impliquez votre épaule dans chacun de vos mouvements. Ensuite, prenez quelques notes qui vous semblent utiles pour compléter votre croquis par la suite. Quand le moment de finaliser votre dessin sera venu, vous serez étonné de la fréquence à laquelle vous vous reporterez aux notes consignées dans votre carnet !

Dessiner au zoo Le zoo est l'endroit idéal pour réaliser des croquis de toutes sortes d'animaux sauvages. Avant de commencer à dessiner, prenez le temps d'observer leurs proportions, ainsi que la manière dont ils bougent et se comportent avec les autres. Plus vous en savez sur vos sujets, plus votre dessin sera convaincant.

Tenir un carnet de croquis Quand vous réalisez des croquis d'après nature en vue d'un dessin ultérieur, pensez à prendre des notes sur les caractéristiques du sujet, la lumière et l'heure du jour, ainsi que sur tout autre détail que vous risquez d'oublier. Vous pouvez aussi prendre le temps de décrire un élément particulier de la tête (un œil, par exemple), ou de dessiner l'animal sous différents angles. N'oubliez pas que quel que soit le temps passé à observer un sujet, le souvenir que nous en gardons s'estompe avec le temps. Ainsi, soyez aussi exhaustif que possible dans vos notes.

Utiliser un viseur

Si vous avez du mal à organiser votre composition sur votre feuille de papier, essayez de cadrer votre sujet au travers d'un viseur. Pour cela, formez un double L avec vos doigts ou utilisez un cadre en carton comme celui ci-dessous, et regardez à travers. Approchez-le ou éloignez-le, déplacez-le autour de la scène, regardez votre sujet en plongée ou en contre-plongée, et élargissez ou rétrécissez le cadre. Ensuite, choisissez le cadrage que vous préférez.

Commencer par les formes de base Vos esquisses n'ont pas besoin d'être aussi élaborées que les dessins du carnet de croquis ci-dessus. Entraînez votre œil à voir vos sujets comme une association de formes de base (cercles, ovales, rectangles et triangles), et combinez-les dans un croquis. Par exemple, le croquis du chimpanzé de gauche a démarré par une série d'ovales reliés par quelques lignes simples ; les mains, les pieds et les traits du visage ne sont que suggérés. Le portrait de l'éléphant a commencé par un cercle, un ovale, et des formes vaguement triangulaires ; partant de là, il a été facile d'esquisser la trompe, et de placer quelques ombres pour indiquer le modelé.

Animaux sauvages

Nous n'avons pas terminé d'explorer notre relation à nos « frères » les animaux. Les parcs animaliers, les zoos et autres réserves nous donnent l'opportunité de les approcher un peu plus et d'observer leurs interactions avec leur environnement et leurs congénères. Bien que les animaux n'y soient pas dans leur habitat naturel, ils y vivent protégés et généralement détendus. Cela permet au dessinateur de les étudier dans une relative quiétude, de les voir de plus près et de les dessiner aussi fidèlement que possible.
Nous abordons dans ce chapitre une large variété d'animaux sauvages. Vous ne serez ainsi pas perdu lorsque vous déciderez de dessiner d'après nature et vous trouverez face à un python, un lion, une girafe ou un toucan.

L'ÉLÉPHANT

Les éléphants représentent pour moi une nouvelle expérience. Étudiez-les attentivement avant d'essayer de les dessiner. Aviez-vous déjà remarqué que leurs pattes postérieures se plient exactement comme celles des humains ?

L'ombrage doit suivre la silhouette et la forme de chaque zone du corps du pachyderme. Faites par exemple de longues hachures horizontales sur son cou, un mélange de hachures dans différentes directions sur son ventre, et des hachures verticales sur son dos. Cette technique d'ombrage apporte un effet de volume à l'éléphant, ce qui lui donne l'air réel.

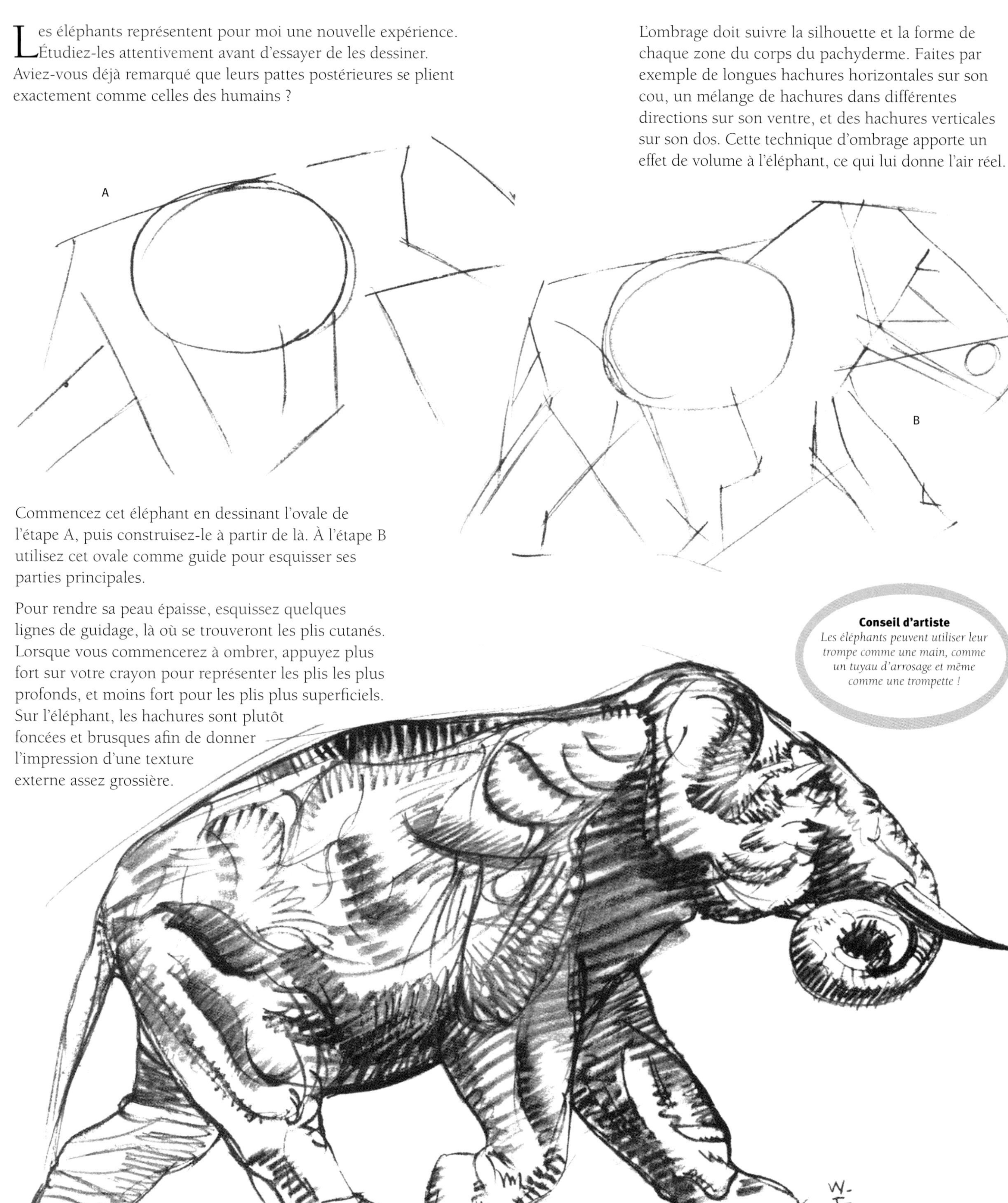

Commencez cet éléphant en dessinant l'ovale de l'étape A, puis construisez-le à partir de là. À l'étape B utilisez cet ovale comme guide pour esquisser ses parties principales.

Pour rendre sa peau épaisse, esquissez quelques lignes de guidage, là où se trouveront les plis cutanés. Lorsque vous commencerez à ombrer, appuyez plus fort sur votre crayon pour représenter les plis les plus profonds, et moins fort pour les plis plus superficiels. Sur l'éléphant, les hachures sont plutôt foncées et brusques afin de donner l'impression d'une texture externe assez grossière.

Conseil d'artiste
Les éléphants peuvent utiliser leur trompe comme une main, comme un tuyau d'arrosage et même comme une trompette !

La gazelle

Concernant les gazelles, essayez de les dessiner marchant ou sautant. Les séries d'étapes illustrées ici montrent que chacune commence avec des lignes d'ébauche totalement différentes. Quand vous ajouterez les détails, essayez de saisir la grâce de l'animal.

La beauté d'un dessin réside souvent dans sa simplicité. Remarquez l'agréable effet que l'on obtient lorsque les traits et ombrages inutiles ont été omis.

La girafe

Qui veut dessiner une girafe se doit d'en respecter les proportions. Lors de la réalisation de l'ébauche, vous remarquerez à quel point des jambes trop courtes ou un cou trop épais altèrent l'apparence de l'animal. Utilisez la tête comme unité de mesure pour dessiner le reste du corps dans le respect des proportions : combien de têtes entrent, selon vous, le long des pattes ou du cou ?

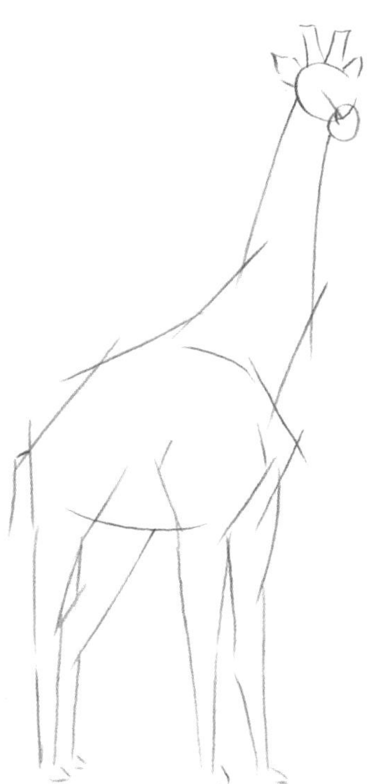

Étape 1 Pour commencer, croquez les formes élémentaires de la girafe et jouez sur les lignes jusqu'à ce que ses proportions vous satisfassent. Vous remarquerez que le cou de la girafe est aussi long que ses pattes et que sa croupe est tombante.

Étape 2 À présent, redéfinissez les formes des pattes et de la croupe en en adoucissant les contours. Ensuite, précisez les traits de la face et le motif de la robe. Chez cette espèce de girafe, les taches sont de forme irrégulière, différentes les unes des autres et séparées par des intervalles étroits.

Étape 3 Maintenant, effacez toutes les lignes de construction encore visibles et concentrez-vous sur le visage de la girafe (voir les détails dans l'encadré ci-dessous). Puis ombrez les taches sombres de la robe et ajoutez la crinière en traçant de petits traits épais et courts en diagonale à l'aide d'un crayon 2B.

Étape 4 Pour terminer, après avoir ombré la tête, ajoutez une ombre sous le corps de la girafe et une sous sa tête. Et pour éviter que l'animal ait l'air de flotter sur la feuille, suggérez le sol à l'aide de hachures en diagonale serrées.

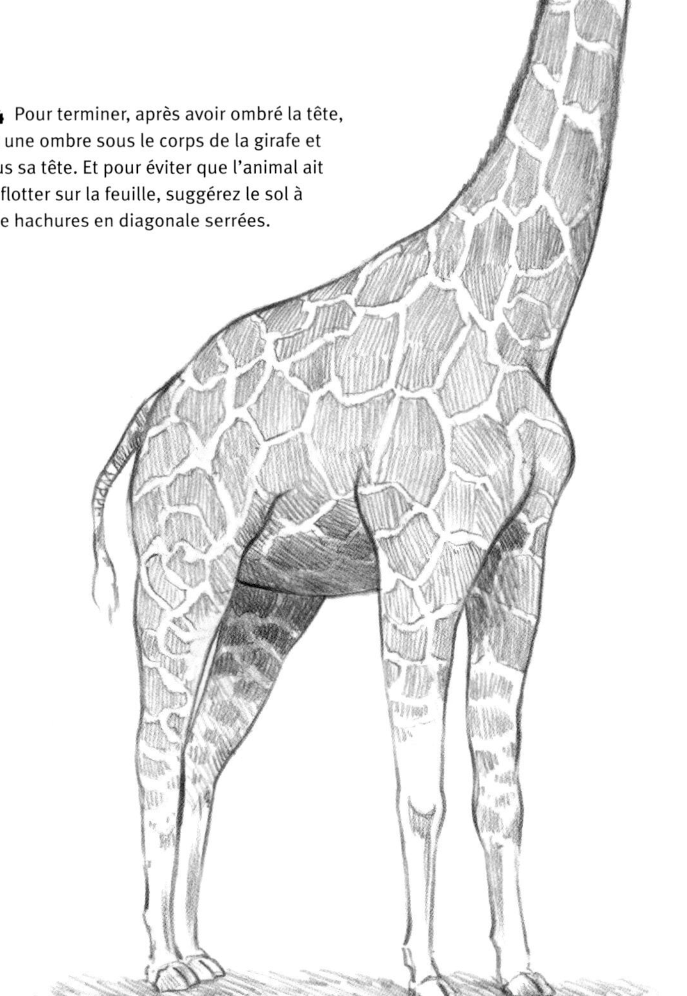

Dessiner la tête

Tracez un cercle pour la tête et deux cercles plus petits pour le museau ; puis ajoutez les cornes et les oreilles. Dessinez la ligne courbe de la mâchoire, puis esquissez les yeux et les cils ainsi que les détails à l'intérieur de l'oreille. Puis reprenez tous les contours et ombrez la face, en prenant un crayon tendre pour les zones les plus foncées et en variant la direction de vos traits pour qu'ils suivent les différents reliefs de la tête.

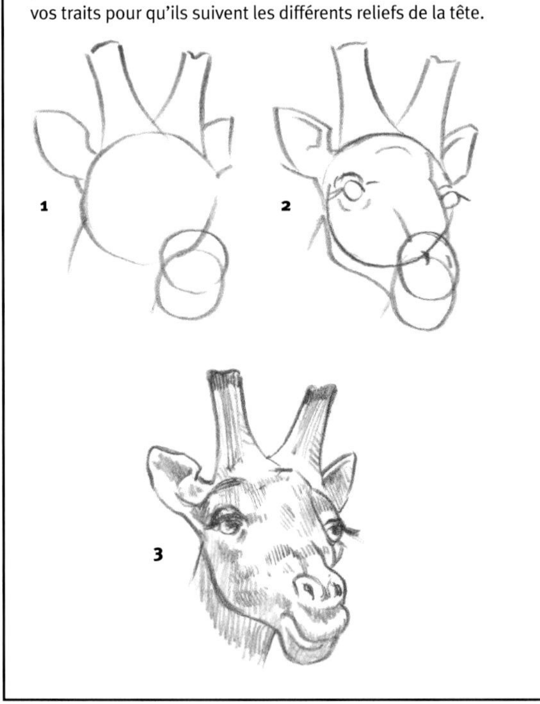

L'iguane

Étape 1 Commencez le dessin de ce reptile prêt à bondir en esquissant quelques lignes de posture, c'est-à-dire une pour chaque patte visible et une ligne courbe allant du sommet de la tête à l'extrémité de la queue. Esquissez ensuite la tête et le corps, puis créez la forme carrée de la bouche et du nez du reptile.

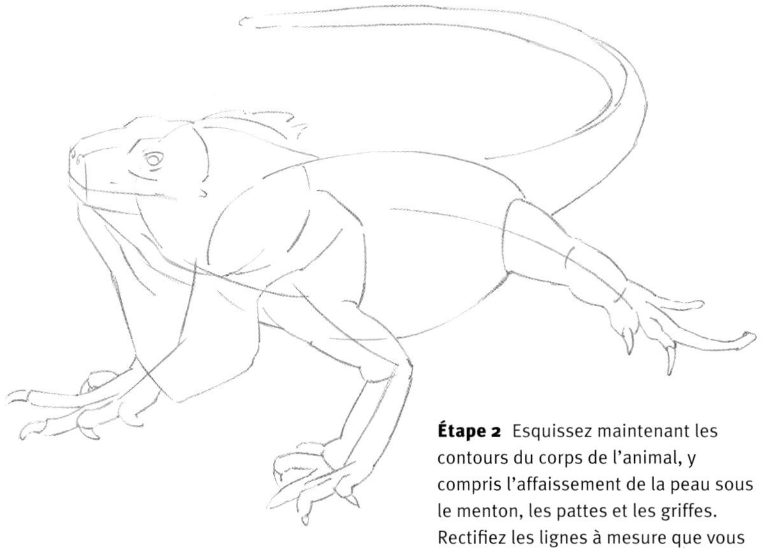

Étape 2 Esquissez maintenant les contours du corps de l'animal, y compris l'affaissement de la peau sous le menton, les pattes et les griffes. Rectifiez les lignes à mesure que vous dessinez, sachant que vous finirez par effacer toutes les marques de crayon en repassant le dessin à l'encre.

Étape 3 À ce stade, finalisez les contours au moyen d'un stylo à encre indélébile. Dessinez le motif à rayures sur la queue et sur les pointes tout le long du corps. Au moyen de quelques traits rapides, représentez la peau rugueuse de l'iguane ; pour la chair affaissée sous le menton, tracez des traits incurvés. Une fois l'encre séchée, effacez les lignes de repère initiales au crayon.

Étape 4 Réalisez un ombrage au moyen d'encre diluée à l'eau. Comme l'encre utilisée à l'étape précédente est indélébile, il n'y a pas de risque de transfert. Avec un pinceau doux pointu, créez un ombrage au lavis en commençant par les zones claires et en progressant vers les valeurs foncées, comme celles sous le menton et sur la patte gauche. Testez chacun des lavis sur du brouillon avant de l'appliquer sur le dessin : la valeur des lavis d'encre est difficile à déterminer tant qu'elle n'est pas appliquée sur papier.

Faire varier les valeurs de teinte au moyen de lavis

Pour obtenir des valeurs de teintes différentes, il suffit de faire varier la quantité d'eau utilisée dans le lavis. Pour réaliser un lavis, il est préférable de commencer par la valeur la plus claire et de foncer progressivement le lavis, plutôt que de tenter d'éclaircir un lavis foncé en ajoutant de l'eau.

Créez un nuancier comme celui ci-dessus. Commencez par un lavis très dilué, puis ajoutez progressivement des pigments pour obtenir des valeurs plus foncées.

Le babouin

Étape 1 Réalisez un croquis de ce babouin à l'air interrogateur au crayon HB pointu. Commencez par la tête et tracez quelques lignes correspondant aux principaux traits du museau. Continuez avec la ligne incurvée du corps et esquissez grossièrement la forme des pattes avant et arrière. Terminez par la ligne courbe de la queue.

Étape 2 Sans toucher au contour de la tête, commencez à dessiner les traits du museau. Utilisez un crayon HB mat pour ombrer le tour des yeux et du nez en crayonnant toujours dans le sens du poil. Précisez également les contours des mains et des pieds en indiquant les différents doigts.

Étape 3 Travaillez la fourrure autour du museau et dans le dos. Le babouin étant recouvert de poils, évitez de tracer un contour linéaire. Appliquez plutôt une série de petits coups de crayon parallèles qui suivent le contour initial tracé à l'étape 1.

Étape 4 Finissez l'ombrage du corps, en ajoutant des coups de crayon aux zones les plus sombres, mais en laissant totalement blanches les zones les plus claires. À l'aide de la mine aplatie d'un crayon HB, terminez par l'ombre portée sur le sol autour du babouin.

L'antilope

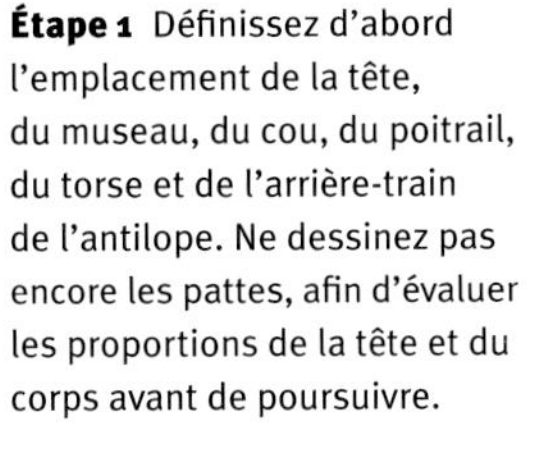

Étape 1 Définissez d'abord l'emplacement de la tête, du museau, du cou, du poitrail, du torse et de l'arrière-train de l'antilope. Ne dessinez pas encore les pattes, afin d'évaluer les proportions de la tête et du corps avant de poursuivre.

Détails des cornes

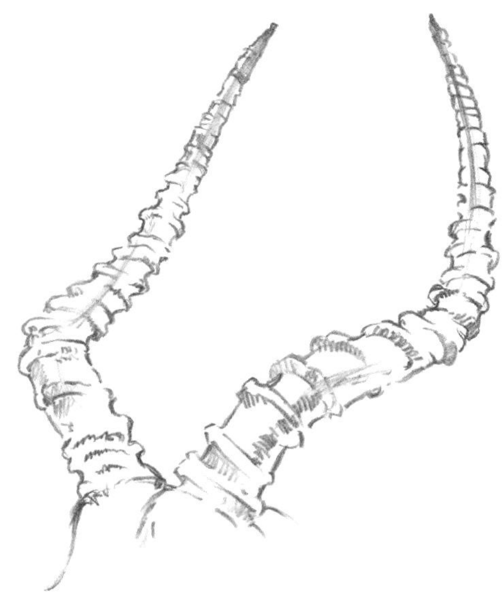

Les cornes de cette antilope sont ornées de la base à la pointe de plusieurs côtes formant un motif d'anneaux horizontaux. Indiquez ces anneaux par des traits qui s'enroulent autour des cornes et dessinez de petites ombres en dessous.

Étape 2 Dessinez les pattes antérieures et postérieures, en leur donnant la même longueur que la distance entre le haut de la tête et le bas du poitrail. Utilisez les cercles suggérant le poitrail et l'arrière-train pour placer les pattes.

Étape 3 Peaufinez le contour du corps en reliant les formes initiales par une ligne douce. Croquez aussi quelques brins d'herbe et marquez la place des yeux, des naseaux, de la bouche et des cornes en modifiant leur position jusqu'à ce que vous soyez satisfait des proportions.

Étape 4 Ajoutez quelques taches d'ombre pour modeler le museau, les cornes et le corps. Ombrez aussi les endroits que la lumière n'atteint pas comme le ventre et la partie supérieure des pattes les plus éloignées. Terminez par les derniers détails des cornes, des oreilles et des yeux, avant d'ajouter un peu d'herbe pour parachever votre dessin.

Le flamand

Étape 1 Positionnez d'abord la tête et le corps du flamand au crayon HB à l'aide de formes ovoïdes. Dessinez ensuite le S du cou et le large bec recourbé. Ajoutez un triangle pour la queue et dessinez les contours des pattes et des pieds, en traçant des ovales pour les « genoux ». Notez que les pattes sont à peu près de la même longueur que la mesure du sommet de la tête à la base du corps.

Étape 2 Précisez les contours et marquez l'emplacement des principales plumes. Ensuite, attaquez-vous à la tête et au bec, en en redéfinissant les contours et en dessinant l'œil, les muscles faciaux et le motif du bec.

Étape 3 Effacez toutes les lignes de construction devenues inutiles. Ombrez légèrement, à l'aide de petits coups de crayon incurvés, le dessous du corps et le haut des pattes. Retravaillez la tête, ajoutez quelques plumes et foncez l'extrémité du bec.

Étape 4 Ajoutez les derniers détails. Terminez d'abord l'ombrage du cou et du ventre à l'aide d'un crayon tendre tenu en position couchée : donnez de petits coups de crayon dans la direction des plumes. Ombrez davantage la droite et le dessous du flamand, la lumière venant d'en haut à gauche. Ajoutez de la matière aux pattes et aux pieds en traçant de petits coups de crayon ondulés. Terminez par de grands traits incurvés figurant les dernières plumes sur le dos du flamand.

Le toucan

Il existe des oiseaux de toutes les formes, de toutes les tailles et présentant les textures les plus diverses. Les plumes longues et lisses de ce toucan réclament de longs traits doux. On ombrera aussi son bec en douceur pour en reproduire la surface polie.

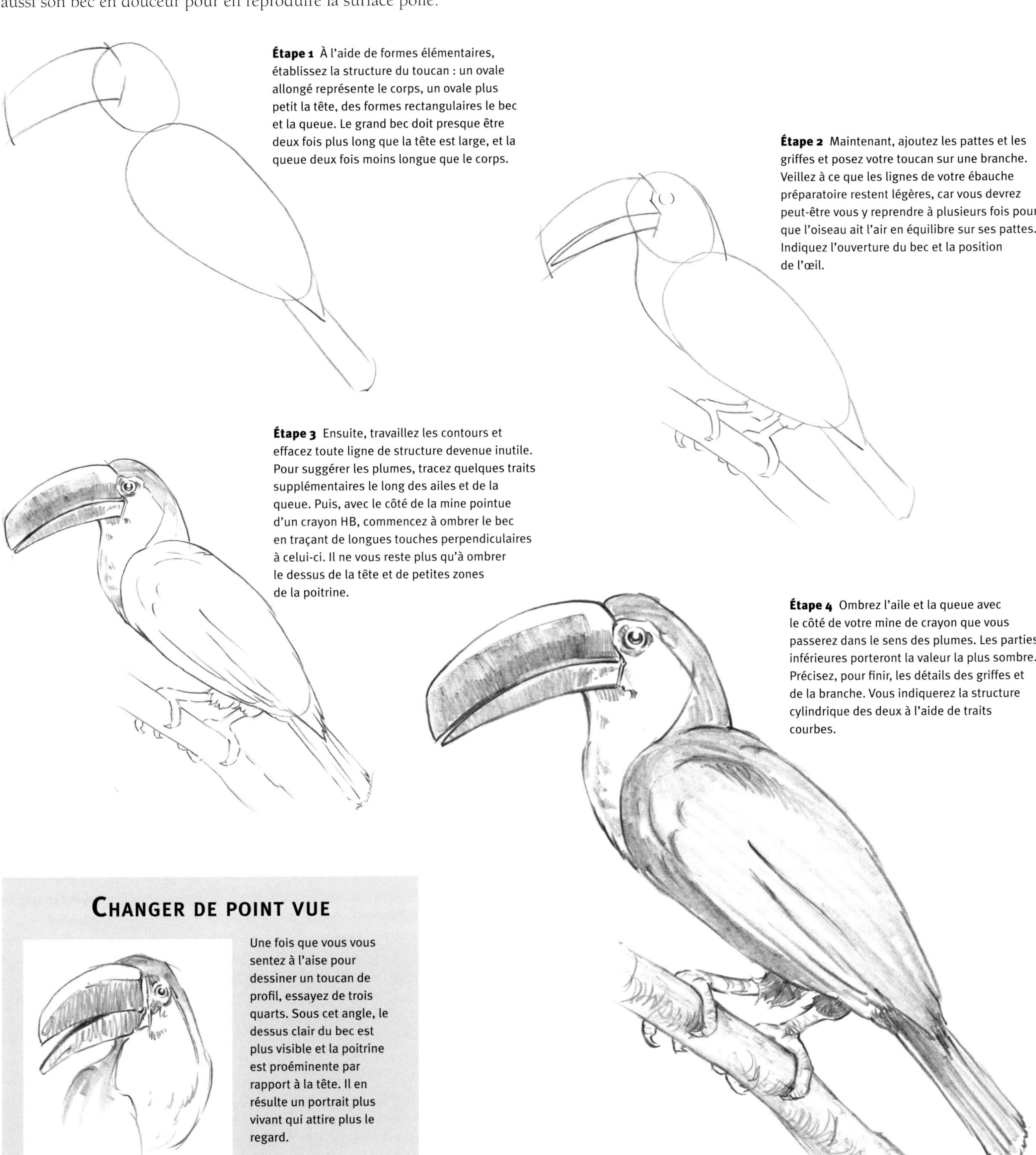

Étape 1 À l'aide de formes élémentaires, établissez la structure du toucan : un ovale allongé représente le corps, un ovale plus petit la tête, des formes rectangulaires le bec et la queue. Le grand bec doit presque être deux fois plus long que la tête est large, et la queue deux fois moins longue que le corps.

Étape 2 Maintenant, ajoutez les pattes et les griffes et posez votre toucan sur une branche. Veillez à ce que les lignes de votre ébauche préparatoire restent légères, car vous devrez peut-être vous y reprendre à plusieurs fois pour que l'oiseau ait l'air en équilibre sur ses pattes. Indiquez l'ouverture du bec et la position de l'œil.

Étape 3 Ensuite, travaillez les contours et effacez toute ligne de structure devenue inutile. Pour suggérer les plumes, tracez quelques traits supplémentaires le long des ailes et de la queue. Puis, avec le côté de la mine pointue d'un crayon HB, commencez à ombrer le bec en traçant de longues touches perpendiculaires à celui-ci. Il ne vous reste plus qu'à ombrer le dessus de la tête et de petites zones de la poitrine.

Étape 4 Ombrez l'aile et la queue avec le côté de votre mine de crayon que vous passerez dans le sens des plumes. Les parties inférieures porteront la valeur la plus sombre. Précisez, pour finir, les détails des griffes et de la branche. Vous indiquerez la structure cylindrique des deux à l'aide de traits courbes.

Changer de point vue

Une fois que vous vous sentez à l'aise pour dessiner un toucan de profil, essayez de trois quarts. Sous cet angle, le dessus clair du bec est plus visible et la poitrine est proéminente par rapport à la tête. Il en résulte un portrait plus vivant qui attire plus le regard.

Le chimpanzé

Étape 1 Esquissez la silhouette de chaque chimpanzé en traçant différents cercles et ovales avec un crayon HB bien taillé. Notez que les chimpanzés, contrairement aux humains, ont les bras plus longs que les jambes.

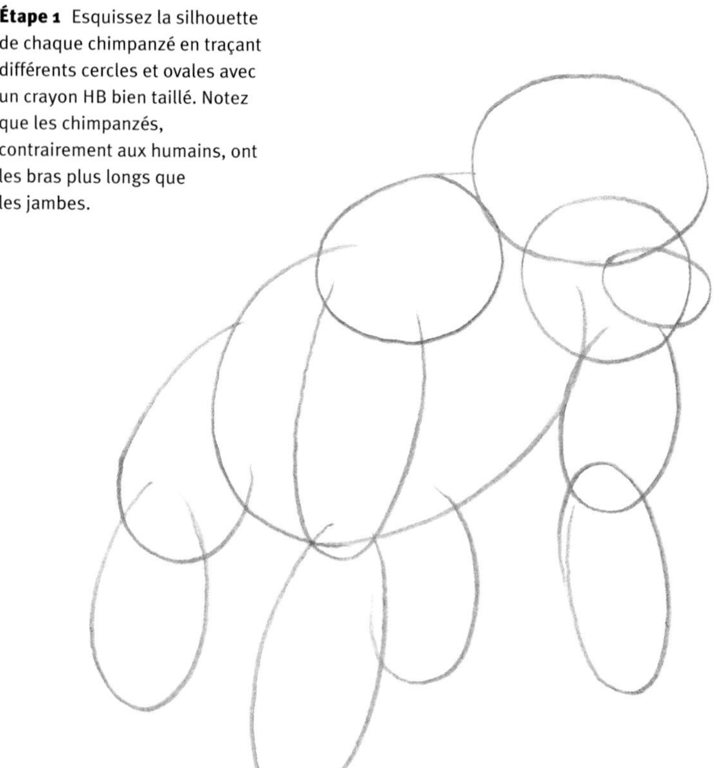

Étape 2 Ensuite, tracez des lignes droites pour les mains et les pieds. Dessinez aussi le contour des différentes parties du visage (bouche, yeux, sourcils et oreilles).

Étape 3 Adoucissez les contours de l'animal à l'aide de petits coups de crayon irréguliers et incurvés. Le contour ne doit être ni lisse, ni uniforme, car il suggère la texture poilue de la robe. Dessinez aussi les mains et les pieds à l'intérieur des lignes de construction tracées à l'étape 2.

Étape 4 Effacez les lignes d'esquisse qui subsistent et commencez l'ombrage du pelage sombre au crayon tendre. Appliquez de petits coups de crayon dans le sens de la pousse du poil en les espaçant dans les zones de rehaut et en les resserrant dans les plis et les zones d'ombre.

Étape 5 Peaufinez le modelage des chimpanzés et ajoutez les derniers détails aux visages en grisant les yeux et la bouche. Enfin, ajoutez un décor naturel simple pour créer une scène d'extérieur vivante.

Le lion

Étape 1 Ébauchez d'abord rapidement les formes de base du lion en traçant quelques lignes courtes. Utilisez un crayon HB dont les marques sont assez légères pour être totalement effacées par la suite. Assurez-vous que vous avez les bonnes proportions avant de poursuivre.

Étape 2 Avec le même crayon, placez les yeux, les naseaux et la gueule. Notez que le haut des naseaux se trouve à peu près à mi-hauteur du sommet de la tête et les yeux au tiers. Tracez ensuite quelques lignes au niveau des articulations des pattes et du flanc pour suggérer le modelé. Par la suite, ces marques serviront de repères pour l'ombrage.

Étape 3 Repassez les contours du corps et des pattes en arrondissant les angles. Pour la crinière, tracez quelques traits ondulés en partant de la tête vers l'extérieur. Commencez aussi à ombrer le museau en appliquant de petites plaques de hachures.

Étape 4 Poursuivez le dessin de la crinière en donnant des coups de crayon serrés et en appuyant plus ou moins pour varier l'intensité et donner du relief à l'ensemble en un minimum de traits. Effacez les lignes de construction devenues inutiles et poursuivez l'ombrage du museau. Commencez aussi à ombrer d'autres parties du corps, notamment le ventre, le haut du dos, l'avant des pattes et la patte levée.

Étape 5 Poursuivez le modelage en ombrant les zones sombres du museau et du corps. Pour que le pelage paraisse convaincant, utilisez de courtes hachures tracées dans le sens du poil. Dessinez les derniers détails au crayon tendre 2B : les moustaches, la queue, et les yeux foncés. Terminez par quelques traits figurant des brins d'herbe aux pieds du lion.

Comparaison du mâle et de la femelle

Le lion a une tête plus grosse que la femelle, encore accentuée par la présence de sa crinière hirsute. Le museau et la mâchoire sont également plus larges et lui donnent un air plus menaçant que la lionne.

La lionne est facile à distinguer du mâle du fait de l'absence de crinière. C'est aussi pour cela que sa tête paraît plus étroite et son regard plus vif.

Le panda géant

Les pandas sont un sujet facile lorsqu'on commence ses dessins avec des formes élémentaires. Tracez d'abord un cercle pour la tête et un pour le corps puis des ovales pour les bras, les jambes et les pattes. Ajoutez les détails comme les yeux, le museau et les feuilles de bambou. Puis recréez la texture de l'épaisse fourrure noire et blanche du panda à l'aide de petits traits courts et délicats. Lorsque vous dessinez des poils, faites-le toujours dans le sens de leur pousse.

Étape 1 D'abord, fixez la forme générale de votre panda dans sa pose. Commencez avec un cercle pour la tête et un grand ovale pour le corps. Puis dessinez une série d'ovales pour les membres antérieurs, les membres postérieurs et les pattes, en divisant le membre antérieur gauche en une partie supérieure et une partie inférieure. Indiquez aussi la forme générale et la position des oreilles, des lunettes et du museau.

Étape 2 Ensuite, placez les yeux, précisez la forme du museau et esquissez la branche de bambou. Avec le côté de la mine d'un crayon tendre, tracez des traits tout autour des contours pour représenter la fourrure. Ensuite, ombrez toutes les parties en noir de la fourrure avec un crayon HB, en dirigeant vos touches vers le bas, dans le sens des poils.

Étape 3 Effacez à présent toutes les lignes de construction restantes et continuez d'ombrer les zones noires de fourrure. Prenez une estompe pour adoucir les traits de crayon et créer l'illusion d'une fourrure très douce. Ajoutez quelques traits de crayon, proches les uns des autres, dans la fourrure blanche pour lui donner un peu de matière et suggérer la présence de muscles sous-jacents. Enfin, dessinez les coussinets des pattes et les griffes.

Étape 4 Continuez d'ombrer à petits traits légers pour recréer la texture de la fourrure. Travaillez les volumes de votre panda en variant l'intensité des ombres de sa fourrure. Par exemple, assombrissez les zones situées entre les bras et le corps ainsi que celles des jambes qui se trouvent le plus près du sol. Et pour terminer, ajoutez les détails de finition des pieds, des griffes, du museau et des yeux.

Le wapiti

Les wapitis sont des créatures magnifiques et majestueuses. Consultez des photos, car ils pourraient s'avérer difficiles à dessiner.

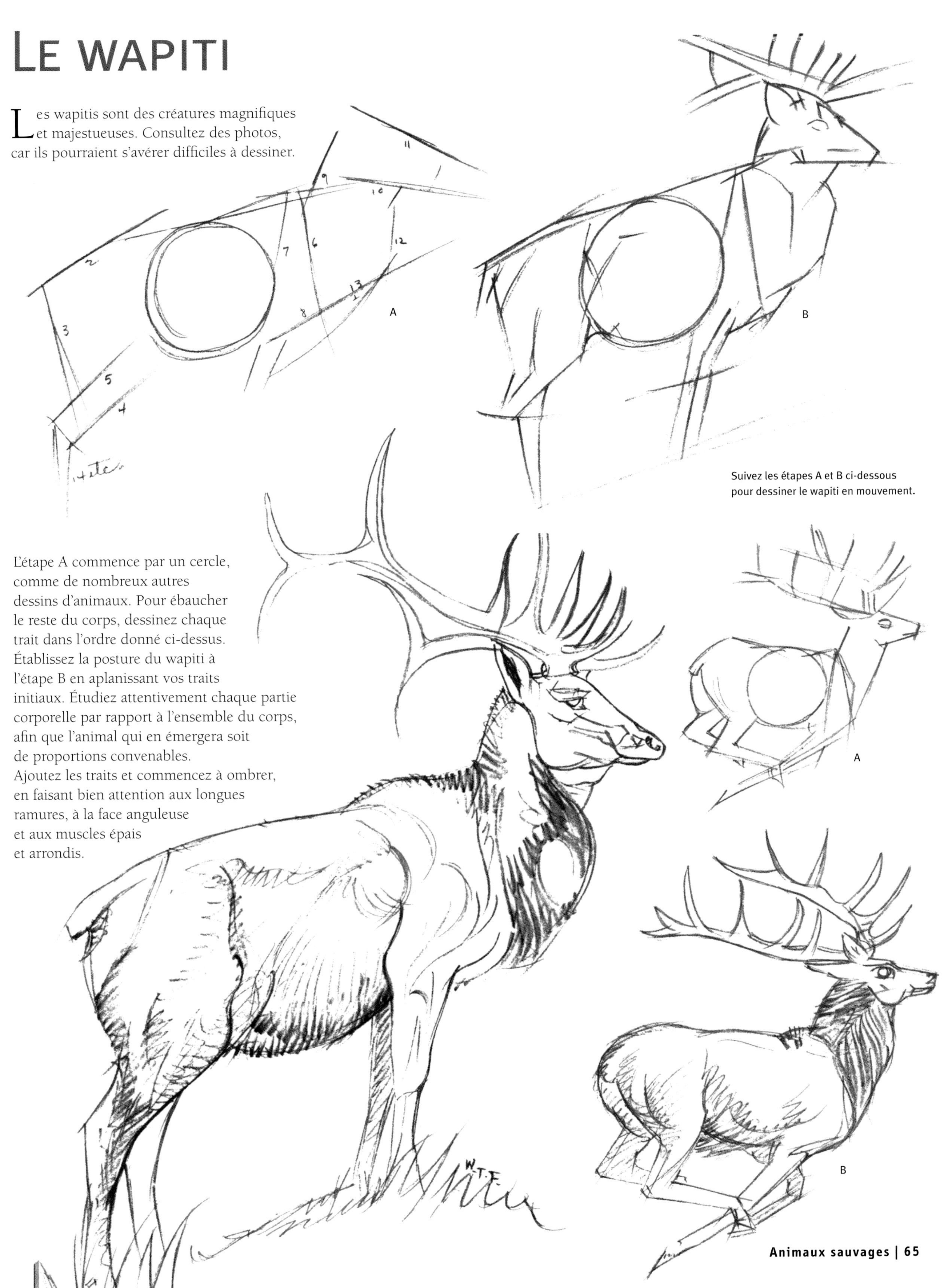

Suivez les étapes A et B ci-dessous pour dessiner le wapiti en mouvement.

L'étape A commence par un cercle, comme de nombreux autres dessins d'animaux. Pour ébaucher le reste du corps, dessinez chaque trait dans l'ordre donné ci-dessus. Établissez la posture du wapiti à l'étape B en aplanissant vos traits initiaux. Étudiez attentivement chaque partie corporelle par rapport à l'ensemble du corps, afin que l'animal qui en émergera soit de proportions convenables. Ajoutez les traits et commencez à ombrer, en faisant bien attention aux longues ramures, à la face anguleuse et aux muscles épais et arrondis.

L'ÉLAN

Les élans (ou orignaux) ont le corps lourd, les épaules bossues et de longues pattes (les antérieurs sont plus longs que les postérieurs). Leur corps est généralement marron foncé et leurs pattes un peu plus claires. Ils ont le cou court et un appendice de peau poilue qui pend le long de leur gorge. La femelle n'a ni cornes ni ramure, mais le reste de son corps est très semblable à celui du mâle.
Commencez par tracer un ovale à l'étape A, puis aux étapes B et C développez la pose et remplissez certains des traits de base. Commencez ensuite à ombrer pour donner du volume à l'animal.

La posture gracieuse de cette femelle élan transmet au dessin un sentiment de tranquillité. Remarquez cependant comment ses oreilles sont dressées, ce qui nous indique que ses sens sont toujours en alerte et qu'elle écoute les sons qui l'entourent. Tous ces détails sont importants pour que le dessin soit réaliste.

Le dessin ci-dessous étant inachevé, on peut voir les étapes de l'ombrage. Le dos de l'élan montre les premières étapes, tandis que sur son poitrail les différentes couches superposées lui donnent l'air plus achevé.

Conseil d'artiste
J'essaie toujours de montrer la personnalité de l'animal dans mes dessins. Faites la même chose !

Comme mentionné précédemment, cherchez quelles sont les formes élémentaires avant de commencer à dessiner. On commence l'élan mâle avec un simple ovale, comme indiqué à l'étape A. N'oubliez pas que même le plus infime changement dans l'ovale affectera la position et la forme du corps.

Les étapes B et C montrent comment développer le reste du corps à partir du contour initial. L'endroit où les pattes sont dans le prolongement du corps est extrêmement important. Chaque animal se tient debout d'une façon particulière, et si l'on ne place pas les pattes correctement, on n'obtiendra pas un dessin réaliste. Observez donc attentivement vos sujets !

Les élans mâles sont des animaux énormes. On ne peut pas dire qu'ils sont particulièrement beaux, mais dans la nature, ils sont tout à fait étonnants.

Lorsque vous dessinez un sujet de cette taille, il est important de communiquer la force de l'animal. Les différentes zones d'ombrage montrent la forme des muscles. Le cou épais de l'élan et ses épaules massives transmettent également sa puissance.

Le bison

Étape 1 Commencez l'esquisse avec un crayon HB à mine arrondie : tracez les grandes lignes du museau, des cornes et de la crinière. Comme il s'agit d'un portrait de face, veillez à la symétrie de votre croquis. Marquez des encoches juste en dessous des yeux et donnez une forme carrée au menton, là où commence la « barbiche ».

Étape 2 Organisez la structure de la tête en indiquant les différents plans du museau et l'inclinaison du front. Ces lignes serviront plus tard de repères pour l'ombrage et seront adoucies par de courtes hachures.

Étape 3 Dessinez les traits du museau : les yeux, les oreilles et les naseaux. Placez les oreilles juste en dessous de la base des cornes et les yeux au niveau de la moitié inférieure des oreilles. Notez leur écartement extrême : placez-les de telle sorte qu'ils soient un peu plus éloignés l'un de l'autre que les commissures de la bouche. Ensuite, reprenez le contour des naseaux et de la bouche.

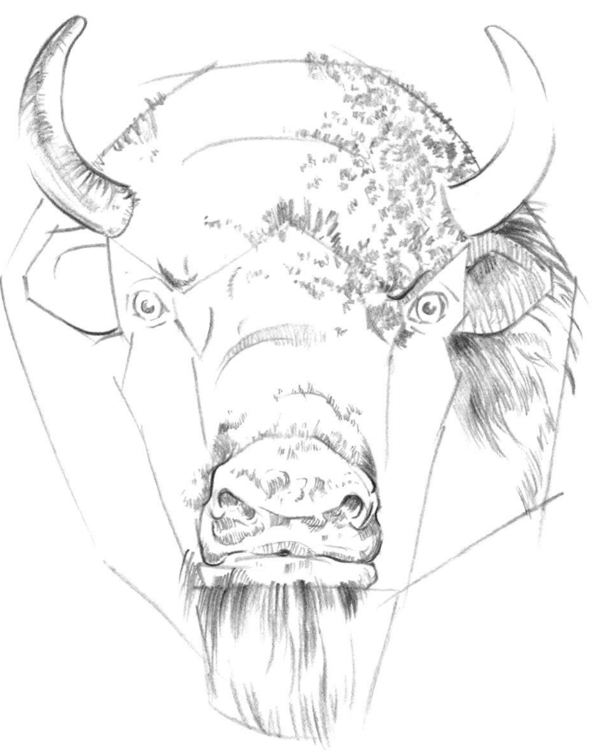

Étape 4 Commencez l'ombrage en suggérant diverses textures. Pour les poils de la barbiche, tracez de longs traits légèrement ondulés et plus appuyés à la base du menton. Pour suggérer le pelage plus court et bouclé du museau et du sommet de la tête, utilisez le plat d'une mine arrondie et tracez plusieurs petits traits et gribouillis. Ombrez aussi les cornes à l'aide de lignes courbes qui suivent et suggèrent la forme cylindrique.

Étape 5 Terminez l'ombrage des différentes matières et peaufinez les détails des yeux (voir l'encadré ci-dessous). Prenez un peu de recul et forcez le contraste en assombrissant avec un crayon plus tendre la ligne de la mâchoire, l'intérieur des oreilles et les yeux.

Examen du corps

Le bison a un profil aplati, une tête extrêmement basse, des pattes antérieures courtes et des épaules puissantes qui lui donnent un aspect brutal et presque primitif.

Détails des yeux

Commencez par tracer le contour de la paupière, de l'iris, de la pupille et du sourcil à l'aide de traits légers et fins. Indiquez ensuite les zones les plus sombres en remplissant la pupille et une partie de l'iris, mais en laissant un rehaut blanc. Ensuite, ombrez l'œil et frottez un tortillon sur le globe oculaire pour atténuer les rehauts et supprimer les lignes trop dures.

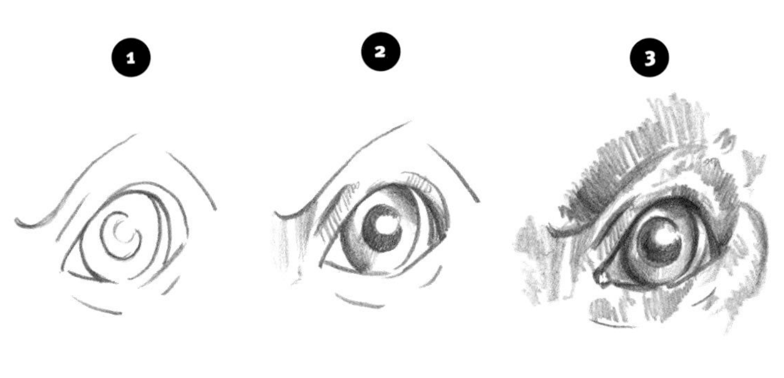

Le loup

Étape 1 Esquissez la tête du loup au crayon HB en vous concentrant sur les formes principales. Tracez le contour de la tête et du museau en quelques lignes droites. Ajoutez ensuite les courbes du museau et deux triangles pour les oreilles.

Étape 2 Placez ensuite les yeux et la truffe et marquez la région des joues. Commencez le détail des oreilles, puis suggérez la texture de la fourrure à l'aide de petits coups de crayon courts et ondulés.

Étape 3 Ombrez la robe, en appliquant d'abord le graphite sur les zones les plus sombres (l'intérieur des oreilles et le dessous du museau, par exemple). Variez la longueur, l'intensité et la courbe de chaque trait pour simuler les différentes textures de la fourrure.

Étape 4 Terminez l'ombrage et la fourrure en évitant seulement les zones claires des oreilles, du front et du haut du museau. Peaufinez les détails du museau, ombrez les yeux et la truffe, et ajoutez des rehauts à l'aide d'une gomme mie de pain.

Le serpent à sonnette

Étape 1 Esquissez le contour du corps enroulé du serpent et complétez-le par la forme de la tête et de la queue. Dessinez en transparence : cela signifie que vous devez tracer la ligne située derrière la queue de l'animal, même si cette ligne doit disparaître dans le dessin final. Cela permet de rester précis.

Étape 2 Marquez la position de l'œil et de la bouche, en y ajoutant une langue fourchue. Pour créer l'illusion des écailles, dessinez des C à l'envers sur les parties situées au premier plan.

Étape 3 Terminez le dessin des écailles sur tout le corps et commencez à ombrer le motif de la peau en losanges. Ensuite, effacez les lignes d'esquisse devenues inutiles et tracez une ombre portée sous le serpent.

Étape 4 Peaufinez le marquage de la peau et terminez l'ombrage de la tête et de la queue en ajoutant des détails. Placez une ombre le long du tiers inférieur du corps pour le modeler en lui donnant une forme cylindrique. Enfin, suggérez des galets et un sol irrégulier pour ancrer le serpent sur le sol.

L'ours blanc

Étape 1 Esquissez d'abord les grandes lignes du corps, de la tête et des pattes de l'ours polaire en veillant particulièrement aux proportions. Tracez également quelques lignes pour indiquer la longueur du cou massif et deux petits traits rapides pour le poitrail. Notez que la tête est légèrement plus basse que le postérieur et que les pattes de devant sont un peu incurvées vers l'avant.

Étape 2 Tracez ensuite deux demi-cercles concentriques pour les oreilles, et esquissez le carré du museau. Ébauchez aussi le contour de l'épais morceau de banquise sous les pattes de l'ours. Dessinez d'abord rapidement un demi-ovale irrégulier, puis ajoutez une ligne qui le longe par-dessous et terminez en reliant les deux par des traits verticaux.

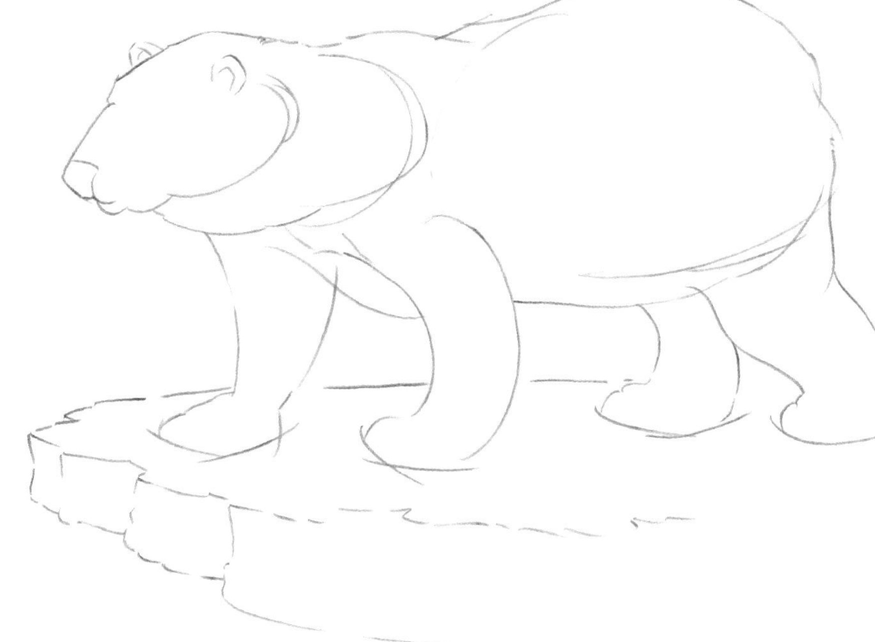

Étape 3 Dessinez l'œil et esquissez la forme des pattes à l'aide de coups de crayon circulaires. Pour suggérer la banquise à l'arrière-plan, tracez quatre lignes horizontales brisées derrière le morceau de glace flottante.

Étape 4 Commencez l'ombrage en traçant de petits traits légèrement incurvés qui suivent le sens de la pousse du poil. N'ombrez que quelques zones, comme le ventre, le dos et le museau, juste assez pour suggérer la texture, mais sans toucher au blanc de la fourrure.

Étape 5 Redéfinissez les contours et dessinez les derniers détails. Utilisez le plat de la mine d'un crayon HB bien taillé pour assombrir l'eau et l'ombre portée de l'ours, puis un crayon HB à mine arrondie pour ajouter des rides dans l'eau et ombrer l'avant du morceau de banquise. Ombrez aussi la truffe, l'œil et l'intérieur de l'oreille, puis terminez votre dessin en traçant quelques traits plus sombres sur la fourrure.

Les manchots

Étape 1 À l'aide d'un crayon HB, tracez des ovales pour figurer la tête et le corps des manchots en inclinant un peu la position du corps. Disposez-les en U, plutôt qu'en ligne droite pour guider l'œil de l'observateur à travers le dessin.

Étape 2 Ajoutez de simples lignes courbes et droites pour figurer le bec que vous placerez à droite au milieu de la tête. Ajoutez aussi les courtes pattes et les larges pieds palmés avant de tracer quelques lignes simulant le sol.

Les marques distinctives

Les marques qui ornent la tête des manchots varient selon les espèces. Pour dessiner ce manchot papou, laissez une grande zone blanche au-dessus du sommet de la tête et autour des yeux. Ensuite, cerclez chaque œil d'une fine bordure de petits coups de crayon foncés.

Étape 3 Dessinez ensuite les yeux et placez les ailes et la queue, puis ajoutez l'ombrage à l'aide de petites hachures au crayon 2B. Tracez aussi quelques fines lignes incurvées sous leurs pieds pour matérialiser le sol.

Étape 4 Terminez au crayon 2B en ombrant la tête et la pointe du bec avec des hachures. Ombrez aussi le haut des pattes et le sol.

Compagnons du quotidien : nos animaux de compagnie

À travers le monde, des millions d'animaux vivent auprès des hommes et les connaissent presque aussi bien que ces derniers les connaissent... Les animaux domestiques ne font pas le bonheur des seuls enfants. On sait aujourd'hui que les célibataires vivent plus vieux et plus heureux lorsqu'ils ont un animal de compagnie. Si vous aussi vous souhaitez immortaliser le vôtre, vous trouverez dans ce chapitre des détails précieux sur la physionomie, les expressions et les poses.

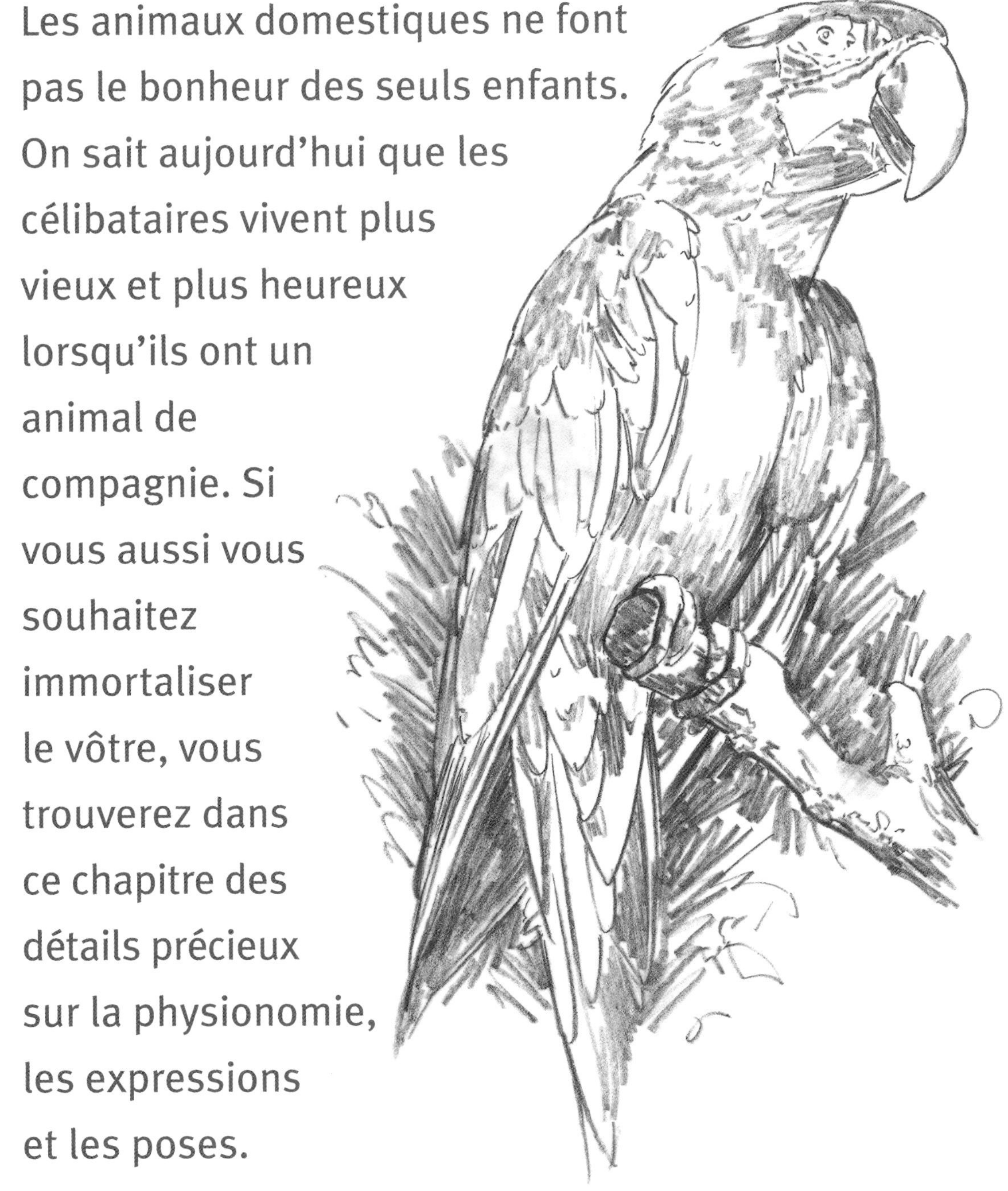

Dessiner un lapin

Pour dessiner des lapins, il faut les observer attentivement. Par exemple, la longueur de leurs oreilles varie selon leur race. Les oreilles de ce spécimen sont peut-être un peu trop petites. Si vous faites la même erreur, continuez à faire des essais jusqu'à ce que vous parveniez à obtenir la bonne taille.

Lorsque vous dessinez une race d'animal particulière, faites en sorte que votre dessin soit précis. Vous trouverez une abondante documentation à la bibliothèque.

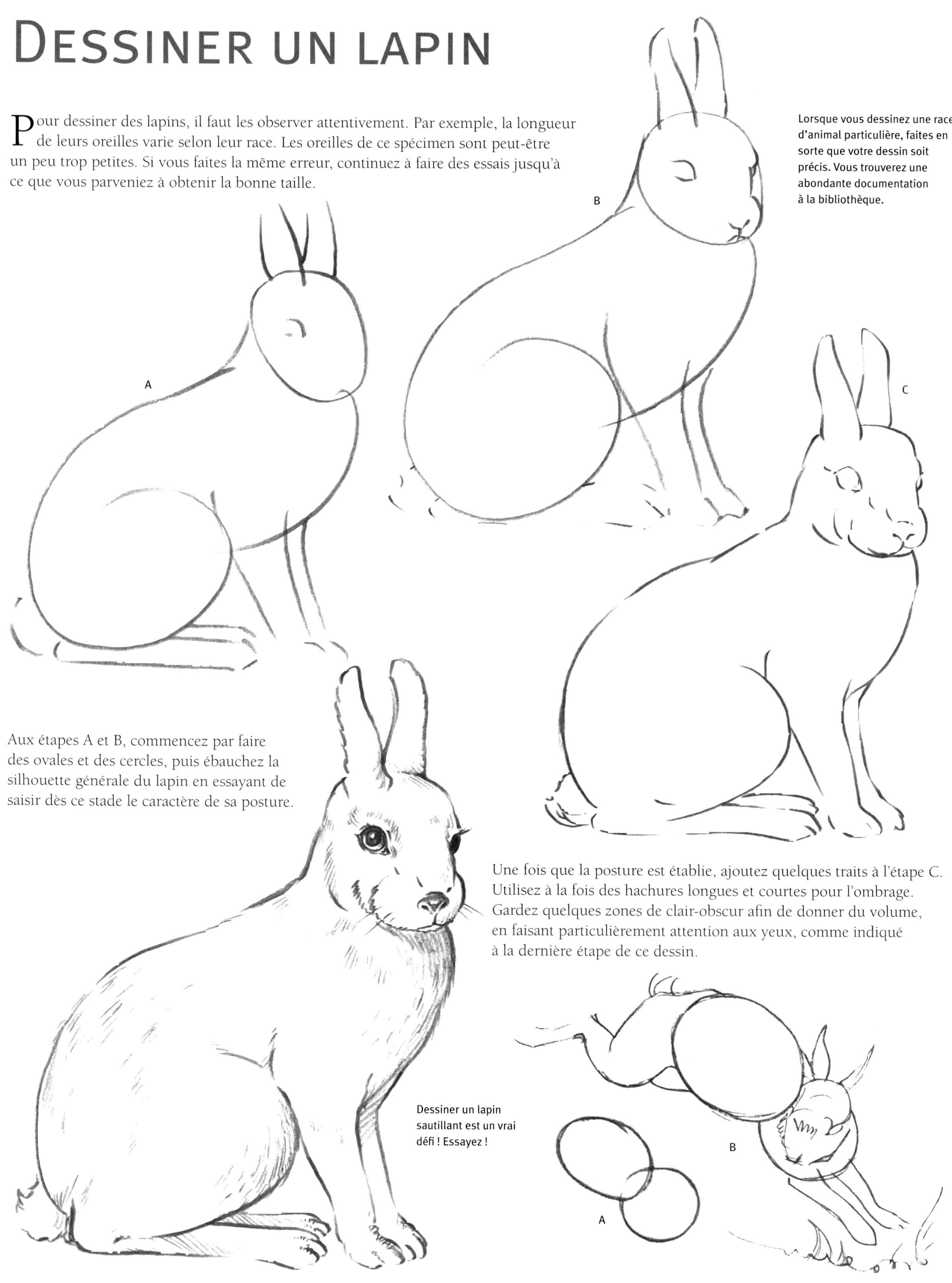

Aux étapes A et B, commencez par faire des ovales et des cercles, puis ébauchez la silhouette générale du lapin en essayant de saisir dès ce stade le caractère de sa posture.

Une fois que la posture est établie, ajoutez quelques traits à l'étape C. Utilisez à la fois des hachures longues et courtes pour l'ombrage. Gardez quelques zones de clair-obscur afin de donner du volume, en faisant particulièrement attention aux yeux, comme indiqué à la dernière étape de ce dessin.

Dessiner un lapin sautillant est un vrai défi ! Essayez !

La figure A ci-dessous montre une façon d'ébaucher la silhouette fondamentale du lapin. Dessinez des ovales nets et se chevauchant afin de mettre en place la forme de son corps.

Dans la figure B, les coups de crayon utilisés pour ébaucher le lapin sont beaucoup plus lâches, mais quelle que soit la technique employée, vous arriverez à un beau dessin final.

Lorsque vous commencerez à ombrer, utilisez un crayon 6B pour les détails et les zones les plus foncées. Un pastel noir employé par le côté est utile pour ombrer des zones plus importantes et créer des gris délicats et clairs.

Observez la profondeur dans les yeux et la douceur de la fourrure ci-dessous. Variez vos techniques d'ombrage et vos coups de crayon pour créer la texture et rendre ces effets possibles.

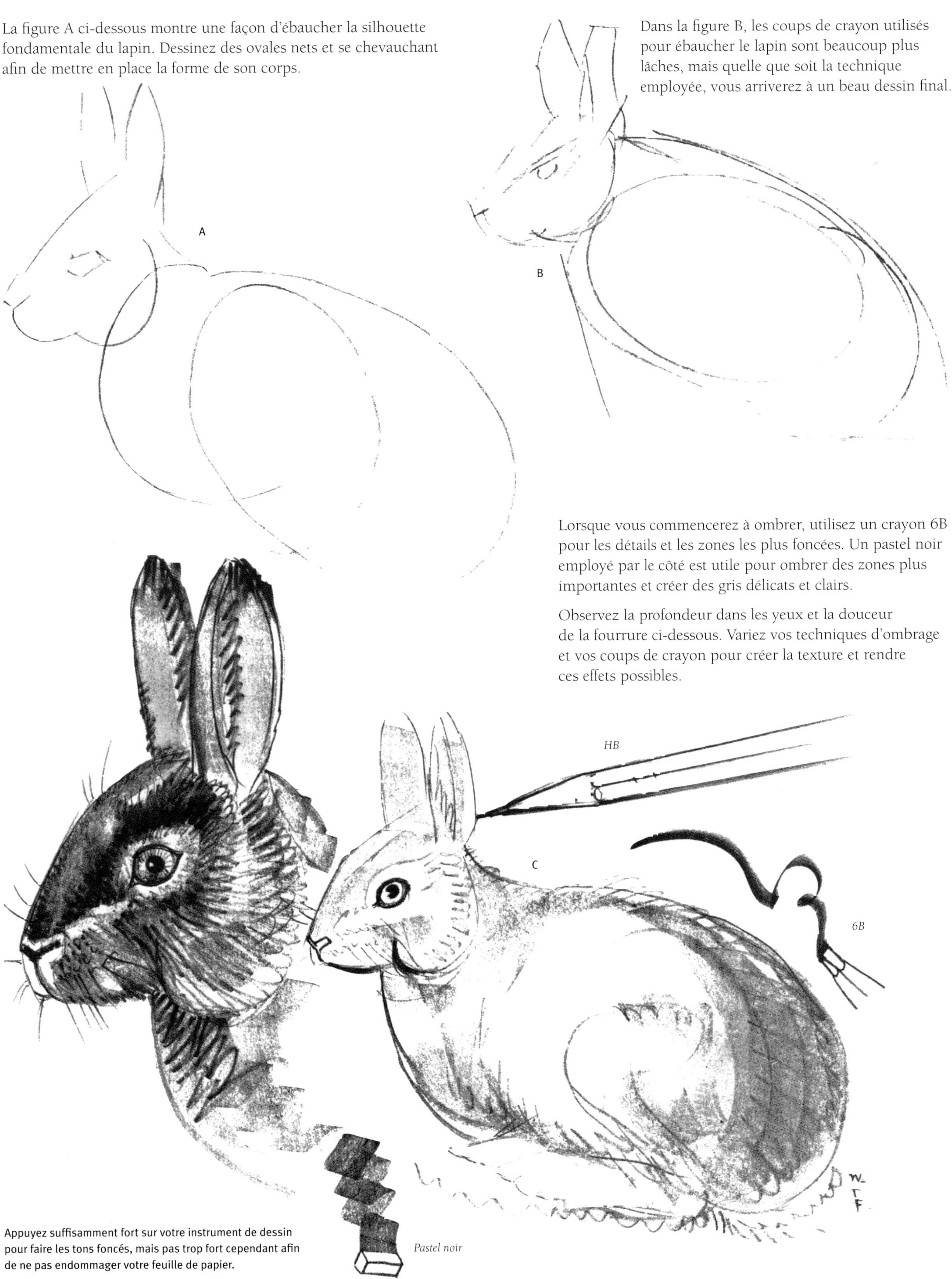

Appuyez suffisamment fort sur votre instrument de dessin pour faire les tons foncés, mais pas trop fort cependant afin de ne pas endommager votre feuille de papier.

LE COCHON D'INDE

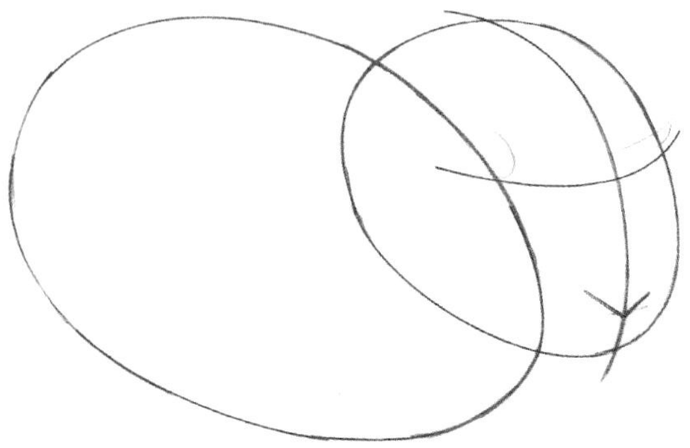

Étape 1 Commencez par dessiner la forme de la tête et du corps au moyen de deux ovales se recoupant. Tracez ensuite quelques repères pour les traits et divisez la vue de trois quarts en quarts de cercle, puis ajoutez un V pour le nez.

Étape 2 Définissez la structure sous-jacente : tracez les pattes au moyen d'ovales. Marquez ensuite la position des oreilles et placez les yeux juste au-dessus du repère horizontal.

Étape 3 Vous allez ensuite passer aux pattes et marquer les orteils. Puis commencez à tracer la région nasale au moyen d'une ligne en forme de U et les bajoues à l'aide d'ovales.

Étape 4 Commencez à dessiner la fourrure épaisse et soyeuse à partir de la structure de base que vous avez tracée. Appliquez des traits courts d'épaisseurs différentes. Il est beaucoup plus facile de déterminer le sens de la fourrure et la forme globale de l'animal à partir de cette structure préexistante.

Étape 5 Effacez les lignes de repère dont vous n'avez plus besoin et continuez à étoffer la fourrure. Au moyen du côté large d'un crayon, tracez des ombres légères autour du cochon d'Inde pour suggérer la rondeur de ses formes. Préservez la simplicité du dessin car les formes sont plutôt vagues et concentrez-vous sur la fourrure pour rendre son aspect duveteux.

Les perruches

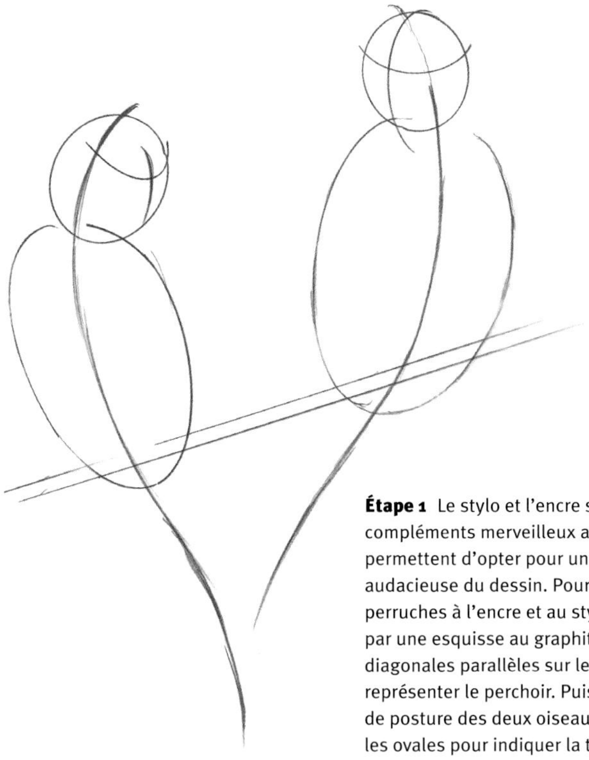

Étape 1 Le stylo et l'encre sont des compléments merveilleux au crayon et vous permettent d'opter pour une approche plus audacieuse du dessin. Pour ce dessin des perruches à l'encre et au stylo, commencez par une esquisse au graphite. Tracez deux diagonales parallèles sur le papier pour représenter le perchoir. Puis dessinez la ligne de posture des deux oiseaux, avant de tracer les ovales pour indiquer la tête et le corps. Les postures choisies donnent à la composition une forme en cœur.

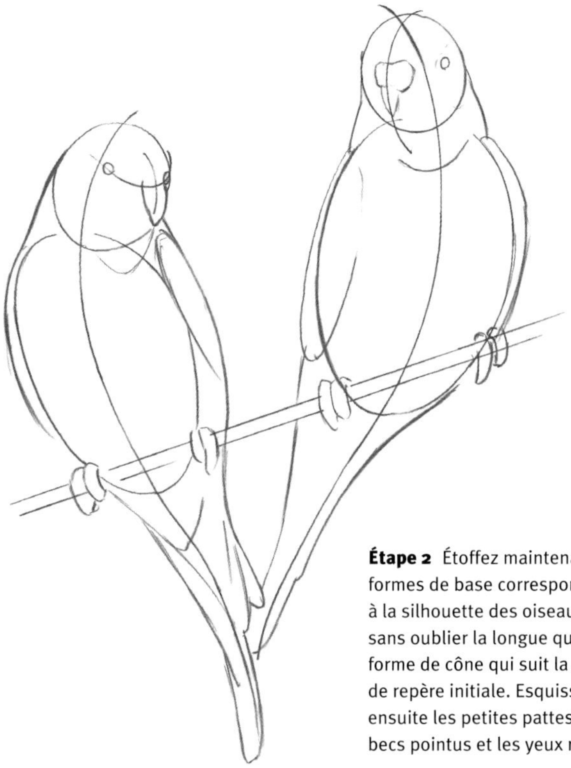

Étape 2 Étoffez maintenant les formes de base correspondant à la silhouette des oiseaux, sans oublier la longue queue en forme de cône qui suit la ligne de repère initiale. Esquissez ensuite les petites pattes, les becs pointus et les yeux ronds.

Étape 3 Maintenant que vous avez créé les silhouettes pleines des oiseaux et positionné les éléments les plus importants, vous allez passer à l'application de l'encre. Pour ce faire, utilisez un pinceau trempé dans l'encre pour repasser sur les contours de chaque oiseau. Faites varier l'épaisseur des traits en modifiant la pression appliquée à la brosse et réalisez des traits légèrement brisés pour conférer au plumage un aspect naturel. Commencez aussi à travailler les plumes au moyen de traits courts en forme de U. Une fois l'encre complètement sèche, effacez les lignes de repère au crayon.

Étape 4 Pour terminer, peaufinez les détails et les valeurs de teinte des plumes. Pour les plumes plus fines de la tête et du corps, tenez le stylo en position d'écriture pour avoir plus de contrôle ; en revanche pour les fleurs tout autour du perchoir, saisissez le stylo à mi-hauteur pour tracer des traits fluides et créer un mouvement spontané.

Le lapin

Étape 1 Démarrez ce dessin sur du papier-calque. Ce support présente un grain lisse, de sorte qu'il ne « capture » pas trop de graphite, ce qui contribue à donner aux traits un aspect doux et clair. Pour commencer, esquissez trois ovales qui se recoupent pour représenter la tête, le corps et l'arrière-train du lapin. Tracez ensuite des lignes de repère sur la tête, en faisant suivre à chacune de ces lignes la courbure du visage.

Étape 2 Sur les formes de base esquissées à l'étape précédente, vous allez affiner les contours du corps. Ajoutez aussi les oreilles et les pattes, puis positionnez les yeux et le nez à l'aide des lignes de repère.

Étape 3 Vous allez maintenant repasser sur les contours pour conférer au pelage sa texture, au moyen d'un trait légèrement bosselé dont vous ferez varier l'épaisseur et qui donnera un aspect plus naturel que celui rendu par les lignes initiales. Esquissez ensuite les formes irrégulières des taches au moyen d'une série de petits traits. Puis détaillez les yeux et les moustaches, et appliquez des ombres légères sous le corps et dans l'oreille du lapin.

Étape 4 Au moyen d'une estompe plongée dans de la poussière de graphite, appliquez des valeurs sombres au pelage du lapin. L'estompe crée des teintes douces et une texture soyeuse appropriées à la fourrure veloutée de l'animal. Terminez en « ancrant » le lapin au sol en dessinant une ombre projetée au moyen de longs traits appuyés avec le côté d'un crayon à pointe plate.

Le furet

Étape 1 Ébauchez le corps long et mince du furet autour de sa forme naturelle, une courbe en S. Le long de cette courbe, positionnez la tête, le cou, le torse, les pattes avant et arrière au moyen d'ovales. Veillez bien à ce que le corps soit correctement proportionné et équilibré avant de passer à l'étape suivante.

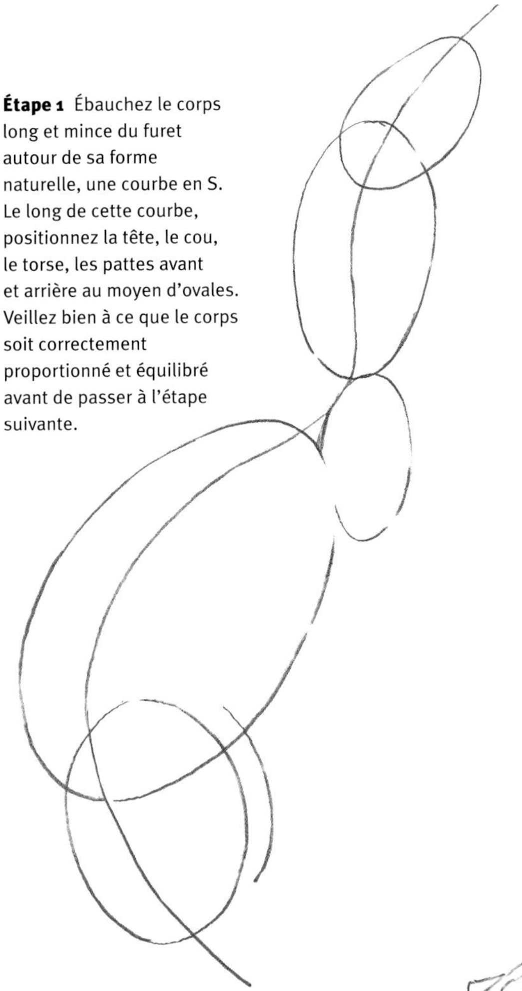

Étape 2 Reliez les différents ovales au moyen de traits souples pour affiner les contours du corps de l'animal. Ajoutez la queue recourbée, ainsi que les pattes avant et arrière. Positionnez les bajoues et les oreilles.

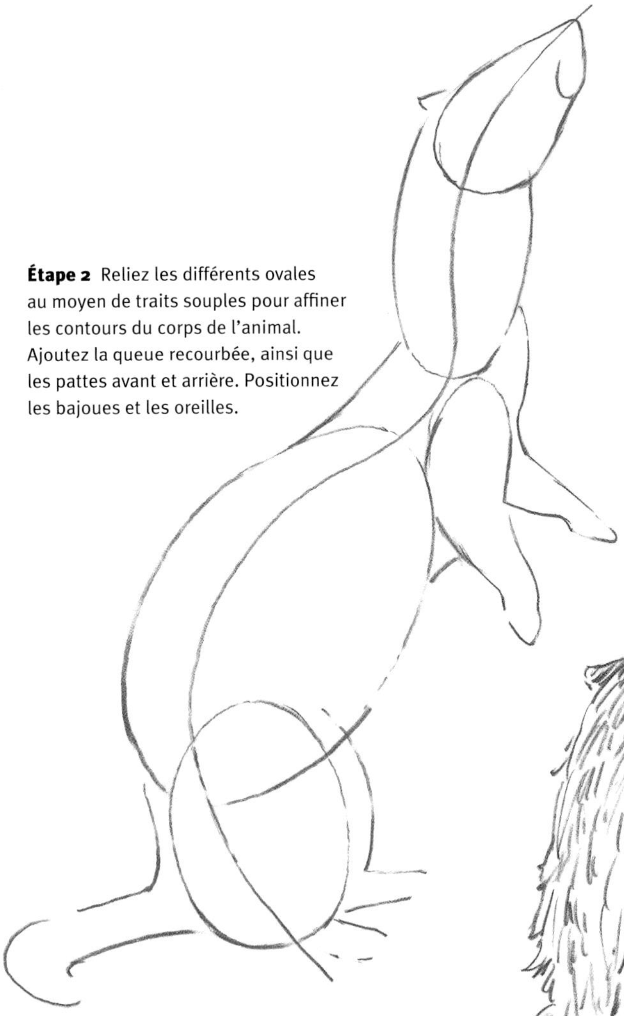

Étape 3 Une fois la forme de base de l'animal définie, commencez à dessiner le pelage. Tracez des lignes brisées sur le contour pour rendre l'apparence duveteuse du pelage. Effacez les lignes de repères précédemment utilisées pour définir la forme du corps. Positionnez ensuite les yeux, les oreilles et le museau. Puis passez aux pattes, que vous allez affiner, avant de marquer une séparation entre les orteils.

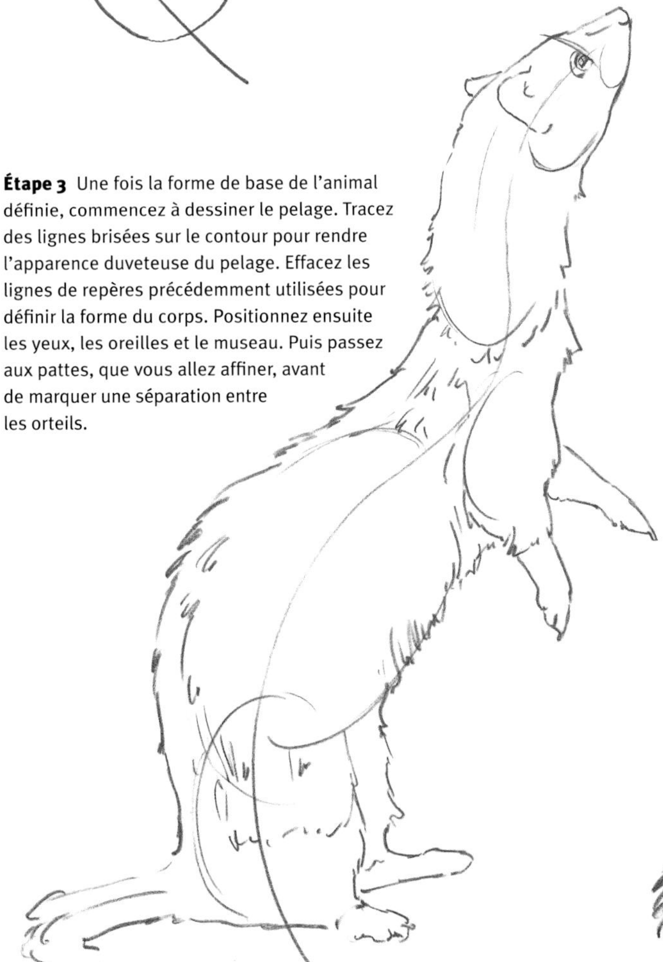

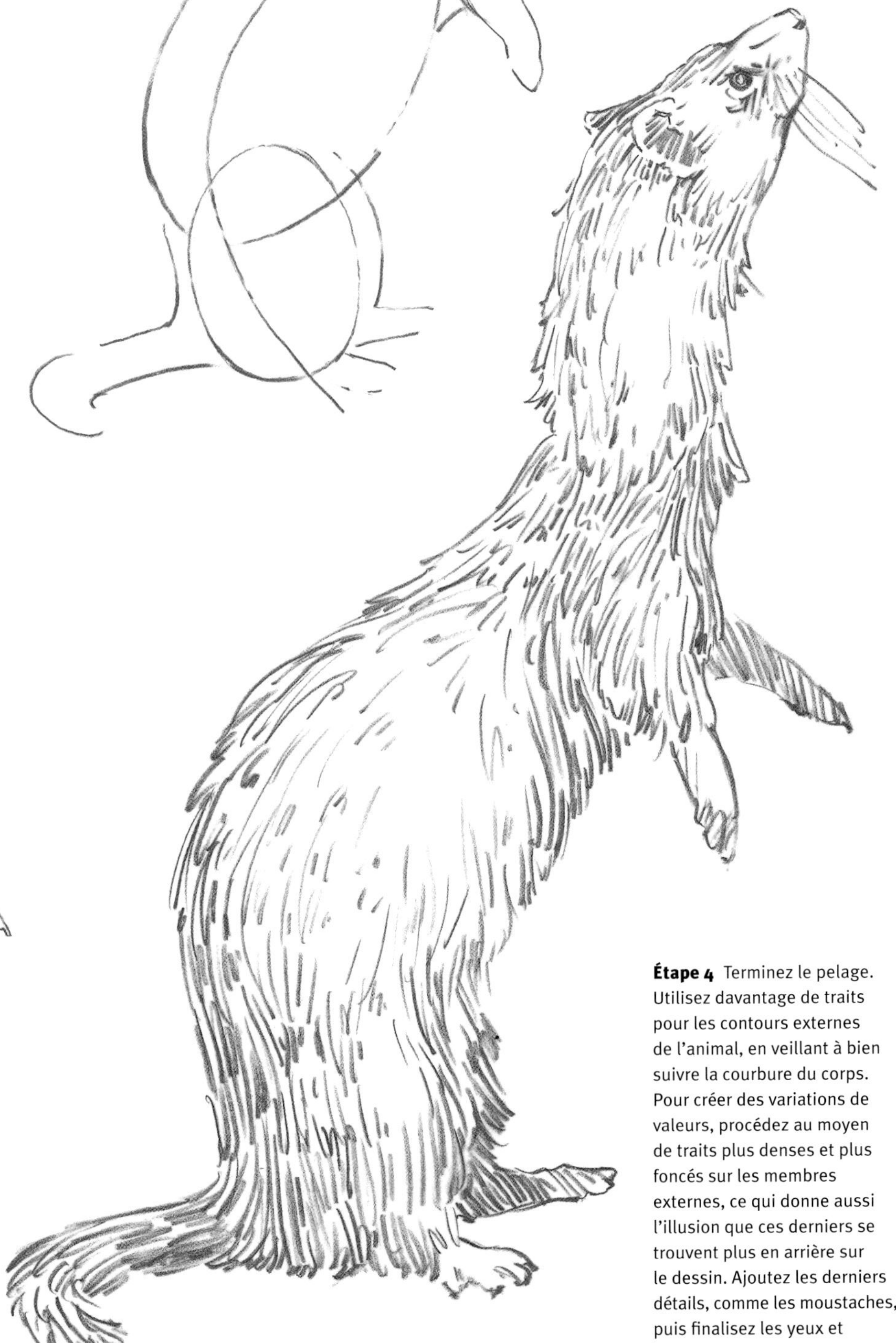

Étape 4 Terminez le pelage. Utilisez davantage de traits pour les contours externes de l'animal, en veillant à bien suivre la courbure du corps. Pour créer des variations de valeurs, procédez au moyen de traits plus denses et plus foncés sur les membres externes, ce qui donne aussi l'illusion que ces derniers se trouvent plus en arrière sur le dessin. Ajoutez les derniers détails, comme les moustaches, puis finalisez les yeux et les oreilles.

Le perroquet

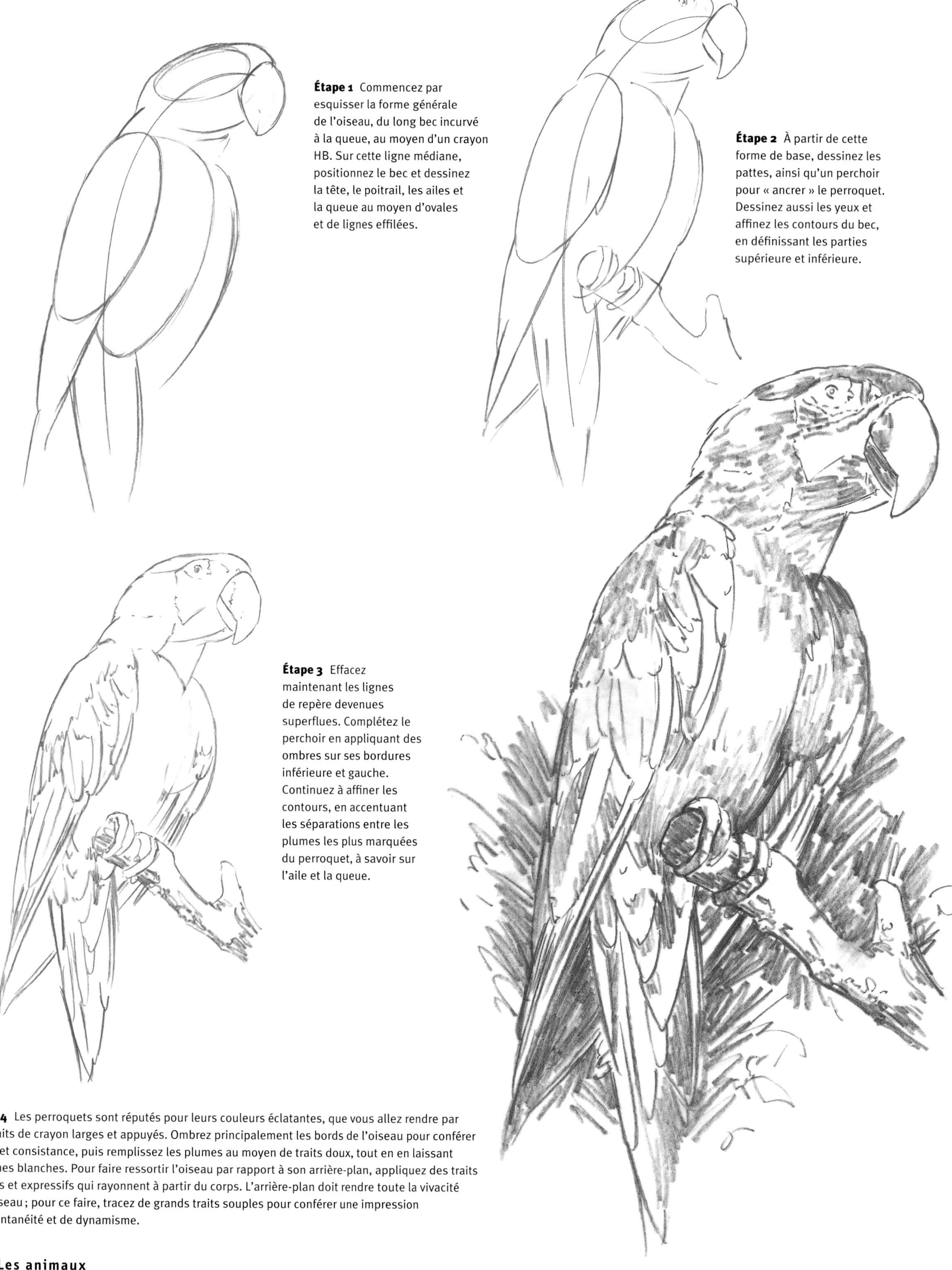

Étape 1 Commencez par esquisser la forme générale de l'oiseau, du long bec incurvé à la queue, au moyen d'un crayon HB. Sur cette ligne médiane, positionnez le bec et dessinez la tête, le poitrail, les ailes et la queue au moyen d'ovales et de lignes effilées.

Étape 2 À partir de cette forme de base, dessinez les pattes, ainsi qu'un perchoir pour « ancrer » le perroquet. Dessinez aussi les yeux et affinez les contours du bec, en définissant les parties supérieure et inférieure.

Étape 3 Effacez maintenant les lignes de repère devenues superflues. Complétez le perchoir en appliquant des ombres sur ses bordures inférieure et gauche. Continuez à affiner les contours, en accentuant les séparations entre les plumes les plus marquées du perroquet, à savoir sur l'aile et la queue.

Étape 4 Les perroquets sont réputés pour leurs couleurs éclatantes, que vous allez rendre par des traits de crayon larges et appuyés. Ombrez principalement les bords de l'oiseau pour conférer forme et consistance, puis remplissez les plumes au moyen de traits doux, tout en en laissant certaines blanches. Pour faire ressortir l'oiseau par rapport à son arrière-plan, appliquez des traits rapides et expressifs qui rayonnent à partir du corps. L'arrière-plan doit rendre toute la vivacité de l'oiseau ; pour ce faire, tracez de grands traits souples pour conférer une impression de spontanéité et de dynamisme.

Le serpent

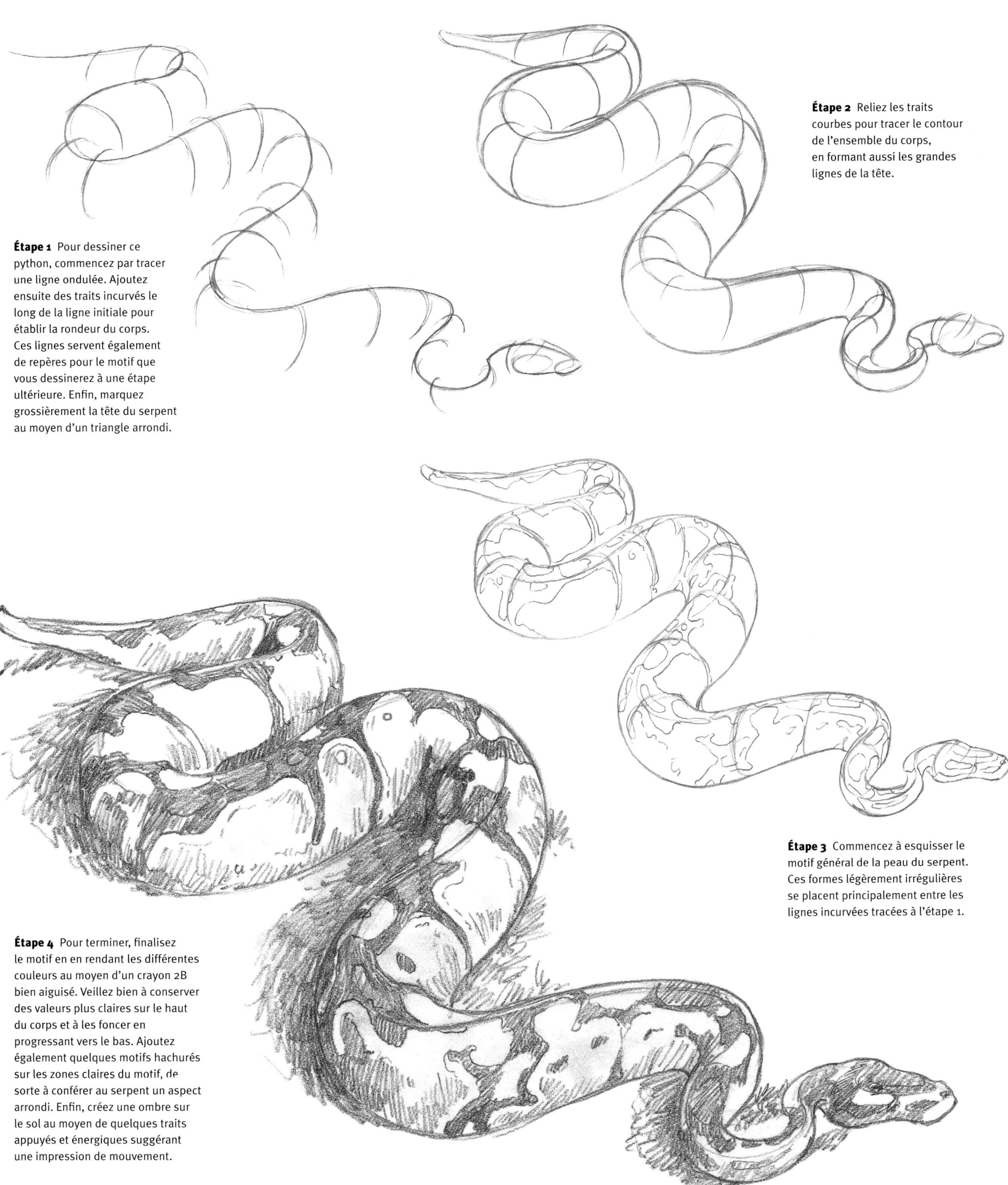

Étape 1 Pour dessiner ce python, commencez par tracer une ligne ondulée. Ajoutez ensuite des traits incurvés le long de la ligne initiale pour établir la rondeur du corps. Ces lignes servent également de repères pour le motif que vous dessinerez à une étape ultérieure. Enfin, marquez grossièrement la tête du serpent au moyen d'un triangle arrondi.

Étape 2 Reliez les traits courbes pour tracer le contour de l'ensemble du corps, en formant aussi les grandes lignes de la tête.

Étape 3 Commencez à esquisser le motif général de la peau du serpent. Ces formes légèrement irrégulières se placent principalement entre les lignes incurvées tracées à l'étape 1.

Étape 4 Pour terminer, finalisez le motif en en rendant les différentes couleurs au moyen d'un crayon 2B bien aiguisé. Veillez bien à conserver des valeurs plus claires sur le haut du corps et à les foncer en progressant vers le bas. Ajoutez également quelques motifs hachurés sur les zones claires du motif, de sorte à conférer au serpent un aspect arrondi. Enfin, créez une ombre sur le sol au moyen de quelques traits appuyés et énergiques suggérant une impression de mouvement.

JAMAIS SANS MON CHIEN

« On peut vivre sans chien, mais cela n'en vaut pas la peine. » Voici ce que disait l'acteur allemand Heinz Rühmann. Aucun être humain ayant un chien dans son foyer ne saurait le contredire...
Il n'y a rien d'étonnant à ce que les chiens constituent le sujet numéro un des portraits animaliers. Du petit chiot au gigantesque dogue danois, en passant par l'adorable Jack Russel, l'énergique Setter ou le robuste bulldog, retrouvez tous vos compagnons à poils dans ce chapitre. Apprenez à mieux connaître encore ces toutous adorables et toujours surprenants. Vous découvrirez à travers ces différents sujets comment appréhender les caractéristiques de chaque race, saisir et restituer le tempérament de chaque animal et dessiner des portraits de chien, témoins éternels d'un moment de vie ou d'une amitié fidèle.

Dessiner des chiens

Le chien n'est pas seulement le meilleur ami de l'homme, il est aussi l'un des sujets favoris des artistes. Même les personnes qui ne possèdent pas de chien aiment les dessiner car ils sont très expressifs et accessibles. On en trouve de tellement de formes et de tailles différentes qu'il est possible de faire des centaines de dessins sans jamais dessiner deux fois le même animal !

West Highland Terrier Pour dessiner les longs poils bouclés de ce terrier chamailleur, j'ai eu recours à la pointe d'un crayon bien taillé et tracé des lignes courbes de façon aléatoire. Puis j'ai pris le côté de la mine de mon crayon pour couvrir la zone sombre de poils plus lisses sur le dos de mon chien.

Boxer On voit qu'il s'agit d'un chiot, car ses pieds sont surdimensionnés et son cou comme sa poitrine ne sont pas développés. Je l'ai dessiné en insistant sur le museau carré, la face aplatie et les joues arrondies caractéristiques des boxers. J'aime son air de petit curieux que lui donnent l'inclinaison de sa tête et son sourcil relevé.

Jack Russell Terrier C'est une race de chien à poils courts ; j'ai donc veillé à ce que mes contours restent lisses et j'ai ombré avec le côté de ma mine de crayon. J'ai utilisé une mine tendre pour les parties noires du dos et des oreilles et travaillé à touches légères le reste du pelage blanc pour y suggérer les muscles sous-jacents.

Golden Retriever Ce chien possède un pelage long et soyeux qui dissimule la forme de son corps. Cette fois, j'ai pris un crayon HB pour tracer de longs traits ondulants autour du cou et des boucles aléatoires tout le long du contour. Puis j'ai fait ressortir les yeux et le museau en les ombrant d'une valeur sombre avec un 2B.

Berger allemand Cette race présente de grandes oreilles pointues, un museau étroit et un pelage épais avec un masque foncé autour des yeux. Après avoir posé les valeurs moyennes au crayon HB, j'ai utilisé un crayon 2B émoussé pour les zones sombres de la fourrure, traçant de petits traits courts verticaux dans le sens de la pousse des poils, c'est-à-dire en s'éloignant des yeux.

Bien étudier son modèle

Bien que tous les chiens présentent des squelettes similaires, il existe de nombreuses différences d'une race à l'autre que vous voudrez saisir dans vos dessins. Observez donc attentivement votre modèle qu'il s'agisse d'un animal vivant ou d'une photographie, et essayez de reproduire les caractéristiques uniques que vous apercevez. Son museau est-il pointu ou plutôt carré ? Ses oreilles sont-elles dressées ou tombantes ? Sont-elles pointues ou rondes ? Ses poils sont-ils longs et raides ou courts et bouclés, rugueux ou doux ? Après avoir répondu à ces questions, vous serez prêt à commencer : suivez le pas à pas de l'encadré ci-dessous et essayez certaines des techniques expliquées.

Une petite fille et son chiot Ici, j'ai décidé de parachever un véritable dessin qui raconte une histoire, avec un arrière-plan et des accessoires. J'ai travaillé d'après photo, car ni le chiot ni la fillette n'auraient patienté assez longtemps pour que j'aie le temps de terminer complètement mon interprétation. Vous remarquerez le raccourci des jambes de la fillette (voir p. 169 pour plus d'information sur le raccourci).

Travailler les proportions

Ébaucher les formes élémentaires Commencez par décomposer l'ensemble de la tête en un certain nombre de formes les plus simples possible. Dessinez avec le côté de la mine d'un crayon HB et procédez à touches rapides pour esquisser les angles.

Affiner Ensuite, affinez les formes élémentaires en ajoutant quelques traits à l'intérieur pour indiquer les différents plans de la tête et l'emplacement de la narine. Vous tenez toujours votre crayon d'une main souple et légère.

Ombrer Maintenant, précisez les lignes et travaillez le volume en posant les premières ombres. Dessinez avec le côté et la pointe d'un HB émoussé.

Ajouter des détails Cette fois, vous utiliserez le côté et la pointe d'un crayon HB bien taillé pour dessiner les poils et développer les ombres. Pour les ombres les plus profondes, vous prendrez la pointe d'un crayon 2B bien taillé. Étalez le pigment en douceur.

Proportions et anatomie

Pour rendre de manière exacte les différentes races de chiens, il est nécessaire de dessiner les différentes parties de leur corps dans les bonnes *proportions*. La *proportion* est la relation correcte entre différentes choses ou parties en ce qui concerne la taille, la quantité, etc. Une méthode efficace pour établir la proportion consiste à utiliser une certaine partie du corps comme unité de mesure afin de déterminer la taille des autres parties. Par exemple, on peut utiliser la tête du chien pour déterminer la longueur et la hauteur de son corps ; le chien de droite fait approximativement 4 têtes de long et 3,5 têtes de haut. Assurez-vous que vos proportions sont exactes avant de commencer à travailler les détails. La connaissance de l'anatomie de base va aussi vous aider à dessiner votre sujet avec précision. Le schéma ci-dessous illustre les diverses parties d'un chien. Quand vous étudierez les chiens de ce livre, vous remarquerez combien ces parties diffèrent selon les races. Cela vous permettra d'obtenir de meilleurs résultats.

Étudiez les différentes parties du corps notées sur cette page, afin de vous familiariser avec votre sujet.

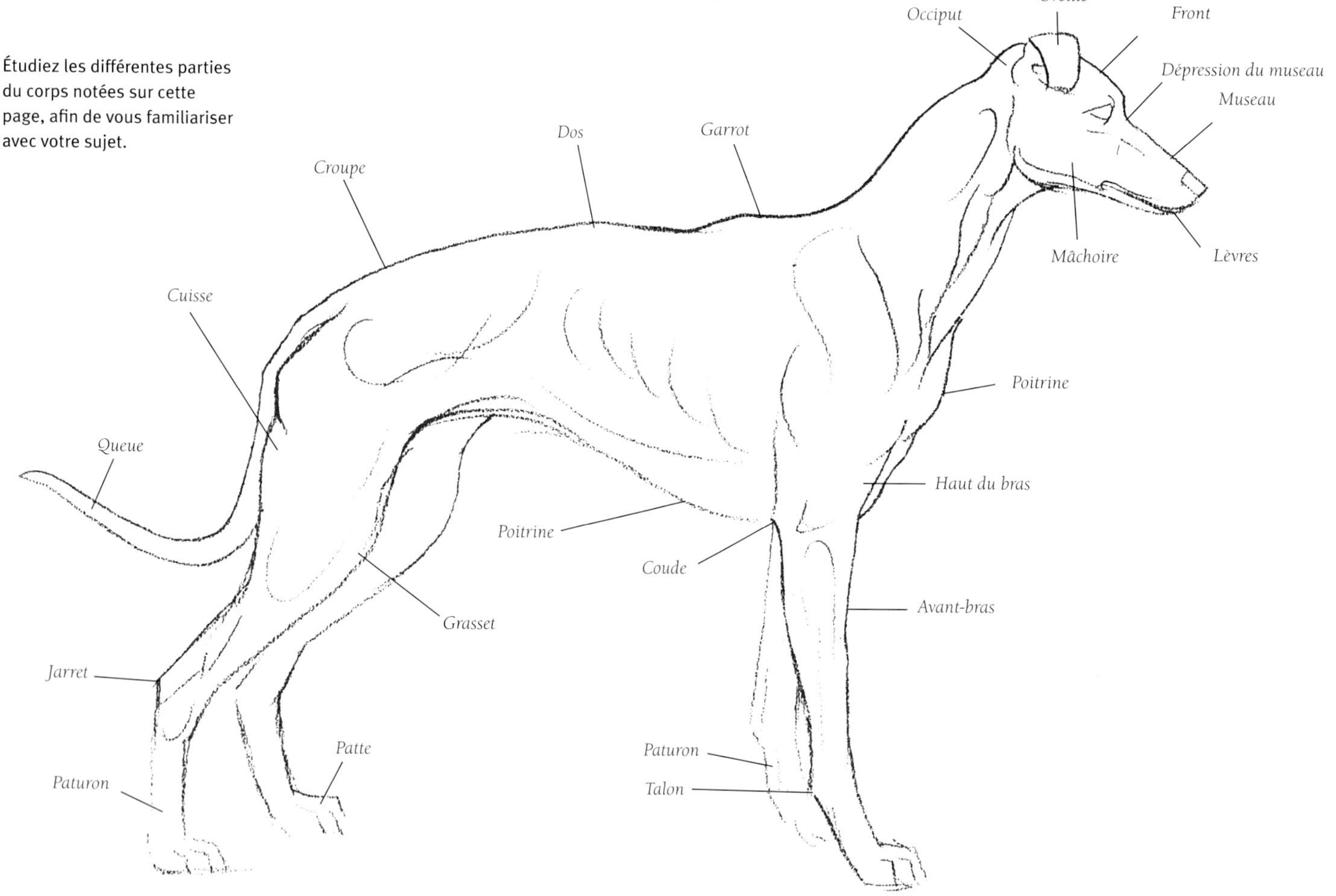

La structure musculaire affecte également la forme de l'animal, car elle détermine ses contours et les courbes de son corps. Ainsi, la connaissance de la charpente musculaire vous permettra-t-elle d'ombrer vos sujets avec plus de finesse, et votre travail n'en sera que plus convaincant.
Les schémas de cette page illustrent la structure musculaire de base du chien. Étudiez attentivement ses muscles, et gardez-les à l'esprit lorsque vous dessinerez. Quand vous observerez votre modèle, tenez compte du fait que la position des muscles risque d'affecter votre ombrage.

Une fois que votre dessin de base sera correct, vous pourrez commencer à mettre au point les détails. Les illustrations ci-dessous démontrent, par étape, comment rendre les yeux et les pattes d'un chien. Commencez par faire des traits très simples, puis affinez lentement les silhouettes. Utilisez un crayon bien taillé pour obtenir les détails subtils dans les yeux et pour rendre la fourrure le long de la patte. Suivez attentivement les étapes afin d'arriver à une bonne ressemblance.

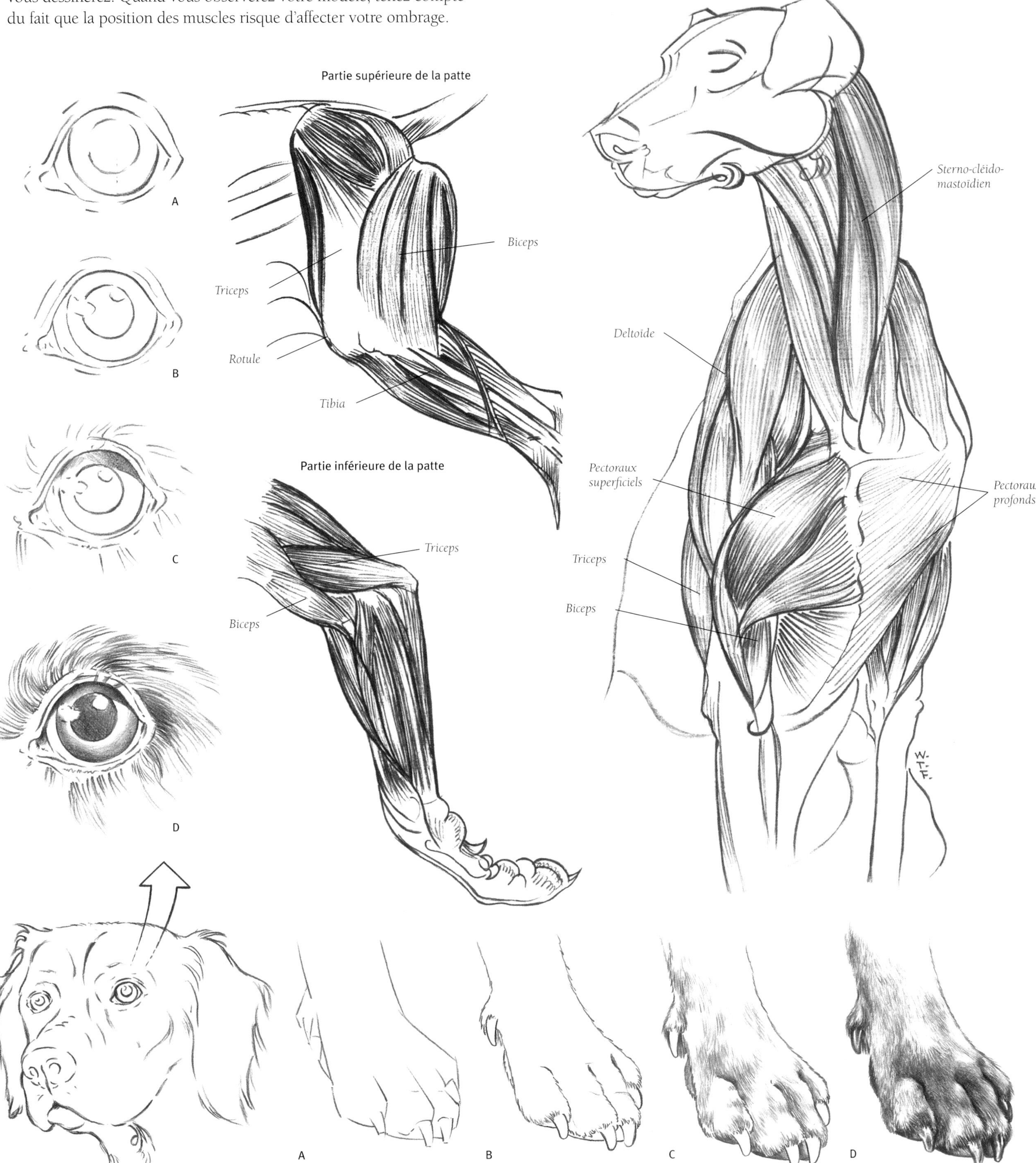

TECHNIQUES D'OMBRAGE POUR LA FOURRURE

Les techniques d'ombrage permettent de transformer des lignes et des silhouettes en objets tridimensionnels. En apprenant comment appliquer divers coups de crayon pour l'ombrage, vous arriverez à faire ressortir efficacement la forme du chien et à rendre la texture de sa fourrure. Les bâtards, comme celui représenté en bas de cette page, ont souvent une fourrure de différentes textures : certaines zones peuvent être longues et ondulées, tandis que d'autres sont courtes et lisses. Ces chiens sont donc d'excellents modèles d'étude.

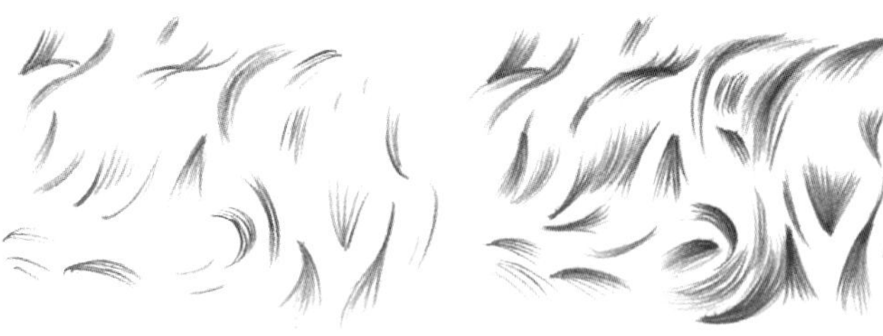

Pour recréer la fourrure ondulée et épaisse ci-dessus (typique de chiens comme les Golden Retrievers), ébauchez légèrement quelques lignes courbes courtes dans différentes directions. Développez la texture en ajoutant des coups de crayon plus foncés et en représentant des parties ou des mèches individuelles dans la fourrure. Lorsque vous dessinez un pelage compact, il est important de travailler lentement et de donner chaque coup de crayon de manière réfléchie pour que la fourrure n'ait pas l'air négligée.

Les boucles serrées ci-dessus sont typiques de races comme le caniche. Pour créer cette texture, utilisez un couteau bien aiguisé pour réduire en poudre la mine de votre crayon 2B au-dessus de votre dessin. Puis, avec un tissu doux, frottez doucement le graphite jusqu'à ce que la zone soit d'un gris uni et régulier. Utilisez ensuite le coin d'une gomme mie de pain pour ouvrir de petites boucles dans le gris, jusqu'à ce que vous obteniez le motif général. Pour terminer, développez la forme des mèches en les ombrant avec un crayon HB bien taillé.

CRAYON À CROQUIS PLAT

CRAYON ROND TAILLÉ PLAT

BOUT D'UN CRAYON ROND TAILLÉ POINTU

CRAYON ROND PAR LE CÔTÉ

CRAYON ROND ÉMOUSSÉ

ESTOMPE/TORTILLON

Notez les différents types de traits que chaque instrument de dessin peut produire.

Cette fourrure semble plus courte et plus lisse que celle des exemples précédents ; on la trouve sur des races comme les dalmatiens, les dobermans et les labradors. Vos hachures doivent suivre le sens de la pousse du poil, ce qui crée un pelage soigné. Par ailleurs, les rehauts et les ombres sont moins fréquents ici, à cause du manque de boucles et d'ondulations dans le pelage.

Entraînez-vous à rendre les différents types de fourrures illustrés sur cette page.

Ce type de fourrure est typique des races comme le shar-pei ; elle couvre des plis de peau très lâches. Gardez à l'esprit que l'ombrage est foncé à l'intérieur des plis et qu'il s'éclaircit graduellement en haut de ceux-ci. Il est également important de remarquer que, même en appliquant ses coups de crayon dans une même direction générale, des textures et des formes uniques peuvent être développées rien qu'à partir des changements de valeurs.

Les museaux

Chez les chiens, la forme du museau varie selon la race. Étudiez les museaux des chiens de cette page. Certains sont longs et étroits, tandis que d'autres sont courts et larges. Ces caractéristiques affecteront votre dessin : il convient donc d'observer attentivement votre sujet.

Une fois que vous aurez établi le contour du museau, il vous faudra croquer le nez. Pour le dessiner, ébauchez légèrement la silhouette de base à l'étape A, puis, affinez vos traits, avant de commencer à ombrer l'intérieur des narines avec un crayon bien taillé, à l'étape B. L'ombrage devrait être plus foncé près de la courbe intérieure de chaque narine. À l'étape C, continuez à ombrer le nez, en ayant présent à l'esprit que ce sont les différentes valeurs qui créent la forme. Quand vous dessinerez la fourrure située autour du nez, assurez-vous que sa texture contraste avec l'aspect lisse de celui-ci. Gardez également à l'esprit que la fourrure pousse vers l'extérieur à partir du nez, comme indiqué à l'étape finale.

Des photos peuvent servir de modèle. Rassemblez des photographies de documentation pour votre travail.

Les chiots

Le plus important quand on apprend à dessiner, c'est de se souvenir qu'il faut avancer pas à pas. Concentrez-vous sur l'apprentissage du processus de dessin plutôt que sur le résultat final pour l'instant. Si vous êtes débutant, faites d'abord une ébauche au crayon, puis repassez ensuite vos traits à l'encre.

À l'étape A, ébauchez la tête du cocker avec une silhouette hexagonale. Déterminez l'emplacement des traits faciaux, comme indiqué à l'étape B. À l'étape C, les traits horizontaux en travers de la face du chiot peuvent servir d'unité de mesure pour déterminer l'endroit où vous devrez dessiner ses traits, ainsi que pour calculer la distance entre ces derniers. Par exemple, la bouche est à environ 2 « longueurs d'yeux » sous ces derniers.

Essayez de faire ce dessin au crayon, à l'aquarelle, au pastel ou avec tout autre médium de votre choix. Celui-ci a été exécuté à l'encre de Chine.

Conseil d'artiste

J'ai essayé de nombreuses fois de dessiner ce chiot, mais il m'intéresse encore malgré tout. À chaque fois que vous vous entraînez, votre habileté s'améliore, et une fois que vous aurez assimilé le processus, le dessin vous donnera beaucoup de plaisir.

Pinceau rond n° 3

Commencez ce dessin en ébauchant la silhouette au crayon HB, en dessinant chacun de ses traits suivant l'ordre indiqué à l'étape A. Il est également important de se rendre compte que l'ensemble du corps du chiot fait un tout petit peu plus de deux fois la hauteur de sa tête. Cela vous aidera à dessiner son corps dans des proportions correctes. Arrondissez-lui les traits à l'étape B, et progressez vers plus de détails à l'étape C.

Conseil d'artiste

Si vous ratez un dessin, qu'à cela ne tienne : faites-en simplement un autre. L'important est de s'entraîner. Ne vous attendez pas à ce que vos dessins soient parfaits du premier coup.

Observez la direction des coups de crayon sur la face du chiot à droite. Ils s'éloignent du nez pour s'étaler et suivre les courbes de sa tête. C'est ainsi que l'ombrage crée la forme.

Le dogue allemand

Les dogues allemands sont de statures élégantes et ont un visage tout à fait unique. Si leur taille impressionnante (ils peuvent mesurer jusqu'à 1 m au garrot) peut les rendre intimidants, ils sont en réalité très doux et affectueux, en particulier avec les enfants.

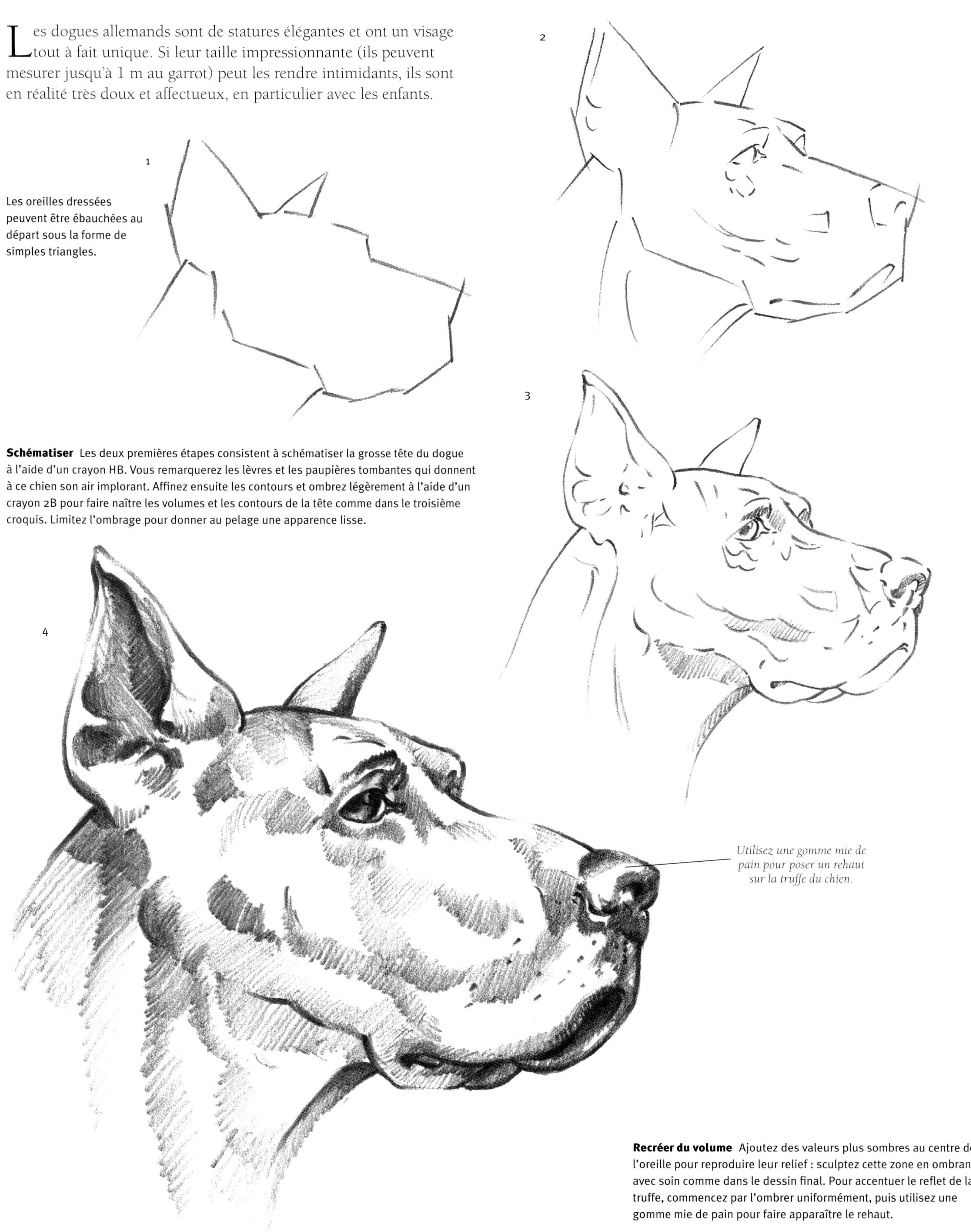

Les oreilles dressées peuvent être ébauchées au départ sous la forme de simples triangles.

Schématiser Les deux premières étapes consistent à schématiser la grosse tête du dogue à l'aide d'un crayon HB. Vous remarquerez les lèvres et les paupières tombantes qui donnent à ce chien son air implorant. Affinez ensuite les contours et ombrez légèrement à l'aide d'un crayon 2B pour faire naître les volumes et les contours de la tête comme dans le troisième croquis. Limitez l'ombrage pour donner au pelage une apparence lisse.

Recréer du volume Ajoutez des valeurs plus sombres au centre de l'oreille pour reproduire leur relief : sculptez cette zone en ombrant avec soin comme dans le dessin final. Pour accentuer le reflet de la truffe, commencez par l'ombrer uniformément, puis utilisez une gomme mie de pain pour faire apparaître le rehaut.

Le Setter irlandais

Pour saisir le tempérament vif d'un chiot Setter irlandais, il est préférable de trouver un modèle vivant afin d'étudier ses attitudes et expressions. Bien que les chiots soient souvent timides, si vous les traitez avec gentillesse, ils apprendront rapidement à vous montrer leur affection.

À l'étape A, esquissez le contour de la tête au crayon HB, en faisant bien attention à la position des yeux. Dans une vue de trois quarts, l'un des yeux est moins visible que l'autre. Commencez à développer les traits de la face à l'étape B, en même temps que les longs poils.

Employez un pinceau et de l'encre pour représenter la fourrure, en gardant à l'esprit la forme étroite de la tête. Réservez de minuscules zones blanches pour les rehauts dans les yeux. Cela vous permettra de créer l'expression unique de ce chien particulier.

Conseil d'artiste

Laissez juste le bout de votre pinceau effleurer le papier afin de créer les poils fins le long de la fourrure du chien.

Le Springer

La robe ondulée et l'expression sympathique du Springer le rendent difficile à dessiner. Ébauchez sa silhouette avec un crayon HB en faisant des hachures droites, comme indiqué à l'étape A. Assurez-vous de l'exactitude de votre croquis avant de continuer.

Bien que les coups de crayon pour la fourrure semblent compliqués, ils sont en fait plutôt simples. Trempez un pinceau rond n° 3 pour aquarelle dans de l'encre de Chine, et affinez-lui la pointe avec vos doigts pour la rendre très pointue. Développez le pelage en faisant en sorte que seul le bout du pinceau touche le papier, et qu'il trace des traits nets, comme indiqué à l'étape B. Vous découvrirez que des détails fins et contrôlés peuvent être créés avec un pinceau.

Conseil d'artiste

Gardez à l'esprit que les poils de la face sont courts et droits, tandis que ceux situés autour des oreilles sont plus longs et bouclés.

Les traits plus larges et plus saturés autour de l'œil indiquent la couleur foncée du pelage, tout en créant les contours faciaux. Pour appliquer ces hachures, saturez complètement votre pinceau avec de l'encre, puis, faites en sorte qu'une plus grande partie du pinceau touche le papier quand vous exécutez la touche. Pour les poils ondulés sur les oreilles, utilisez un pinceau presque sec, afin que les lignes courbes semblent « ombrées ».

Le chiot shar-pei

Le shar-pei est probablement surtout connu pour les plis lâches de sa peau. Les rides des individus de cette race semblent leur donner l'air inquiet. Le chiot représenté ici a la peau encore plus lâche qu'un adulte, mais son corps va peu à peu s'étoffer, et les plis deviendront moins évidents.

Lorsque vous croquerez la silhouette du chien à l'étape A, faites des coups de crayon courts, en dents de scie pour esquisser son contour. Pour développer les plis à l'étape B, commencez par en ombrer légèrement l'intérieur. Faites minutieusement chaque pli, afin que le chien soit réaliste. Continuez à développer l'ombrage avec des hachures courtes à l'étape C, en gardant des valeurs plus foncées entre les plis.

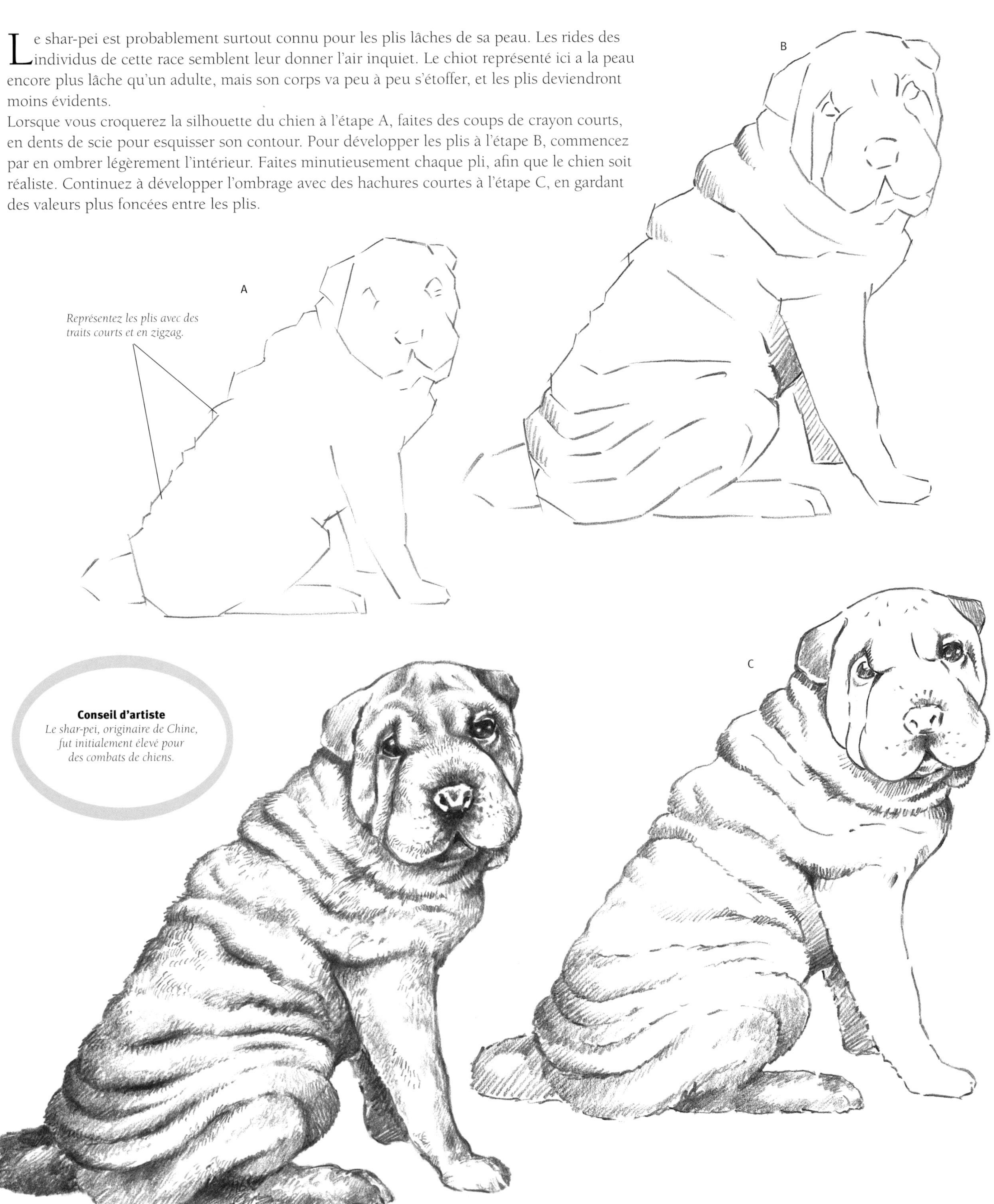

Conseil d'artiste
Le shar-pei, originaire de Chine, fut initialement élevé pour des combats de chiens.

LE BOULEDOGUE

Le puissant bouledogue anglais avec son corps râblé et musculeux est une race amusante, mais difficile à dessiner. Bien que sa mâchoire inférieure prognathe lui donne un air plutôt bourru, il a la réputation d'être très affectueux et très docile.

À l'étape A, ébauchez le contour général avec des lignes courtes et droites. Faites les pattes courtes et arquées pour que le chien garde son apparence compacte et trapue. Lorsque vous serez à l'étape B et que vous ébaucherez les traits, étudiez la position basse des yeux, ainsi que la façon dont le nez est enfoncé dans la face.

À l'étape C, commencez à ombrer avec un crayon 2B bien taillé, en développant les plis de la face et les contours, ainsi que les ombres le long du corps. Employez un crayon assez pointu pour rendre les plis et la fourrure unie et un crayon très pointu pour ajouter les détails dans les yeux. Comme pour tous vos dessins, travaillez à votre rythme et prenez votre temps lorsque vous ombrerez la fourrure. Le soin que vous apporterez aux détails sera visible dans votre dessin final.

Conseil d'artiste

La circonférence de l'énorme tête du bouledogue anglais est parfois égale à sa hauteur !

LE DOBERMAN

Les dobermans sont connus pour leur pelage sombre et soyeux. Lorsque vous dessinerez ses poils luisants, veillez à tracer vos traits dans le sens de la pousse des poils ; votre dessin n'en sera que plus proche de la réalité.

Étape 1 À l'aide d'un crayon HB bien taillé, décomposez la tête du doberman en plusieurs volumes élémentaires et ébauchez ses épaules en quelques lignes droites. Même à ce stade précoce, pensez à créer une véritable impression de volume. C'est sur cette base que vous allez développer votre dessin.

Étape 2 En vous guidant sur les lignes posées à l'étape précédente, affinez le contour des oreilles, de la tête et du cou pour que la forme en apparaisse plus nettement. Puis ajoutez les yeux et la truffe en suivant les lignes de structure de la tête. Enfin, reprenez les contours du museau.

Étape 3 Ensuite, effacez les lignes de structure devenues inutiles. Et commencez à tracer des lignes légères et interrompues à l'aide de courts tirets pour indiquer les changements de valeur. Ces lignes constituent une carte du pelage que vous suivrez ultérieurement pour ombrer.

Étape 4 Pour représenter le pelage court du chien, commencez par de petites hachures sombres qui évoquent l'épaisseur et la raideur de ses poils. Puis remplissez le noir des yeux, dessinez les sourcils et ajoutez quelques rangées de points légers pour les moustaches au bout du museau.

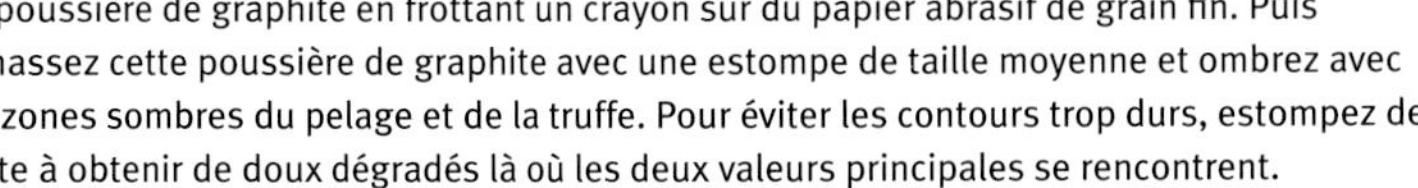

Étape 5 À présent, posez les valeurs sombres manquantes. Pour ce faire, fabriquez un peu de poussière de graphite en frottant un crayon sur du papier abrasif de grain fin. Puis ramassez cette poussière de graphite avec une estompe de taille moyenne et ombrez avec les zones sombres du pelage et de la truffe. Pour éviter les contours trop durs, estompez de sorte à obtenir de doux dégradés là où les deux valeurs principales se rencontrent.

Le Golden Retriever

Étape 1 Commencez par esquisser la posture du chien assis au moyen d'une courbe partant du sommet du crâne et allant jusqu'au sol. Puis tracez une ligne courbe perpendiculaire, à l'horizontale, pour marquer le centre du poitrail. Le long de la ligne verticale, ajoutez des ovales pour représenter schématiquement la tête, le museau, le poitrail et le corps. Indiquez aussi par un ovale l'emplacement de la patte postérieure gauche.

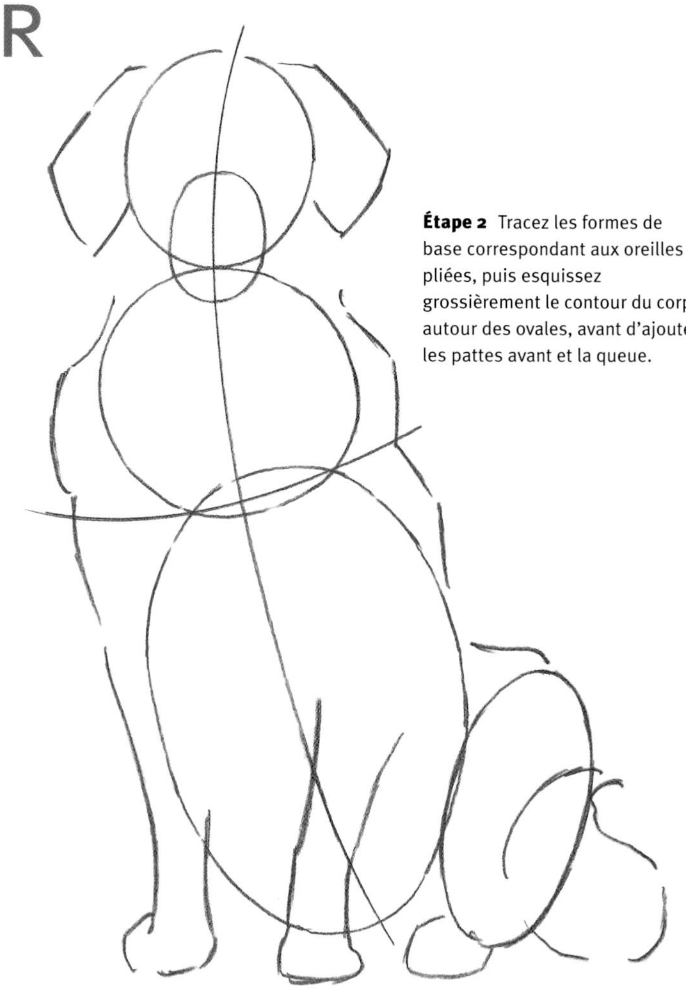

Étape 2 Tracez les formes de base correspondant aux oreilles pliées, puis esquissez grossièrement le contour du corps autour des ovales, avant d'ajouter les pattes avant et la queue.

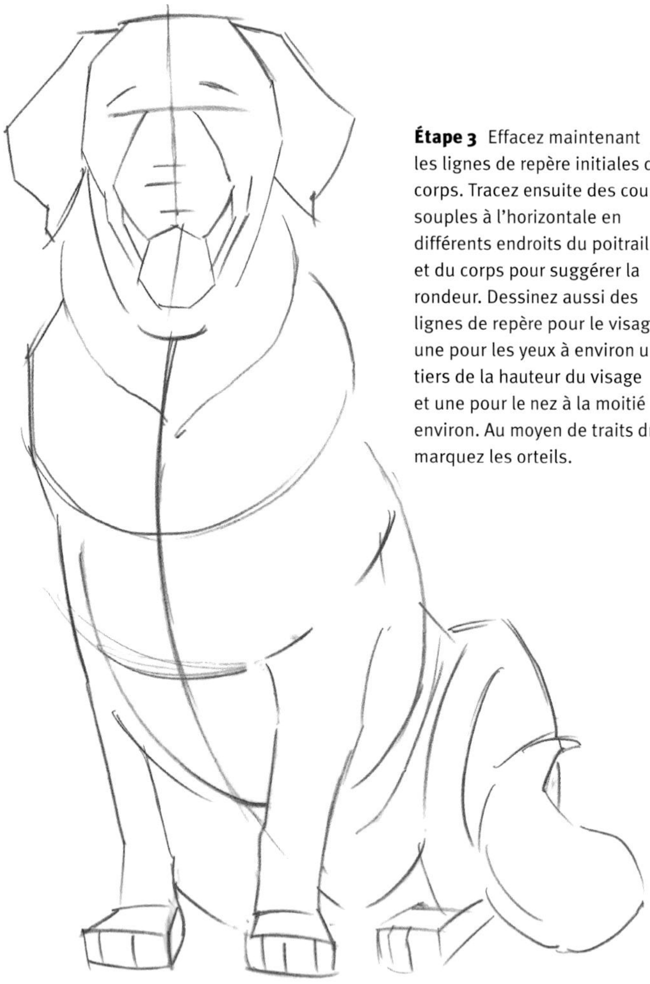

Étape 3 Effacez maintenant les lignes de repère initiales du corps. Tracez ensuite des courbes souples à l'horizontale en différents endroits du poitrail et du corps pour suggérer la rondeur. Dessinez aussi des lignes de repère pour le visage, une pour les yeux à environ un tiers de la hauteur du visage et une pour le nez à la moitié environ. Au moyen de traits droits, marquez les orteils.

Étape 4 À ce stade, positionnez les traits du visage à l'aide des lignes de repère. Puis, suivant les lignes de repère incurvées tracées à l'étape 3, ajoutez des marques en forme de V sur le poitrail pour représenter le collier, avant d'esquisser les premières touffes de poils. Effacez ensuite la première courbe verticale de posture, ainsi que toutes les lignes de repère restantes.

Étape 5 Développez maintenant la texture du pelage en procédant dans le sens du poil. Notez que les poils du visage sont courts, dirigés vers l'extérieur et le bas à partir de la truffe et des yeux. Les pattes antérieures elles aussi sont dotées de poils courts, que vous allez rendre au moyen de hachures rapides. Le reste du corps est doté de poils longs, indiqués par des traits amples d'épaisseur variée. Enfin, mélangez légèrement les traits au moyen d'une gomme mie de pain, en suivant la courbe et le sens du tracé.

Jouer avec les contrastes

Lorsque vous travaillez sur un chien au pelage clair, il est particulièrement conseillé de réduire le niveau de détail en arrière-plan. Les pelages clairs n'offrent en effet que très peu de contrastes, pouvant désintéresser l'œil au profit des éléments du second plan. Dans le cas d'éléments un peu complexes, optez pour des valeurs claires et peu de détails, en éviatant par exemple d'ajouter des nervures aux feuilles des plantes. L'attention restera ainsi concentrée sur le chien.

Mettre le sujet en avant La photo ci-contre compte en l'état trop de détails. Je décide donc de placer l'arrière-plan « hors focus » en le floutant légèrement et en éclaircissant sa valeur générale, mais tout en maintenant un certain contraste avec le pelage du chien. Cela me permet de mettre en valeur la physionomie racée et musculaire de ce Parson Russel Terrier presque entièrement blanc.

Étape 1 Avec un crayon HB, j'esquisse des cercles pour le crâne, le poitrail, les hanches et le museau. Après avoir vérifié que les proportions de ces cercles correspondent au modèle, je les relie entre eux pour former les contours du corps. J'indique ensuite la position des pattes, de la queue et des oreilles. Je trace également une ligne conductrice le long de la tête du chien pour m'aider à positionner les éléments à venir. À ce stade, l'esquisse permet déjà d'identifier un Parson Russel Terrier !

Étape 2 Je m'attelle après cela à affermir les contours, en suivant les courbes subtiles qui dessinent les formes du chien. Je gomme ensuite les cercles de référence dont je n'ai plus besoin. J'indique les zones d'ombre du cou et de la tête par quelques brefs coups de crayon, qui rendront ensuite l'ombrage plus facile. Je fixe également les yeux, la truffe et les sourcils. Je ne trace pas les pattes, qui seront masquées par la paille.

Étape 3 Je commence la phase d'ombrage par la tête du chien. J'utilise pour cela un crayon 5B, en ne remplissant pleinement que les zones les plus sombres, comme les yeux, l'ombre sous la truffe, la gueule et le bord des oreilles. Une tache noire entoure l'œil gauche du chien : j'y applique également des valeurs foncées.

Étape 4 La tête du chien est relativement petite : aller plus loin dans les détails sera un vrai challenge. À l'aide d'un crayon H bien taillé, j'applique des demi-teintes pour sculpter les poils autour des yeux et de la gueule, des pommettes, du menton et des oreilles, en traçant de courtes lignes dans le sens de pousse du poil.

Étape 5 J'utilise un crayon H pour recréer à l'aide de petits coups de crayon les zones de poils plus claires de la tête, en créant un dégradé à mesure que je progresse vers le dessus de la tête. J'ajoute ensuite des petits points de demi-teinte près de la gueule pour figurer l'implantation des moustaches.

Étape 6 Je choisis à présent un crayon HB et commence à créer les zones plus touffues du poitrail en appliquant des coups de crayon tout d'abord sur les zones ombrées les plus foncées, comme l'intérieur des pattes arrières. Chaque trait est court et suit la direction de pousse du poil, soulignant avec précision le pelage court et lisse du chien.

Étape 7 Toujours avec mon HB, je continue à figurer les poils du poitrail, en appliquant des coups de crayon fluides et homogènes. Je développe les ombres pour sculpter les volumes de la musculature du chien, comme sur les pattes avant et arrière.

Étape 8 Je réalise un deuxième passage sur le corps à l'aide d'un crayon 2H, en ajoutant les tons moyens et clairs, plus subtils, et en exerçant une pression plus faible sur les zones les plus claires. La musculature de ce chien est caractéristique de sa race : j'accorde une attention particulière à son observation, surtout autour des épaules et des pattes arrière. Je les mets en valeur en ombrageant la partie basse des muscles.

Étape 9 J'ajoute à présent la paille avec un crayon HB. Comme il s'agit du seul élément en contact direct avec mon sujet, je prends soin d'accorder sa valeur et son ton à ceux du chien. Je commence par un négatif, comme je le fais pour les pelages plus complexes. La paille ne suivant aucun ordre ou direction, je la sculpte en traçant des lignes parallèles deux par deux et se chevauchant entre elles.

Étape 10 Avec un crayon 2B, je remplis les zones négatives de la paille par la valeur de ses ombres les plus foncées. Vous pouvez constater que cette méthode somme toute simple produit immédiatement un visuel de paille. Tandis que je continue d'ajouter des ombres, je crée un dégradé progressif autour de la zone de paille. Si l'un des contours de la zone est trop marqué, j'applique de la gomme adhésive pour retirer du graphite et éclaircir l'ensemble.

Étape 11 Je prends à présent un crayon HB pour dessiner le mur et les feuillages en arrière-plan. Le chien est mis en valeur et une certaine profondeur de champ s'installe. J'ajoute du ton sur le mur de droite et rehausse un peu cette zone avec un amas de brindilles. Je dessine ensuite du lierre grimpant le long des deux tiers gauches du mur. Pour éviter que l'attention ne se porte trop sur l'arrière-plan, je lui ôte un peu de netteté en le floutant légèrement à l'aide d'une estompe.

Étape 12 Je poursuis mon travail sur l'arrière-plan avec mon crayon HB et termine le dessin du lierre en l'arrêtant un peu au-dessus du chien pour contraster avec la valeur claire de son dos. J'applique une demi-teinte sur la fenêtre derrière sa tête pour contraster à la fois avec ses poils clairs et foncés. Je prends ensuite un peu de recul pour observer mon dessin et me concentrer sur les endroits où le chien se fond dans l'arrière-plan, en fonçant ou éclaircissant les zones qui le réclament. Pour finir, je raffermis les détails du chien et estompe toute ligne trop dure en arrière-plan.

Chats mystérieux

Les chats sont bien souvent aimés ou détestés. Ceux qui aiment ces habiles chasseurs à pattes de velours et s'en occupent avec soin sont toujours récompensés par une fidèle affection. Car les chats sont – malgré tout ce que l'on peut entendre – fidèles. Pourquoi un animal par ailleurs autonome reste-t-il vivre auprès des humains ? Cela fait aussi partie du mystère du chat, qu'il soit un simple tigré, un tout petit chaton, un élégant siamois ou un adorable persan.

Dans ce chapitre, vous pourrez étudier à loisir et au calme des chats de différentes races. Vous allez également apprendre à saisir les mouvements complexes et les poses délicates de ces petites merveilles à poils pour les restituer tant sur le plan anatomique que technique.

Dessiner des félins

Les félins tigrés sont de passionnants sujets d'étude pour réaliser des dessins au crayon : le motif graphique de leur fourrure est très intéressant et produit toujours un bel effet, même en noir et blanc. Le caractère polyvalent du crayon graphite permet de dessiner à la fois le pelage délicat du chat tigré domestique et les taches épaisses du tigre du Bengale. La seule erreur à ne pas faire, ce serait de tellement vous concentrer sur le motif du pelage que vous en oublieriez le corps de l'animal. Étudiez les motifs de l'encadré ci-après et gardez-les à l'esprit lorsque vous dessinerez des portraits de félins.

Indiquer la nature des formes Ce n'est pas toujours facile de deviner les formes exactes du corps du chat sous son épaisse fourrure. Mais on peut les faire apparaître au travers du motif rayé. J'ai utilisé le côté d'une mine de crayon HB, et courbé mes rayures pour suivre les courbes des pattes et du corps. Une fois ces rayures ombrées, j'ai tracé avec la pointe de mon crayon de petits traits courts par-dessus, dans le sens des poils.

Travailler sur une structure Avoir un minimum de connaissances sur l'anatomie du félin vous aidera à le dessiner avec justesse. Observez les rapports de proportions entre la tête et le corps, et entre la longueur des pattes et la hauteur de la cage thoracique. Savoir où se trouvent les articulations des membres vous aidera à évaluer correctement les angles entre les épaules, les membres antérieurs et les pattes.

Expressions C'est très amusant de dessiner les expressions des félins, en particulier s'il s'agit de celle d'un tigre grognant et montrant ses grandes dents. J'ai travaillé ici à partir d'une photographie et avec un crayon HB à mine émoussée : je me suis concentré sur l'étude des lignes des muscles situés autour des yeux et sur le museau.

Étudier le profil Pour que ce tigre n'ait pas l'air d'un gros chat tigré, j'ai insisté sur la longueur de son nez, la largeur de son museau et l'arrondi de ses oreilles. Et pour le motif rayé, j'ai eu recours à un crayon dont j'ai aplati la pointe, et j'ai fait en sorte que les rayures suivent les courbes du corps.

Dessiner des chatons Les chatons qui jouent constituent un sujet très plaisant, mais ils sont difficiles à dessiner d'après nature. J'ai croqué ces deux chatons d'après photos avec un crayon HB en commençant par les décomposer en plusieurs formes élémentaires. Ensuite, j'ai retravaillé leurs contours. Puis j'ai utilisé le côté de ma mine de crayon pour suggérer le motif du pelage plutôt que d'essayer d'en reproduire chaque rayure à la perfection.

Raccourci À moins que votre modèle ne se présente de profil, il y aura toujours une partie de son corps qui sera plus proche de vous que les autres. La technique dite du raccourci vous permettra de créer l'illusion de la perspective, en raccourcissant la partie du modèle qui s'avance vers vous. Dans le dessin ci-contre, vous remarquerez que j'ai raccourci les membres antérieurs et le corps. Si mon tigre était debout, la distance entre ses pattes et sa poitrine serait beaucoup plus grande et sa tête ne se trouverait pas au milieu de son corps ! Mais c'est en le déformant de cette manière que j'ai pu créer une impression de profondeur et l'illusion de la perspective.

Motifs de pelage de félins

Chat tigré Les chats tigrés affichent différents types de rayures sur leur pelage. Ombrez d'abord le fond avec le côté de la mine d'un HB. Puis ajoutez le motif à l'aide d'un crayon 2B à mine émoussée et adoucissez-en les contours en estompant le pigment.

Ocelot Les ocelots présentent des taches variées. Avec le côté de la mine d'un crayon HB, mettez en place le motif général d'un trait léger. Vous utiliserez un crayon 2B très pointu pour ajouter les contours les plus sombres. Variez la pression que vous exercez sur votre crayon pour varier les valeurs.

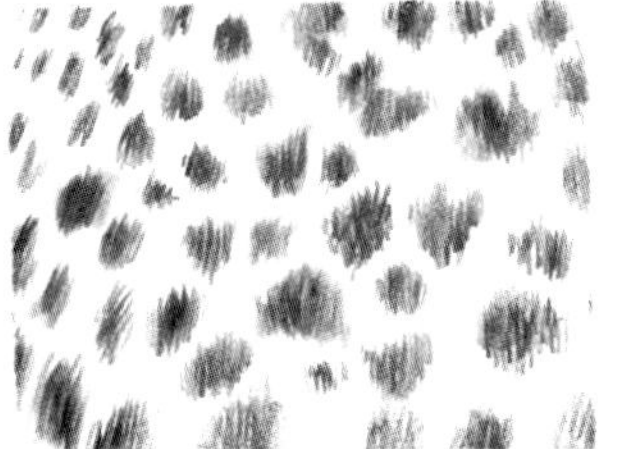

Guépard Les taches de ce félin sont plus petites que celles de l'ocelot, plus noires et homogènes. Prenez un HB très pointu et variez la pression exercée dessus. Soulevez votre crayon en fin de touche pour adoucir les bords des taches.

Léopard Les taches de léopard forment des rosettes. Posez de petites touches avec la mine pointue d'un HB. Avec un crayon 2B pointu, assombrissez çà et là en variant la pression exercée.

ANATOMIE ET PROPORTIONS

Une connaissance de base de l'anatomie des chats vous aidera à les dessiner avec précision. Il est inutile de retenir les noms des diverses parties ou d'apprendre à dessiner les os et les muscles. Il suffit de vous familiariser avec leurs structures afin que les proportions de vos dessins soient correctes. La proportion est la relation harmonieuse des différentes parties entre elles ou par rapport à l'ensemble, particulièrement en ce qui concerne la taille et la silhouette.

On utilise habituellement la longueur de la tête comme unité de mesure pour déterminer la taille des autres parties d'un sujet (ou de l'ensemble). Remarquez que la hauteur du corps du chat (jusqu'au sommet des épaules) est d'approximativement trois longueurs de tête. Gardez à l'esprit les proportions du chat lorsque vous ferez votre croquis préparatoire.

La connaissance de la musculature féline vous permettra également d'améliorer vos compétences en dessin, surtout votre technique d'ombrage. En général les zones avec de grands muscles lisses demandent un ombrage léger et simple, tandis que les zones de muscles plus petits, qui se chevauchent, demandent un ombrage plus complexe. Étudiez les illustrations ci-dessous pour voir comment les muscles et les tendons enrobent le squelette du chat.

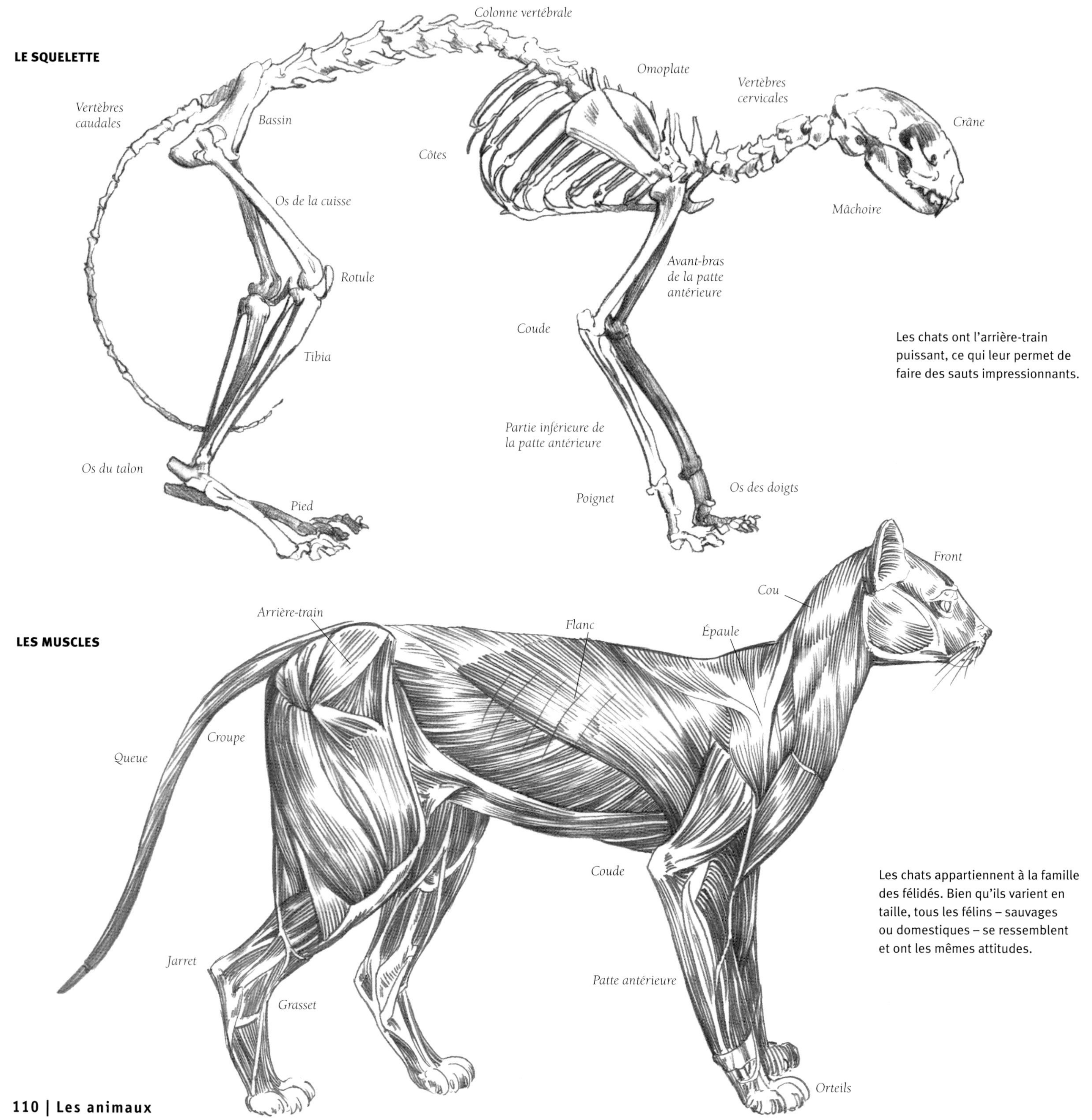

Les chats ont l'arrière-train puissant, ce qui leur permet de faire des sauts impressionnants.

Les chats appartiennent à la famille des félidés. Bien qu'ils varient en taille, tous les félins – sauvages ou domestiques – se ressemblent et ont les mêmes attitudes.

La tête du chat

Les chats ont la tête ronde et leur face est courte, marquée par des pommettes saillantes et un museau court. Le crâne a de grandes orbites oculaires rondes et la bouche comporte 30 dents acérées.

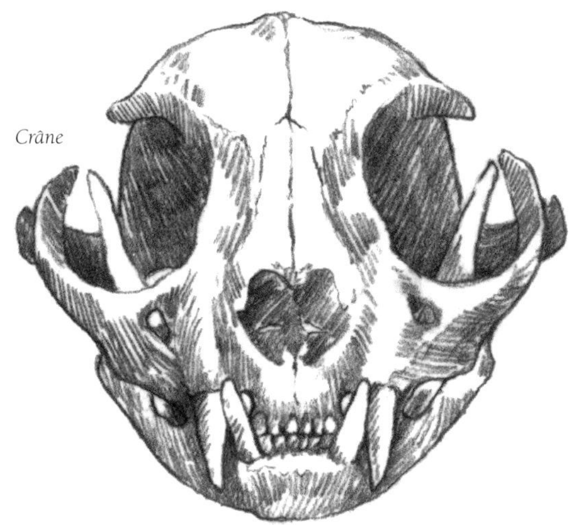

N'oubliez pas la forme sous-jacente du crâne pour vous aider à obtenir des traits faciaux de proportions correctes.

Bien que la tête de tous les chats soit fondamentalement de la même forme, les profils varient cependant selon la race. Il convient donc d'étudier la forme de la tête de votre sujet avant de la dessiner. Notez si sa face est plate, pointue ou carrée. Regardez la position du nez par rapport aux yeux, et des yeux par rapport au sommet du crâne. Vérifiez les proportions de tous les traits avant de vous mettre au travail.
Commencez par ébaucher légèrement la silhouette de base, puis affinez-la jusqu'à ce que vous arriviez à une ressemblance avec votre sujet. Faites de nombreux croquis sous différents angles ; c'est de cette façon que vous améliorerez rapidement votre habileté !

Ce chat a le profil anguleux, le nez cunéiforme, et les grandes oreilles pointues typiques des races à poils courts.

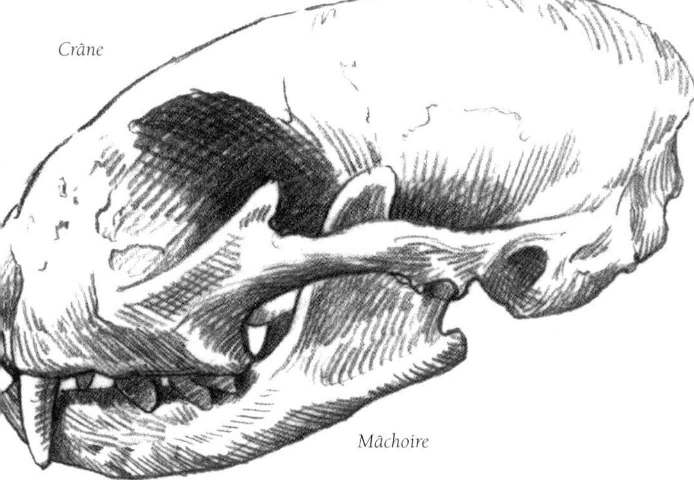

Lorsqu'on dessine un chat (ou n'importe quel autre sujet), il est préférable de travailler d'après un modèle vivant ou une photographie. En effet, essayer de dessiner de mémoire ou en ayant recours à son imagination est beaucoup plus difficile. Rassemblez des photos de chats et de chatons trouvées dans des catalogues, des magazines ou des livres, et gardez-les dans un dossier pour une consultation ultérieure. Les documents ainsi collectés formeront votre documentation.

Ce chat à poils longs a la face aplatie et le nez camus typiques des Persans.

Techniques d'ombrage

Les différentes races de chats sont caractérisées par divers types de fourrures : des poils longs ou courts, rêches ou satinés, unis ou rayés. Entraînez-vous aux techniques d'ombrage pour dépeindre les fourrures montrées ici. La fourrure est suggérée avec seulement quelques coups de crayon bien définis ; il ne faut pas dessiner chaque touffe de poils.

Une fourrure compacte

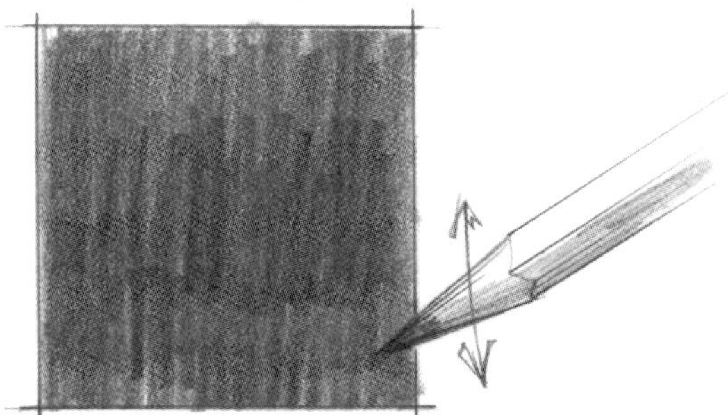

Étape A Utilisez un crayon HB par le côté pour couvrir la surface de hachures verticales régulières. Appliquez couche après couche afin de créer de la profondeur.

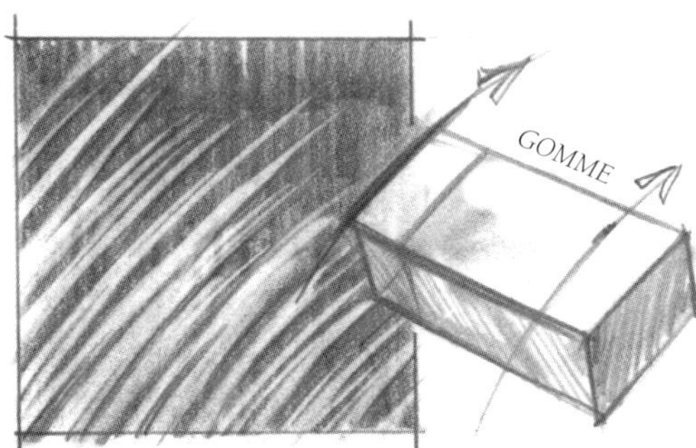

Étape B Utilisez le coin d'une gomme ferme pour créer des poils épais et clairs dans le sens de pousse du poil. Entraînez-vous à lever la gomme à la fin de la traînée afin que le trait se termine en pointe.

Une fourrure tigrée

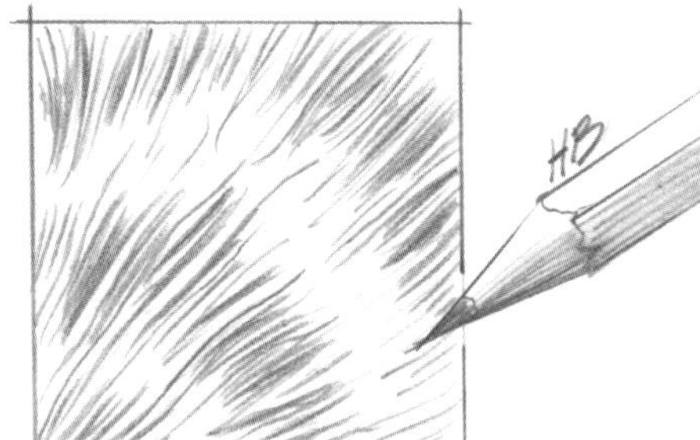

Étape A Pour les fourrures rayées, commencez par représenter les zones foncées avec le côté et la pointe d'un crayon HB.

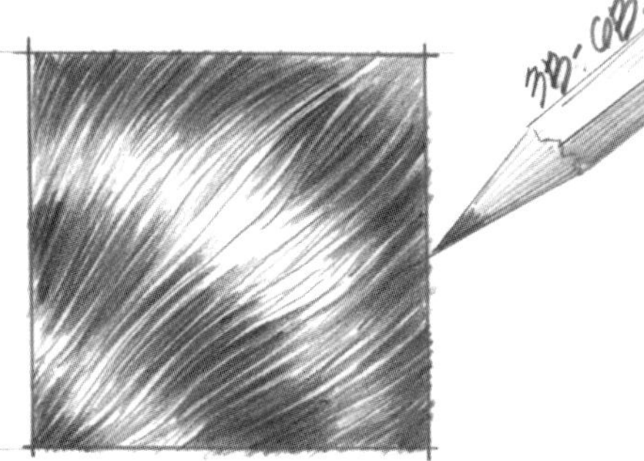

Étape B Affinez la texture et ajoutez des détails et les valeurs les plus foncées avec des crayons allant du 3B au 6B. Utilisez une estompe pour adoucir les zones les plus sombres.

Une fourrure épaisse

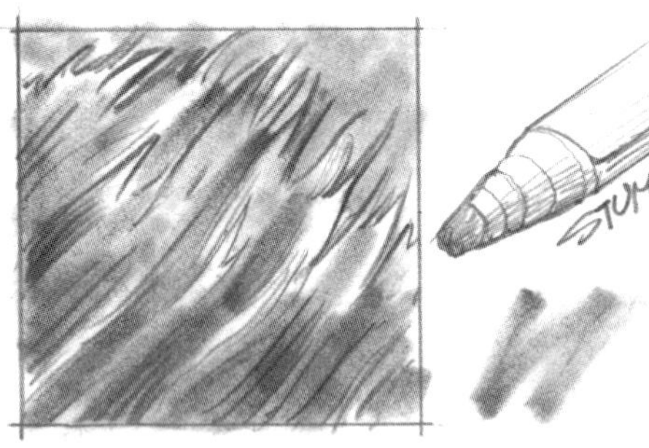

Étape A Créez des traits fins et foncés avec un crayon HB, puis frottez une estompe sur certains d'entre eux afin de les adoucir et de les estomper.

Étape B Utilisez un crayon 6B bien taillé pour affiner la texture, en traçant vos traits dans le sens de la pousse du poil. Rehaussez les zones blanches avec une gomme.

Les moustaches

Étape A Avec le côté et la pointe d'un crayon 2B, indiquez la fourrure et les moustaches.

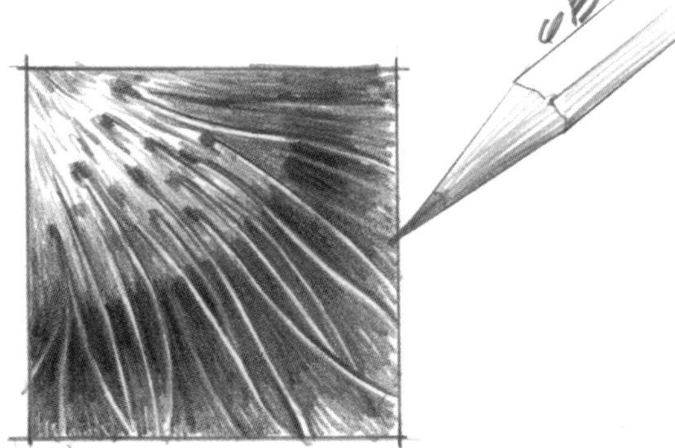

Étape B Utilisez un crayon 6B pour affiner les moustaches et ombrer les zones les plus foncées.

Utilisation du pinceau et de l'encre

On peut créer différents effets avec un pinceau rond pour aquarelle et de l'encre de Chine. Essayez différentes dilutions de l'encre pour obtenir des valeurs plus pâles. Utilisez un pinceau humide pour les traits réguliers ou un pinceau sec pour donner plus de texture.

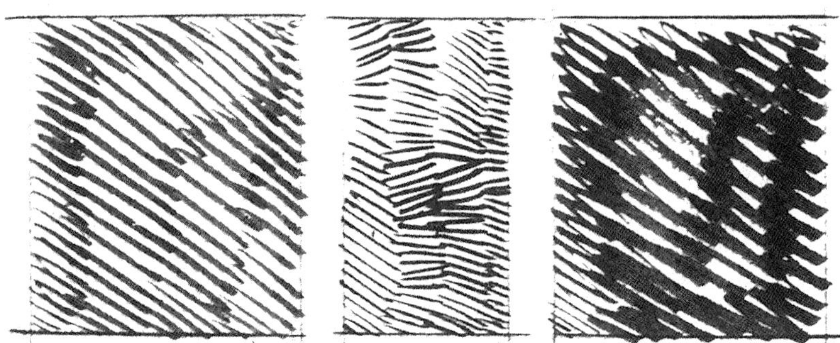

À gauche et au centre Pour faire des hachures fines, tenez le pinceau verticalement par rapport au papier, et faites des touches légères avec seulement la pointe du pinceau.
À droite Pour faire des hachures larges, augmentez la pression sur le pinceau et appliquez plus d'encre.

Les traits des félins

Les chats ont des traits caractéristiques, qui varient selon les individus et selon les races. Observez attentivement votre sujet. Notez la forme générale, les proportions et la position de chacun de ses traits et comment ils sont reliés entre eux. Ce sont ces détails qui rendent chaque individu unique. Il est recommandé de vous exercer à dessiner les traits séparément avant d'entreprendre de faire un chat complet.

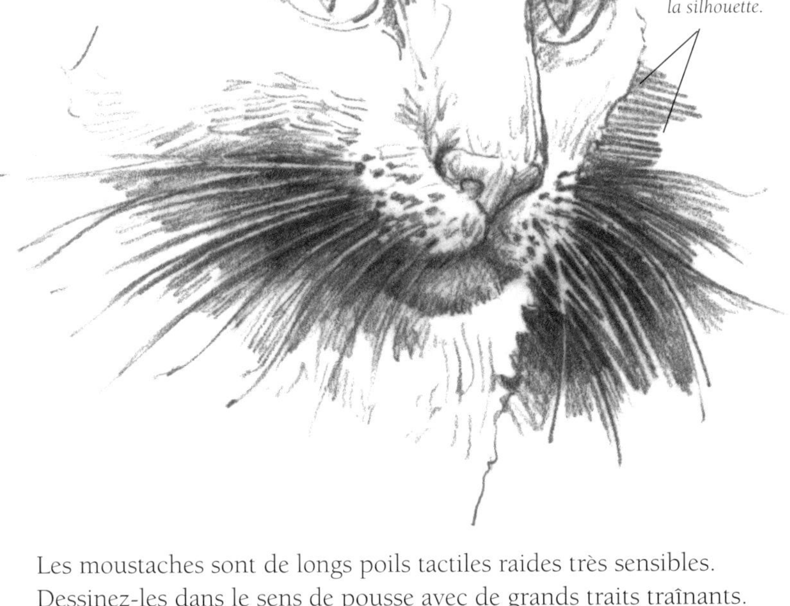

Mettez du foncé contre les parties claires et du clair contre les parties foncées pour créer la silhouette.

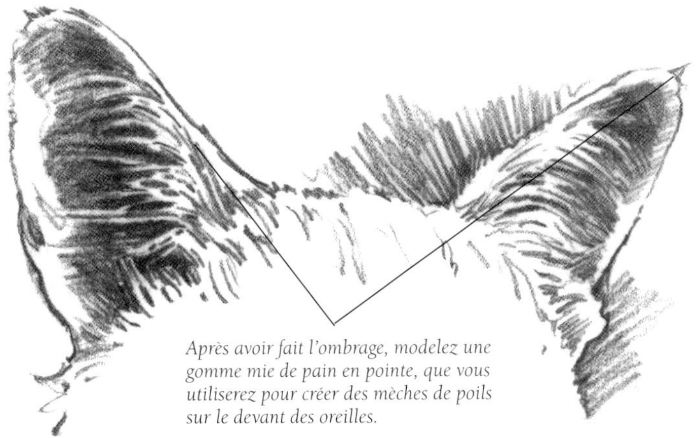

Après avoir fait l'ombrage, modelez une gomme mie de pain en pointe, que vous utiliserez pour créer des mèches de poils sur le devant des oreilles.

Les moustaches sont de longs poils tactiles raides très sensibles. Dessinez-les dans le sens de pousse avec de grands traits traînants. Utilisez un crayon bien taillé pour les dessiner sur un fond clair, ou tirez-les d'un fond foncé avec une gomme. N'oubliez pas d'ajouter les follicules des poils foncés autour du museau de votre chat.

Esquissez l'œil avec un cercle, en inclinant le coin externe vers le haut. Après avoir ébauché la silhouette générale, concentrez-vous sur les globes oculaires et les poils qui sont autour des yeux. Superposez des couches d'ombrage avec un crayon à mine tendre afin de créer de la profondeur. N'oubliez pas de toujours laisser un rehaut blanc dans ou près de la pupille afin d'indiquer la réflexion de la lumière.

Pour dessiner l'oreille, commencez par en ébaucher le contour général triangulaire au crayon HB. Ensuite, après avoir bien observé votre sujet, affinez sa silhouette. Comparez la forme du bord externe avec celle du bord interne ; observez les angles et l'endroit où chaque côté est rattaché à la tête. Quand vous serez satisfait du contour, utilisez un crayon à mine tendre pour donner du volume à l'oreille.

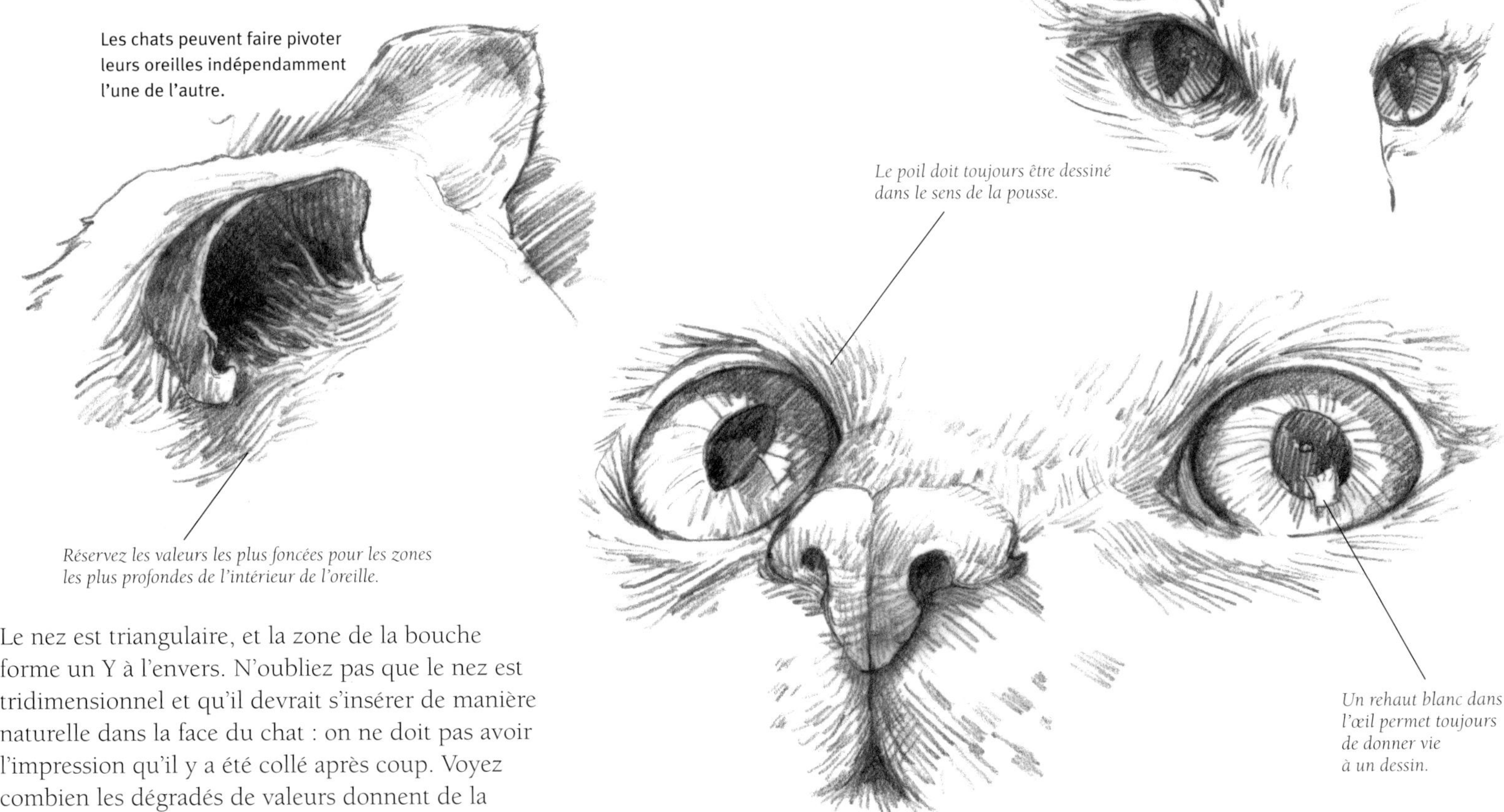

Les chats peuvent faire pivoter leurs oreilles indépendamment l'une de l'autre.

Le poil doit toujours être dessiné dans le sens de la pousse.

Réservez les valeurs les plus foncées pour les zones les plus profondes de l'intérieur de l'oreille.

Un rehaut blanc dans l'œil permet toujours de donner vie à un dessin.

Le nez est triangulaire, et la zone de la bouche forme un Y à l'envers. N'oubliez pas que le nez est tridimensionnel et qu'il devrait s'insérer de manière naturelle dans la face du chat : on ne doit pas avoir l'impression qu'il y a été collé après coup. Voyez combien les dégradés de valeurs donnent de la profondeur et du volume à cet exemple.

LES PATTES ET LES QUEUES

Les chats explorent leur environnement à pas feutrés en marchant sur la pointe des pieds. Leurs pattes sont munies de coussinets les aidant à garder l'équilibre et leur permettant de se déplacer sans bruit. Ils ont des griffes rétractiles acérées et recourbées qu'ils peuvent sortir comme des armes, ou qu'ils utilisent pour s'agripper et grimper. N'oubliez pas d'inclure ces détails dans votre dessin pour le rendre plus réaliste.

Commencez par esquisser les pattes avec un simple contour, puis ébauchez chaque orteil et coussinet. Pour la fourrure, faites en sorte que vos coups de crayon suivent le sens de la pousse du poil ; faites des hachures plus denses dans les zones d'ombre. Des traits plus longs sur les coussinets illustreront la différence de texture entre le coussinet et la fourrure, et des traits courts, incurvés autour des bords du pied, permettront de distinguer chaque orteil.

Ergot

Coussinets

Coussinet carpien

Les chats ont cinq doigts sur leurs pattes antérieures. Leurs « pouces » ou ergots non fonctionnels, sont situés plus haut sur la patte et ils ne touchent pas le sol.

Les chats utilisent parfois leur queue pour garder leur équilibre, mais elle exprime aussi leurs états d'âme. Certains chats ont une grosse queue touffue, d'autres ont une longue queue toute mince, tandis que d'autres encore en ont une très courte. Faire attention à ce genre de détail rendra vos dessins plus fidèles et plus réalistes.

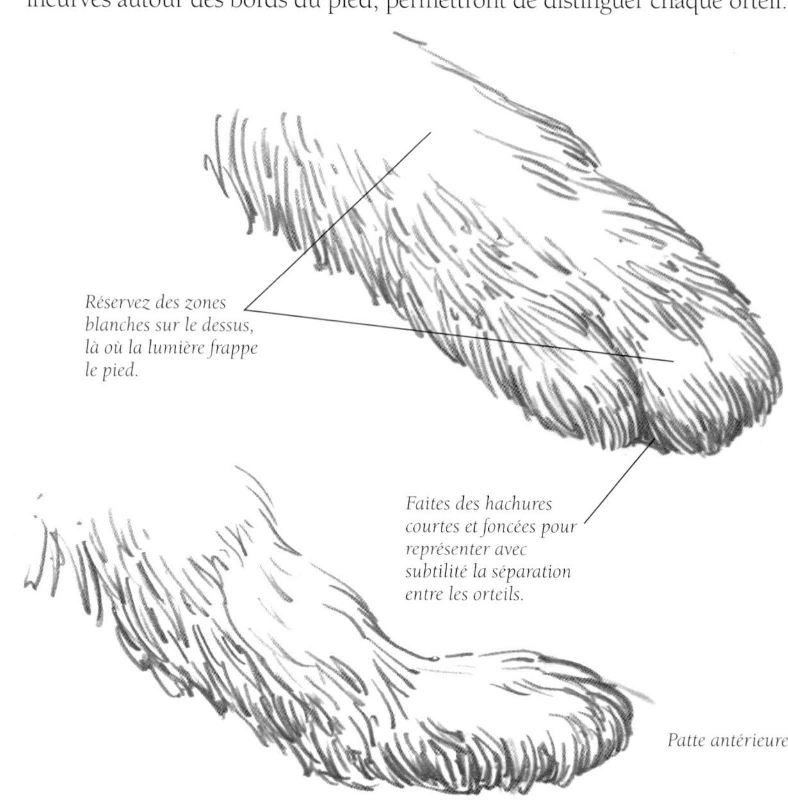

Conseil d'artiste
Plus vous vous serez familiarisé avec votre sujet, meilleurs seront vos dessins.

Faites des hachures différentes pour ces deux queues. Pour celle qui est fine, prenez la pointe d'un crayon 2B pour étoffer sa forme lisse avec des hachures courtes et précises. Quant à la queue touffue, utilisez un crayon à mine plus tendre, et variez la pression et l'angle de vos coups de crayon pour les valeurs moyennes et foncées. Réservez beaucoup de zones blanches pour indiquer que la fourrure est douce et épaisse.

Variez la densité de vos hachures pour marquer le contraste entre les zones claires et foncées afin de rendre les rayures de la fourrure.

Comparez les différents types de coups de crayons utilisés pour une queue à poils courts et pour une queue angora.

Les formes de base

Un crayon bien taillé est mieux adapté pour ébaucher les silhouettes de base, comme indiqué aux étapes A et B. L'étape C illustre comment il faut commencer à croquer des détails comme les yeux, les oreilles et le nez. À l'étape D on finalise le placement des traits faciaux.

Comparez le dessin du chat de profil ci-dessous avec la vue de face. La silhouette initiale de la tête est créée avec des lignes droites, contrairement à la silhouette arrondie du dessin précédent. Commencez par dessiner les traits dans l'ordre indiqué à l'étape A.

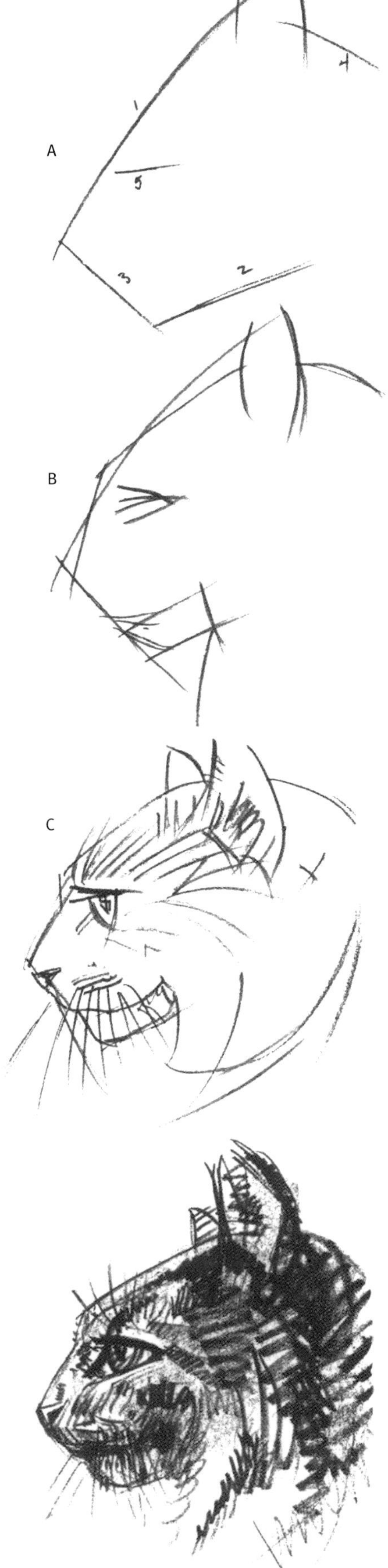

C

A

D

B

On peut utiliser un crayon 2B taillé en biseau pour ombrer, ce qui donne une illusion de fourrure. Essayez des craies à dessin et des crayons à mine de plusieurs largeurs différentes pour ce dessin. Faites des coups de crayon lâches, en faisant en sorte qu'ils suivent la direction de pousse des poils.

Le chat persan

Les persans sont des chats trapus à longs poils soyeux. Ils possèdent une grosse tête ronde avec un museau large et aplati et de petites oreilles. Pour représenter la texture de la fourrure du persan ci-dessous, vos traits doivent être uniformes et fermes. Vous remarquerez que cet exemple a été beaucoup plus travaillé que les précédents.

Ces courbes fluides servent à indiquer les formes du chat sous sa fourrure.

Étape 1 En ébauchant ce chat, vous remarquerez que ses yeux sont de formes différentes. C'est parce que sa tête est vue suivant un angle de trois quarts. Mettez en place les formes élémentaires de ce chat, ajoutez des lignes courbes pour suggérer ses rondeurs et indiquez les passages d'un volume à un autre.

Détail de l'œil Dans cette pose, l'angle d'inclinaison de l'œil droit du chat est important ; la pupille reste toutefois verticale ; elle est partiellement couverte par l'arête du museau.

Étape 2 C'est à l'aide de traits uniformes au crayon que vous recréerez les couches de poils autour de la tête, sur la poitrine et le dos. Observez comment j'utilise mes touches de crayon pour définir les traits de la face. Avec un crayon HB bien taillé, ombrez les yeux et dessinez les lignes fines du museau et des moustaches. Ensuite, prenez un crayon 2B et un 4B pour travailler la matière épaisse de la fourrure. N'oubliez pas : tracez toujours vos traits dans le sens de la pousse des poils.

Étape 3 Le rendu final affiche des contrastes de valeur efficaces. Là où la lumière frappe le pelage, sur les parties blanches de la poitrine et du flanc, on a ombré le moins possible. Les valeurs moyennes apparaissent, dans la fourrure, le long du côté gauche de la tête du chat et sur son oreille gauche. Prenez un crayon 4B ou 6B pour les touches foncées réparties le long de l'épine dorsale, de la nuque, sur la droite de la tête et sur une partie de la queue. Notez comment on utilise l'arrière-plan sombre pour délimiter les contours du pelage clair de la poitrine et de la queue.

Le chat tigré

Motifs et textures peuvent conférer un intérêt certain à des sujets sinon bien ordinaires. Ce croquis réunit un tapis rayé et un chat tigré : il en résulte une étude toute en contrastes qui attire le regard.

Étape 1 Commencez par tracer un S de biais qui représente la ligne du mouvement du corps et ajoutez une boucle plus serrée pour la queue. Ensuite, mettez en place les formes élémentaires avec un cercle pour la tête et des ovales pour la poitrine, le corps et la cuisse. Pour les lignes de structure des traits de la face, posez une croix dans la tête et ajoutez-y deux tirets indiquant la position de la bouche et du museau.

Étape 2 Dessinez un ovale plus petit sur le ventre du chat pour représenter le renflement de fourrure sur son bas-ventre. Puis indiquez le contour complet du corps du chat en ajoutant ses quatre pattes. Et placez les triangles des oreilles, les yeux, le museau et la bouche.

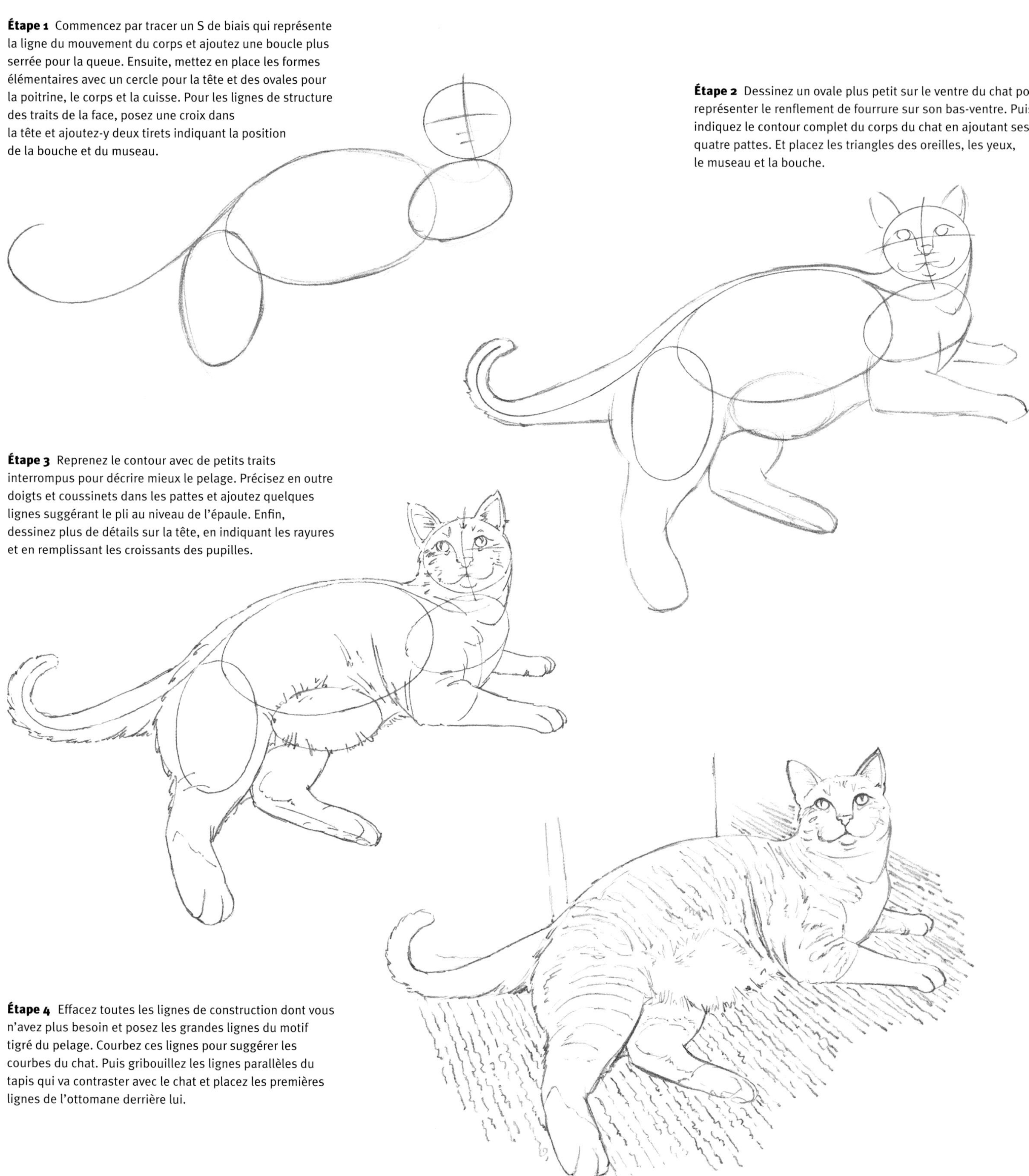

Étape 3 Reprenez le contour avec de petits traits interrompus pour décrire mieux le pelage. Précisez en outre doigts et coussinets dans les pattes et ajoutez quelques lignes suggérant le pli au niveau de l'épaule. Enfin, dessinez plus de détails sur la tête, en indiquant les rayures et en remplissant les croissants des pupilles.

Étape 4 Effacez toutes les lignes de construction dont vous n'avez plus besoin et posez les grandes lignes du motif tigré du pelage. Courbez ces lignes pour suggérer les courbes du chat. Puis gribouillez les lignes parallèles du tapis qui va contraster avec le chat et placez les premières lignes de l'ottomane derrière lui.

Étape 5 Ombrez ensuite le pelage délicatement tigré du chat. Reprenez l'ensemble à l'estompe pour adoucir les passages entre valeurs et reproduire au mieux l'aspect duveteux de la fourrure. Votre estompe peut aussi servir à adoucir les contours, notamment au bord de la touffe délicate des poils du bas-ventre. Précisez le dessin de l'ottomane recouverte de tissu derrière votre chat.

Étape 6 Continuez de poser les valeurs les plus sombres. Assombrissez les rayures du chat en traçant des traits plus prononcés, toujours dans le sens de la pousse des poils. Pour le motif rayé du tapis, ombrez légèrement une rayure sur deux en étalant de la poussière de graphite avec une estompe. Et pour terminer, tracez quelques larges traits verticaux sur l'ottomane à l'aide de votre estompe : cette surface unie s'inscrira en contraste avec les motifs rayés chargés du chat et du tapis.

LES CHATS À POILS COURTS

Le chat est un animal agile, athlétique et vif, et son sens aigu de l'équilibre lui permet de se promener facilement sur des corniches ou des barrières étroites. Ce spécimen est mince et musclé ; sa tête triangulaire est étroite, ses oreilles sont grandes et sa queue, longue et fine.

Du fait que ce chat est de face, on doit lui dessiner le corps en raccourci (voir page 169 pour les explications sur la perspective). Esquissez soigneusement sa posture, en traçant des ovales pour la poitrine et les hanches. Lorsque vous serez satisfait des proportions corporelles, esquissez les pattes et la queue, comme indiqué à l'étape A.

A

Le dos est légèrement arqué.

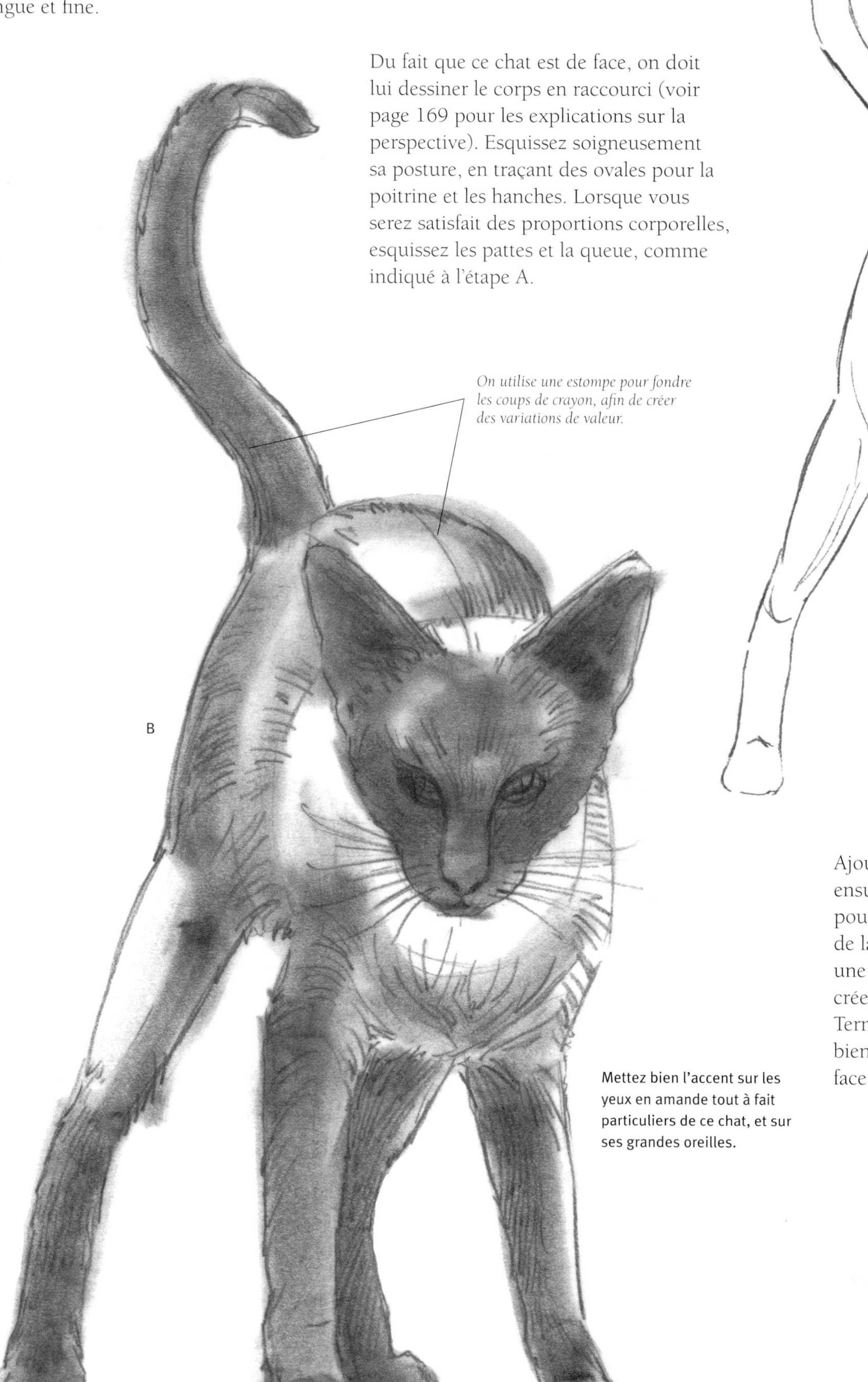

Mettez bien l'accent sur les yeux en amande tout à fait particuliers de ce chat, et sur ses grandes oreilles.

Ajoutez les traits faciaux, puis développez ensuite l'ombrage. Utilisez un crayon 6B pour les zones foncées de la face, des pattes, de la queue et du corps. Employez ensuite une estompe pour fondre le plomb, ce qui crée des zones douces et estompées. Terminez votre dessin avec un crayon 4B bien taillé pour faire ressortir les poils de la face et du corps.

Conseil d'artiste

On trouve des chats sauvages pratiquement partout dans le monde. On pense que ce sont les Égyptiens qui les ont domestiqués les premiers, entre 3 000 et 4 000 ans avant J.-C.

Le toilettage

Un chat en train de se toiletter représente aussi une gageure pour l'artiste, il est donc très important que vous preniez tout votre temps pour faire votre croquis préparatoire. Utilisez des ovales pour créer l'emplacement des principales parties du corps et tracez des lignes de guidage le long du crâne et de la colonne vertébrale pour vous aider à placer les courbes du corps du chat. Prenez bien en compte que sa patte antérieure gauche supporte tout le poids de la partie supérieure de son corps, et qu'il faut donc la placer correctement. Si ce n'est pas le cas, on aura l'impression que votre chat est sur le point de tomber.

Pour une posture difficile comme celle-ci, il est important d'observer son sujet très attentivement.

Des hachures soigneuses et uniformes suggèrent une fourrure courte et lisse.

Lorsque la pose sera correcte, commencez à y mettre la fourrure. À l'étape B, utilisez un crayon à mine tendre, un 6B par exemple, pour dessiner son pelage. Créez le contraste et la profondeur en variant la densité de vos coups de crayon afin de produire diverses valeurs et couches d'ombrage. Essayez de ne pas surcharger votre dessin. Il est préférable d'arrêter d'ombrer avant que le dessin vous semble terminé plutôt que de dépasser la mesure, et de le gâcher.

Utilisez une estompe pour fondre les traits de l'ombre portée.

Les attitudes courantes

Les chats sont des animaux délicats qui s'accroupissent pour manger et pour boire. Saisir cette position demande un tracé soigneux, mais en fait il suffit d'appliquer les techniques de la perspective. N'oubliez pas qu'une des clés pour maîtriser la perspective consiste à dessiner ce que vous voyez *vraiment*, et pas ce que vous pensez que vous *devriez* voir.

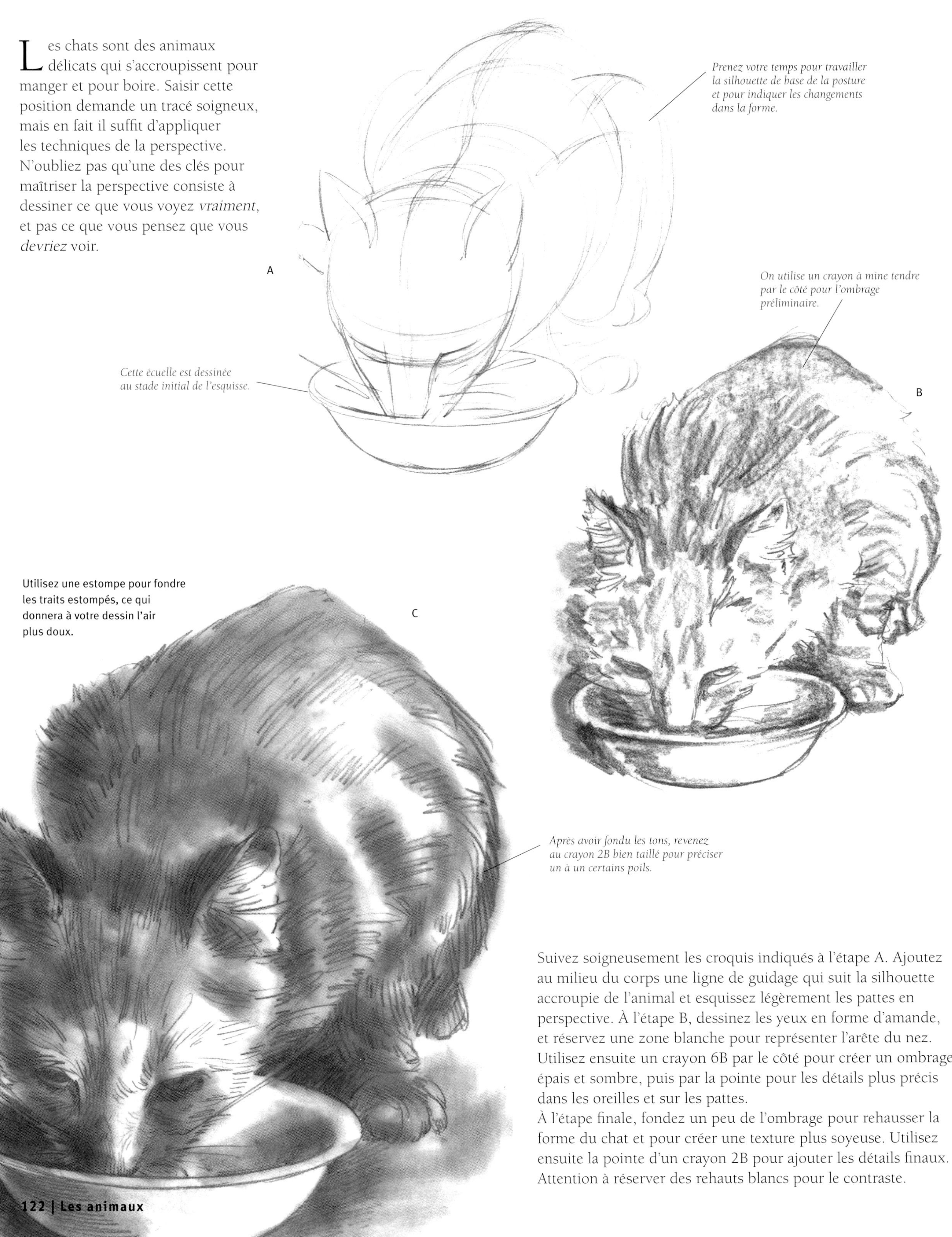

Suivez soigneusement les croquis indiqués à l'étape A. Ajoutez au milieu du corps une ligne de guidage qui suit la silhouette accroupie de l'animal et esquissez légèrement les pattes en perspective. À l'étape B, dessinez les yeux en forme d'amande, et réservez une zone blanche pour représenter l'arête du nez. Utilisez ensuite un crayon 6B par le côté pour créer un ombrage épais et sombre, puis par la pointe pour les détails plus précis dans les oreilles et sur les pattes.

À l'étape finale, fondez un peu de l'ombrage pour rehausser la forme du chat et pour créer une texture plus soyeuse. Utilisez ensuite la pointe d'un crayon 2B pour ajouter les détails finaux. Attention à réserver des rehauts blancs pour le contraste.

Les chats utilisent le langage corporel pour s'exprimer. Ils marquent leur territoire en se frottant contre quelque chose afin d'y transférer leur odeur personnelle. Parfois même ils se frottent sur les jambes des gens pour leur témoigner leur affection ou pour les accueillir. Le contraste entre le corps arrondi et en diagonale de ce chat et les lignes verticales du mur en font une composition saisissante.

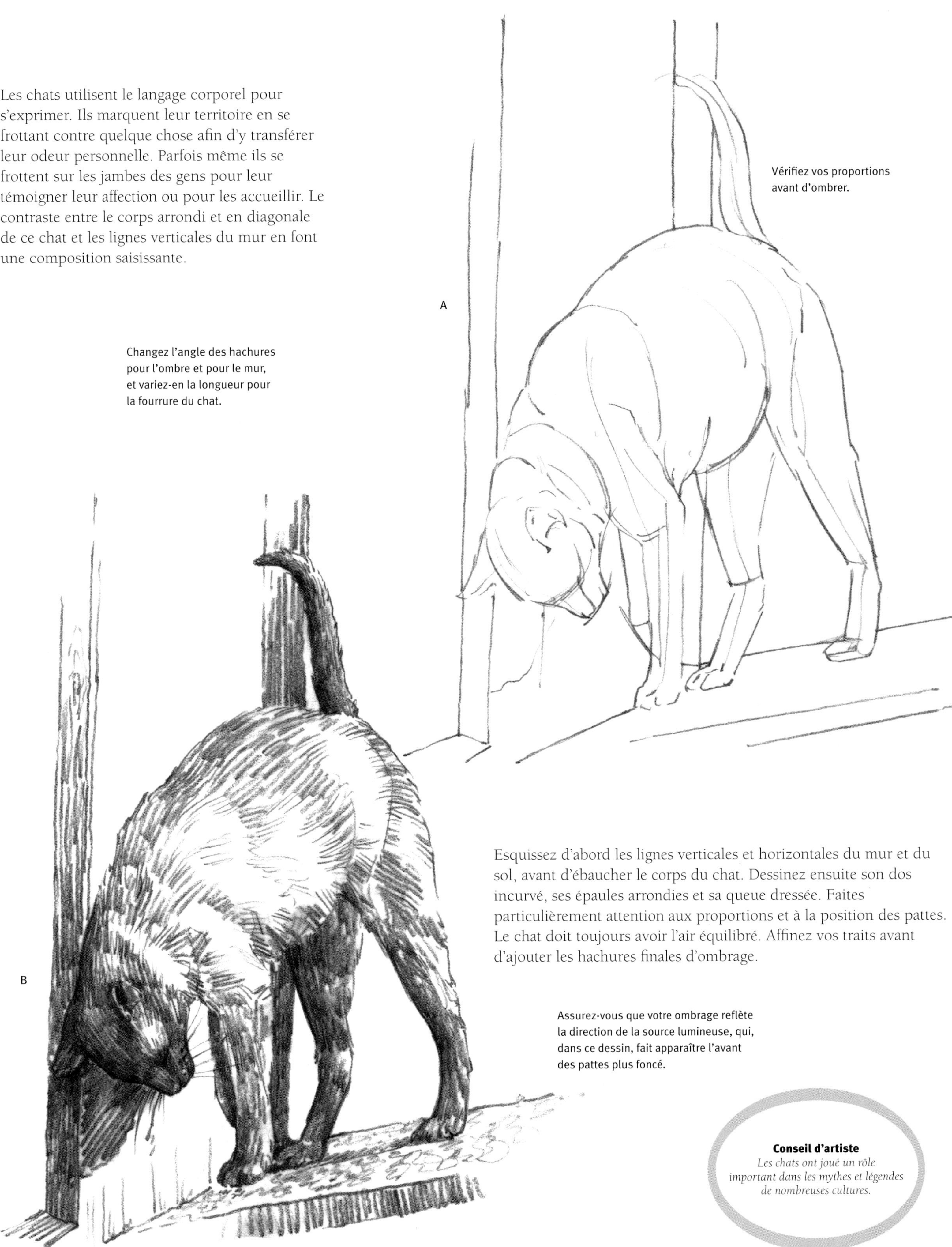

Esquissez d'abord les lignes verticales et horizontales du mur et du sol, avant d'ébaucher le corps du chat. Dessinez ensuite son dos incurvé, ses épaules arrondies et sa queue dressée. Faites particulièrement attention aux proportions et à la position des pattes. Le chat doit toujours avoir l'air équilibré. Affinez vos traits avant d'ajouter les hachures finales d'ombrage.

Conseil d'artiste
Les chats ont joué un rôle important dans les mythes et légendes de nombreuses cultures.

Un chaton en action

Dessiner ce chaton est une véritable gageure, car l'angle de sa tête demande un dessin en perspective, ce qui signifie qu'il faut réduire ou déformer certaines parties d'un dessin afin de rendre l'impression de profondeur comme elle est perçue par l'œil humain. Ici, la tête du chat est inclinée dans la direction opposée à l'observateur, ce qui implique que les côtés de sa face doivent être raccourcis afin que le sommet de son crâne semble plus grand et plus proche, tandis que son menton semble plus petit et plus éloigné.

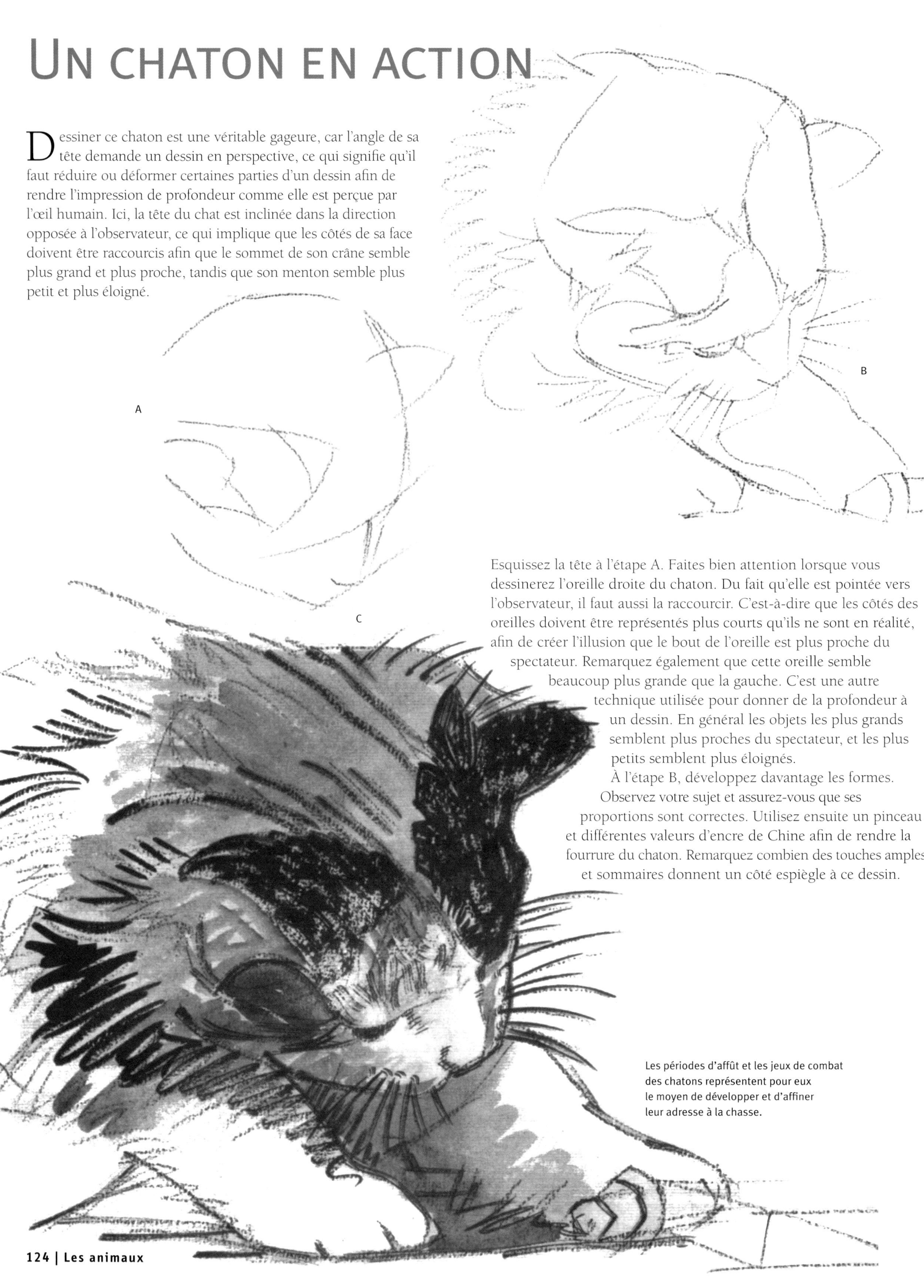

Esquissez la tête à l'étape A. Faites bien attention lorsque vous dessinerez l'oreille droite du chaton. Du fait qu'elle est pointée vers l'observateur, il faut aussi la raccourcir. C'est-à-dire que les côtés des oreilles doivent être représentés plus courts qu'ils ne sont en réalité, afin de créer l'illusion que le bout de l'oreille est plus proche du spectateur. Remarquez également que cette oreille semble beaucoup plus grande que la gauche. C'est une autre technique utilisée pour donner de la profondeur à un dessin. En général les objets les plus grands semblent plus proches du spectateur, et les plus petits semblent plus éloignés.

À l'étape B, développez davantage les formes. Observez votre sujet et assurez-vous que ses proportions sont correctes. Utilisez ensuite un pinceau et différentes valeurs d'encre de Chine afin de rendre la fourrure du chaton. Remarquez combien des touches amples et sommaires donnent un côté espiègle à ce dessin.

Les périodes d'affût et les jeux de combat des chatons représentent pour eux le moyen de développer et d'affiner leur adresse à la chasse.

Les chats peuvent s'amuser pendant des heures avec des jouets ou des objets mobiles. Ce sont aussi des maîtres dans l'art de manipuler des objets inertes pour les faire bouger de manière à ce qu'ils puissent les chasser puis les attraper. Essayez de saisir cette espièglerie dans vos dessins.

Dans ce dessin, la zone d'intérêt est la masse de ficelle emmêlée autour des pattes du chaton. Remarquez combien de techniques différentes ont été utilisées pour attirer l'attention vers cet endroit. Ici la ficelle est créée en utilisant des formes négatives contre un arrière-plan foncé. L'utilisation négative de l'espace est une manière efficace de créer de l'intérêt, mais aussi pour délinéer la forme.

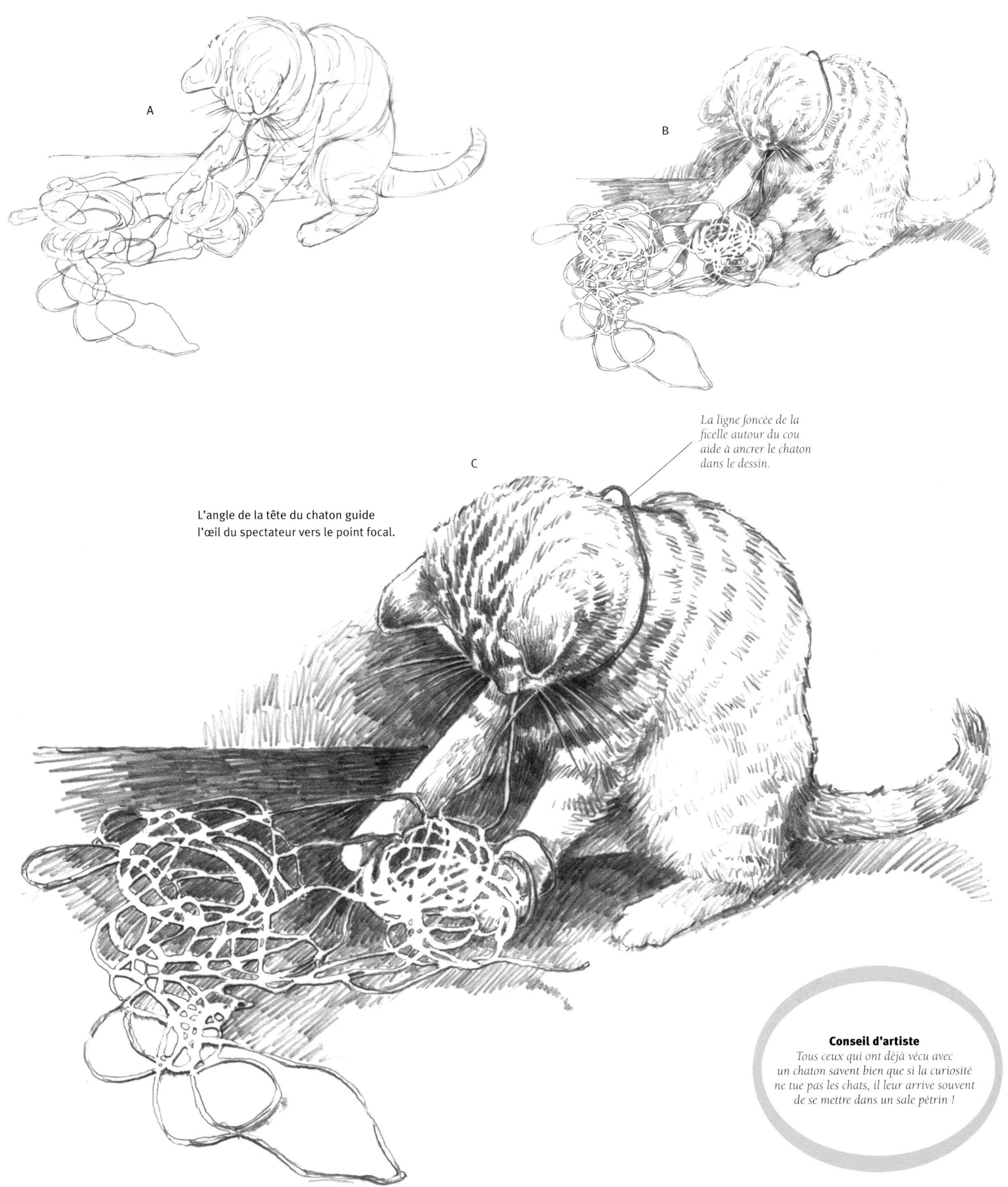

La ligne foncée de la ficelle autour du cou aide à ancrer le chaton dans le dessin.

L'angle de la tête du chaton guide l'œil du spectateur vers le point focal.

Conseil d'artiste

Tous ceux qui ont déjà vécu avec un chaton savent bien que si la curiosité ne tue pas les chats, il leur arrive souvent de se mettre dans un sale pétrin !

Un chat perché

Les chats adorent grimper, même si ce chaton se trouve, il faut l'avouer, dans une situation délicate. Vous observerez que les chatons ont des corps ronds en forme de tonneau tandis que les chats adultes présentent des corps longs et minces.

Étape 1 Ébauchez une branche légèrement inclinée. Puis croquez le corps du chaton autour de celle-ci. Veillez à ne pas dessiner un corps trop allongé et montrez comment il s'enroule autour de la branche. Travaillez avec un crayon HB bien taillé pour préciser d'une main légère la structure de la tête, du ventre, des pattes et de la queue.

Utilisez la mine pointue d'un crayon HB pour dessiner les griffes dans le prolongement des orteils.

Étape 2 Prenez un crayon 6B pour enrichir les traits du visage et le pelage et mieux décrire la branche. Vous utiliserez des traits sombres et uniformes pour ombrer le dessous de la branche et les coussinets du chaton. Variez les valeurs pour créer un effet tigré sur le pelage.

Étape 3 À présent fignolez jusqu'à satisfaction. Avec un crayon HB, dessinez les poils au-dessus des yeux et les fins contours du museau, des yeux et de la bouche. Continuez de travailler la texture du pelage à l'aide de touches fermes de différentes longueurs et de directions variées, suivant le sens de pousse des poils. N'oubliez pas de laisser des zones de blanc uniformes qui suggèrent les rayures de ce chaton tigré.

Observez l'expression déterminée de ce chaton : il n'a pas peur.

Les chevaux, fidèles compagnons

Les chevaux sont des êtres fascinants, et on est bien souvent surpris qu'un animal aussi vigoureux soit depuis des millénaires si dévoué à l'homme. Leur relation est depuis longtemps un sujet d'inspiration pour les artistes. Les portraits de chevaux font figure de gageure artistique : la beauté de ces animaux, la variété des races ou la présence heureuse d'un poulain constituent déjà un magnifique sujet de dessin. Avant de pouvoir restituer l'animal sur le plan technique et artistique, il est important d'acquérir quelques notions anatomiques et physiologiques sur le sujet.

Anatomie et proportions

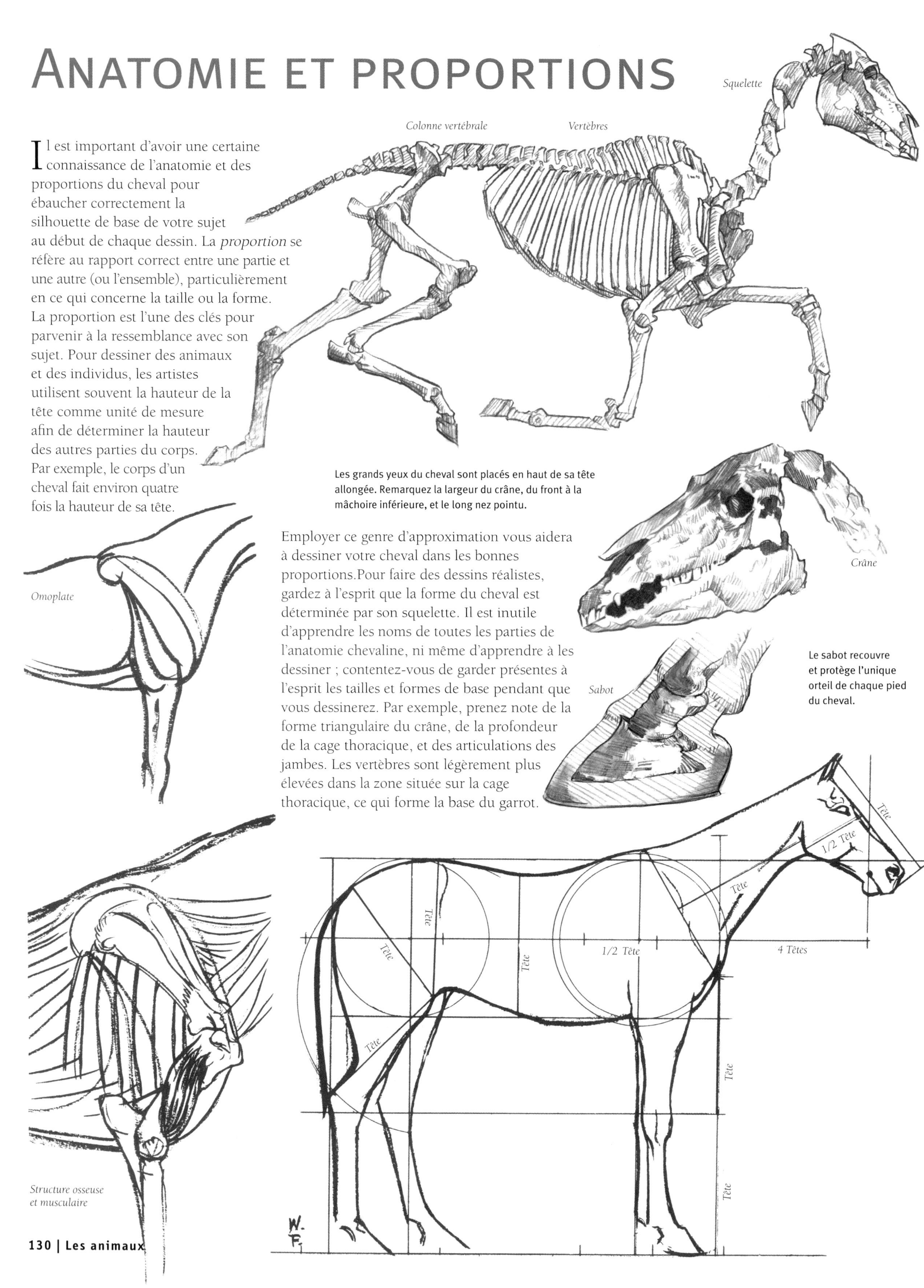

Il est important d'avoir une certaine connaissance de l'anatomie et des proportions du cheval pour ébaucher correctement la silhouette de base de votre sujet au début de chaque dessin. La *proportion* se réfère au rapport correct entre une partie et une autre (ou l'ensemble), particulièrement en ce qui concerne la taille ou la forme. La proportion est l'une des clés pour parvenir à la ressemblance avec son sujet. Pour dessiner des animaux et des individus, les artistes utilisent souvent la hauteur de la tête comme unité de mesure afin de déterminer la hauteur des autres parties du corps. Par exemple, le corps d'un cheval fait environ quatre fois la hauteur de sa tête.

Employer ce genre d'approximation vous aidera à dessiner votre cheval dans les bonnes proportions.Pour faire des dessins réalistes, gardez à l'esprit que la forme du cheval est déterminée par son squelette. Il est inutile d'apprendre les noms de toutes les parties de l'anatomie chevaline, ni même d'apprendre à les dessiner ; contentez-vous de garder présentes à l'esprit les tailles et formes de base pendant que vous dessinerez. Par exemple, prenez note de la forme triangulaire du crâne, de la profondeur de la cage thoracique, et des articulations des jambes. Les vertèbres sont légèrement plus élevées dans la zone située sur la cage thoracique, ce qui forme la base du garrot.

Les grands yeux du cheval sont placés en haut de sa tête allongée. Remarquez la largeur du crâne, du front à la mâchoire inférieure, et le long nez pointu.

Le sabot recouvre et protège l'unique orteil de chaque pied du cheval.

Être familiarisé avec l'anatomie et la musculature du cheval vous aidera à faire des dessins plus réalistes. En général, les zones avec de grands muscles lisses seront ombrées légèrement, tandis que les zones de petits muscles qui se chevauchent demanderont un ombrage plus complexe. Étudiez les illustrations ci-dessous pour voir comment les muscles et les tendons enrobent le squelette du cheval.

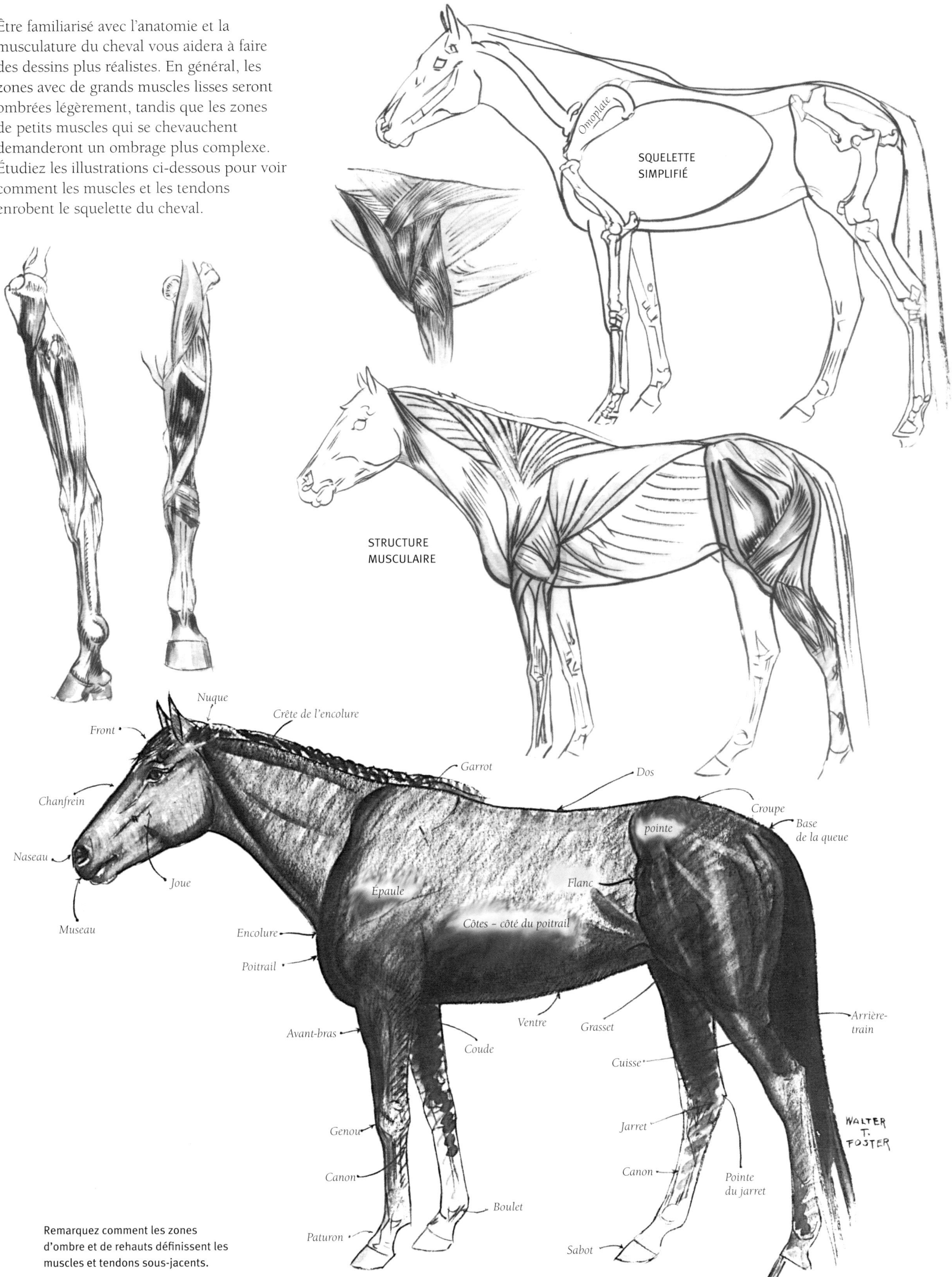

Remarquez comment les zones d'ombre et de rehauts définissent les muscles et tendons sous-jacents.

Techniques d'ombrage

Les techniques applicables au graphite ou au fusain sont sensiblement les mêmes que celles utilisées pour l'aquarelle. Il existe bien plus de techniques d'ombrage que celles présentées ici, mais je choisis de me concentrer sur celles qui me sont le plus utiles pour dessiner les animaux en général. L'une des principales règles à suivre est de travailler dans le sens de la pousse du poil, car cela donne plus de réalité à votre dessin. Notez qu'il est plus facile de créer un fondu avec du graphite qu'avec du fusain, tout comme il est plus facile de le retirer ou le gommer du papier. Pour chaque technique détaillée ci-dessous, l'illustration de gauche représente le travail au graphite, celle de droite au fusain.

Gradation Commencez avec un crayon sec, comme le 6B, et orientez-le sur le côté. En exerçant une forte pression, appliquez la valeur la plus foncée, en relâchant la pression progressivement à mesure que vous avancez vers les valeurs claires. Vous pouvez aussi fondre vos traits en appliquant plusieurs couches successives.

Poil Choisissez un crayon de graphite ou de fusain affûté. En « balayant » le papier de votre crayon, bougez rapidement votre main en un mouvement arqué, puis relevez la mine de la feuille en fin de course. Je relève généralement le crayon à l'extrémité du poil (là où il est le plus clair). Testez par vous-même pour choisir ce qui fonctionne le mieux pour vous. Avec un peu d'entraînement, dessiner des poils deviendra un jeu d'enfant !

Gradation en fondu Ces exemples montrent des valeurs gradées (ou graduées) fondues et adoucies à l'aide d'un tortillon. Cette technique sert, par exemple, à déplacer des tons vers des zones plus claires. C'est celle que j'utilise le plus souvent.

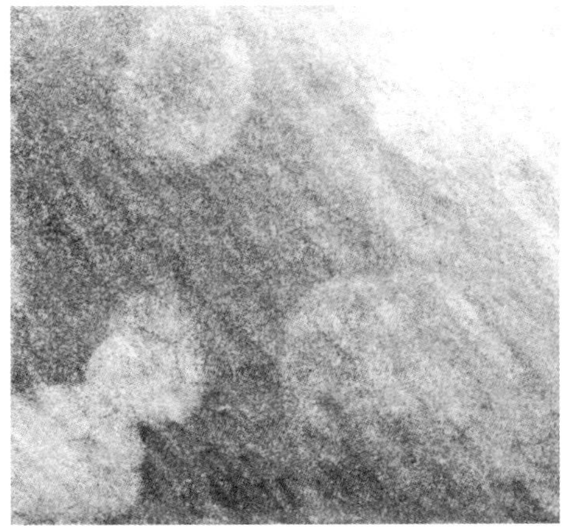

Avec une gomme Ces exemples montrent l'effet de la gomme mie de pain sur le papier (par exemple pour faire ressortir des reflets). La gomme mie de pain est selon moi l'outil le plus efficace pour obtenir ces effets, car elle se modèle pour atteindre de zones très serrées ou s'aplatit pour couvrir au contraire des zones plus larges. N'oubliez pas que le fusain est plus difficile à ôter que le graphite.

Dureté du crayon Comme le montrent ces exemples, la dureté d'un crayon affecte la valeur qu'il produit. Le fondu indique les endroits où une mine plus sèche a été utilisée. En variant les pressions exercées, vous pouvez créer une large gamme de valeurs dans vos dessins.

Contre-hachurage Ces échantillons montrent qu'en superposant des couches de hachures dans différentes directions, on ajoute de la matière et de l'intérêt au dessin. Si vous choisissez cette technique, vous devrez l'appliquer à l'ensemble de votre dessin pour en conserver la cohérence visuelle. J'évite en général de m'en servir sur mes dessins finaux, mais je l'utilise pour mes essais préliminaires.

Techniques d'aquarelle

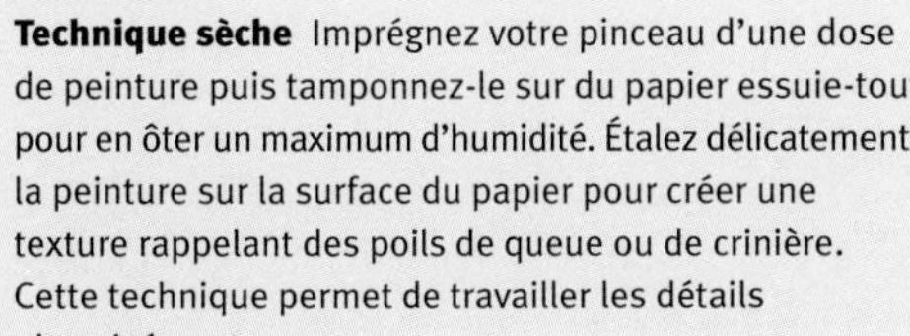

Technique sèche Imprégnez votre pinceau d'une dose de peinture puis tamponnez-le sur du papier essuie-tout pour en ôter un maximum d'humidité. Étalez délicatement la peinture sur la surface du papier pour créer une texture rappelant des poils de queue ou de crinière. Cette technique permet de travailler les détails plus aisément.

Gradation Tracez une bande de peinture horizontale le long du haut de la feuille. Humidifiez de plus en plus le pinceau à mesure que vous progressez vers le bas, créant une transition du foncé vers le clair qui peut suggérer du volume.

Technique mouillé sur mouillé Appliquez de la peinture humide sur un papier préalablement humidifié ou mouillé. Cette technique demandant plus de maîtrise donne un résultat plus diffus et permet de poser la couleur dominante et l'atmosphère.

YEUX ET MUSEAUX

Les traits faciaux, comme les yeux et les museaux, sont de bons éléments pour commencer à apprendre à dessiner des chevaux. Si vous êtes débutant, vous pouvez d'abord vous exercer à dessiner ces parties séparément avant de tenter de faire un dessin complet. Étudiez les dessins de cette page, et regardez la façon dont les silhouettes et les formes changent selon l'angle de vue.

Entraînez-vous en faisant beaucoup de croquis de ces traits à partir de différents angles. Copiez les exemples de cette page, ou choisissez vos propres modèles. Souvent, des détails comme l'expression d'un œil ou l'ombrage autour du naseau, distinguent un dessin moyen d'un dessin remarquable. Commencez par esquisser la silhouette générale au crayon HB, puis affinez vos traits jusqu'à ce que vous soyez satisfait.

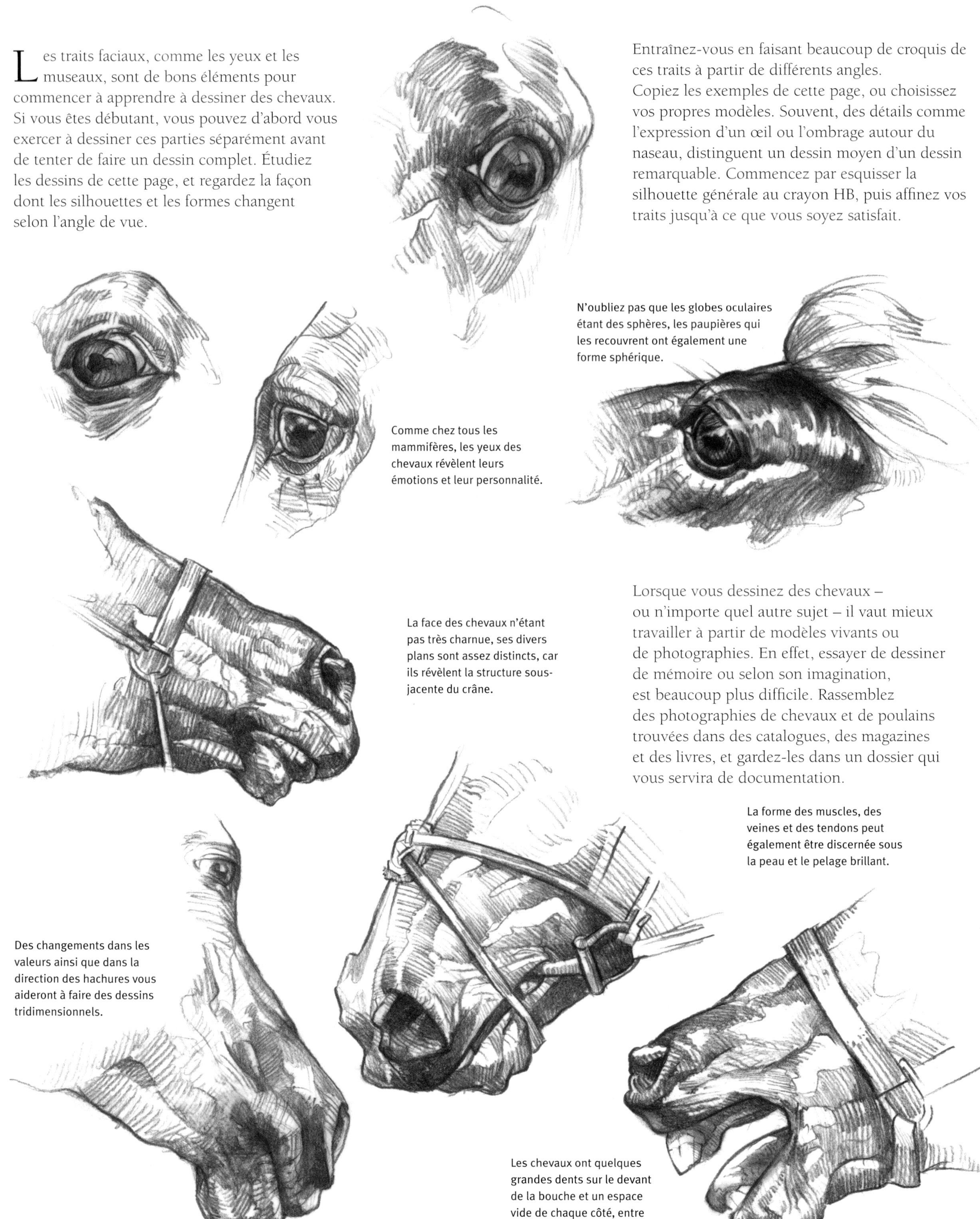

N'oubliez pas que les globes oculaires étant des sphères, les paupières qui les recouvrent ont également une forme sphérique.

Comme chez tous les mammifères, les yeux des chevaux révèlent leurs émotions et leur personnalité.

La face des chevaux n'étant pas très charnue, ses divers plans sont assez distincts, car ils révèlent la structure sous-jacente du crâne.

Lorsque vous dessinez des chevaux – ou n'importe quel autre sujet – il vaut mieux travailler à partir de modèles vivants ou de photographies. En effet, essayer de dessiner de mémoire ou selon son imagination, est beaucoup plus difficile. Rassemblez des photographies de chevaux et de poulains trouvées dans des catalogues, des magazines et des livres, et gardez-les dans un dossier qui vous servira de documentation.

La forme des muscles, des veines et des tendons peut également être discernée sous la peau et le pelage brillant.

Des changements dans les valeurs ainsi que dans la direction des hachures vous aideront à faire des dessins tridimensionnels.

Les chevaux ont quelques grandes dents sur le devant de la bouche et un espace vide de chaque côté, entre les incisives et les molaires.

OREILLES ET SABOTS

La position des oreilles du cheval révèle son humeur. Par exemple, si elles sont dressées vers l'avant, cela indique généralement un vif intérêt, tandis que si elles sont au contraire rabattues en arrière, c'est un signe de contrariété, d'inconfort ou de peur. Lorsque vous vous entraînerez à dessiner les oreilles dans différentes positions, remarquez comment on utilise l'ombrage pour définir leur forme.

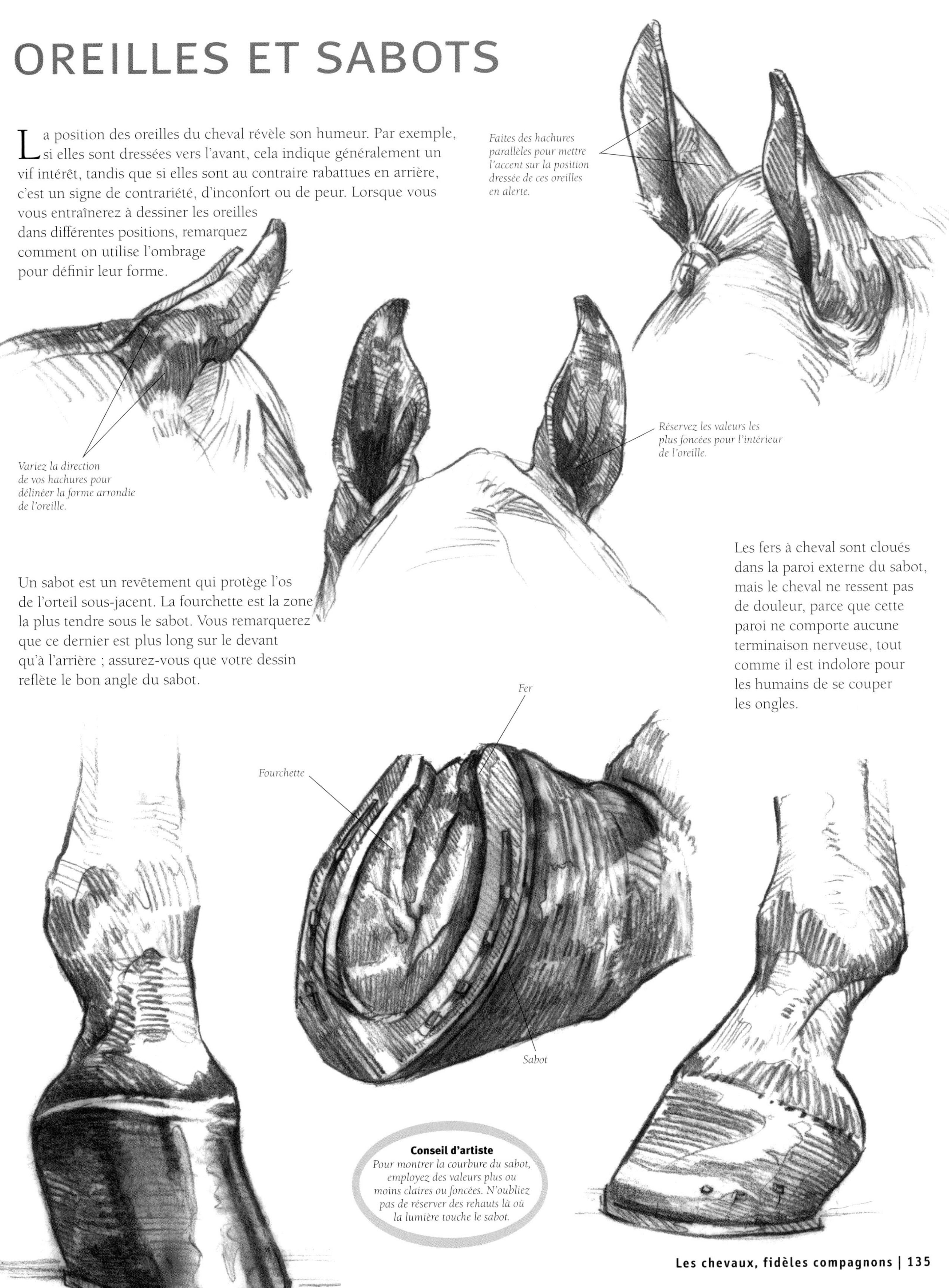

Un sabot est un revêtement qui protège l'os de l'orteil sous-jacent. La fourchette est la zone la plus tendre sous le sabot. Vous remarquerez que ce dernier est plus long sur le devant qu'à l'arrière ; assurez-vous que votre dessin reflète le bon angle du sabot.

Les fers à cheval sont cloués dans la paroi externe du sabot, mais le cheval ne ressent pas de douleur, parce que cette paroi ne comporte aucune terminaison nerveuse, tout comme il est indolore pour les humains de se couper les ongles.

Conseil d'artiste
Pour montrer la courbure du sabot, employez des valeurs plus ou moins claires ou foncées. N'oubliez pas de réserver des rehauts là où la lumière touche le sabot.

ÉTUDIER LES PROFILS

Les cinq dessins de profils suivants sont un petit échantillon des différences entre les races les plus courantes.

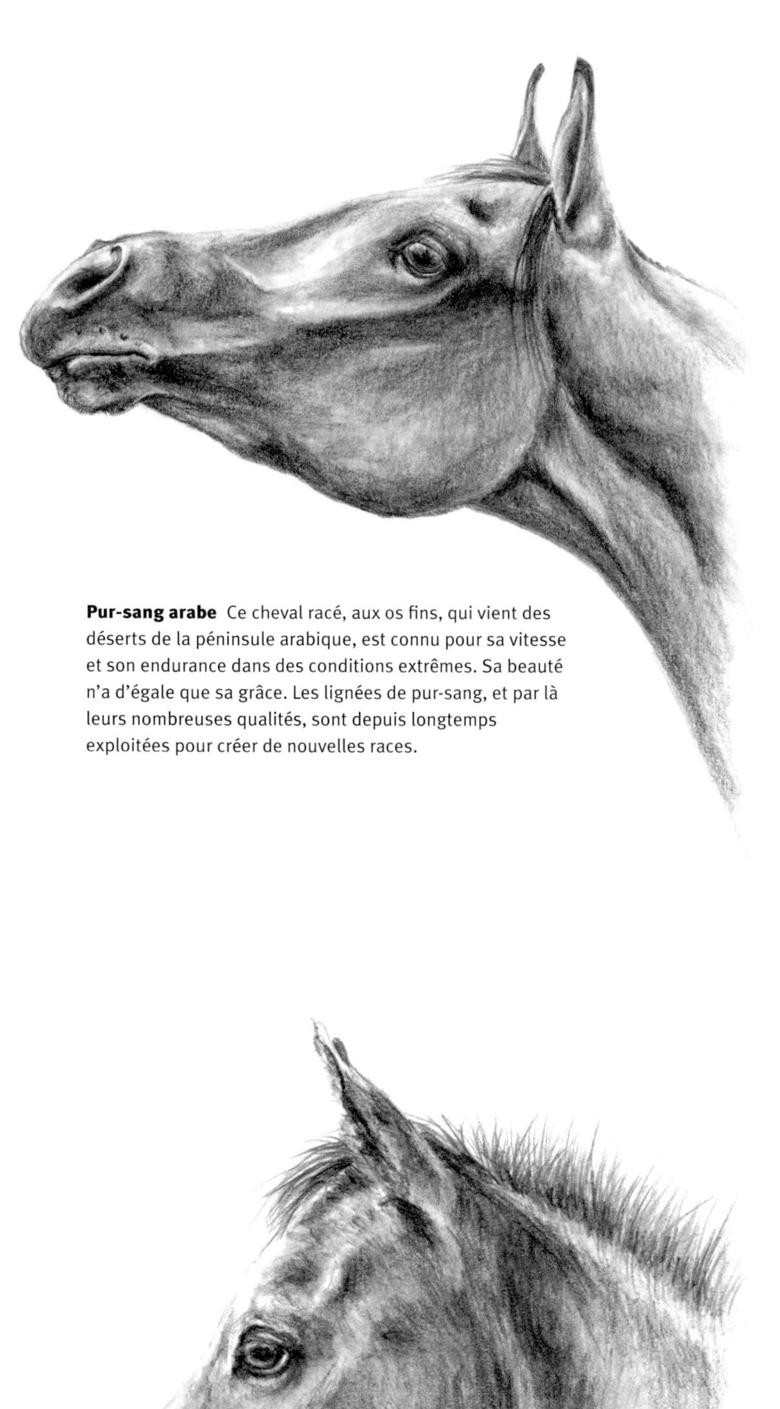

Pur-sang arabe Ce cheval racé, aux os fins, qui vient des déserts de la péninsule arabique, est connu pour sa vitesse et son endurance dans des conditions extrêmes. Sa beauté n'a d'égale que sa grâce. Les lignées de pur-sang, et par là leurs nombreuses qualités, sont depuis longtemps exploitées pour créer de nouvelles races.

Quarter Horse Cette race au corps dense est originaire d'Amérique du Nord. Il est connu pour sa vitesse et ses performances sur les sprints. Ce cheval, qui servait avant tout au travail de la ferme et du ranch, est désormais élevé aux quatre coins du monde.

Poney des Amériques Ce poulain est une version miniature de l'appaloosa. Ce poney possède les mêmes caractéristiques que son grand cousin (une robe tachetée par exemple) mais mesure entre 1,42 et 1,63 mètre – une taille idéale pour les enfants.

Haflinger Originaire d'Autriche, et plus précisément du Tyrol, l'haflinger doit son nom au village d'Hafling, aujourd'hui situé en Italie. On dit qu'un peu de sang arabe coule dans les veines de ce cheval assez petit mais vaillant. Sa structure trapue en fait un bon cheval de somme ainsi qu'une excellente monture pour de nombreuses disciplines. Sa robe alezane va du blond au chocolat noir, sa crinière et sa queue longues et épaisses, sont de couleur lin à blanc.

Shire Issu d'un mélange de races, cet imposant cheval aux os lourds était destiné aux durs travaux. Natif des Shires en Angleterre, il compte parmi les plus grands chevaux au monde. Sa robe est de couleur marron, grise ou noire. De nos jours, les Shires font de magnifiques chevaux de parade, tirant de larges chars. On en croise également toujours dans certaines fermes anglaises.

Les bases du profil

Il est important d'établir des proportions correctes dès les premières étapes de votre dessin, pour éviter d'avoir à les réajuster après coup. Pour que vos proportions soient les plus précises possible, prenez de nombreuses références pour dessiner les formes de base. Ajustez la position des lignes à mesure que vous comparez les tailles, les formes et les angles avec votre modèle. En apprenant tôt à créer et travailler d'après des repères, vous pourrez utiliser avec succès vos propres références.

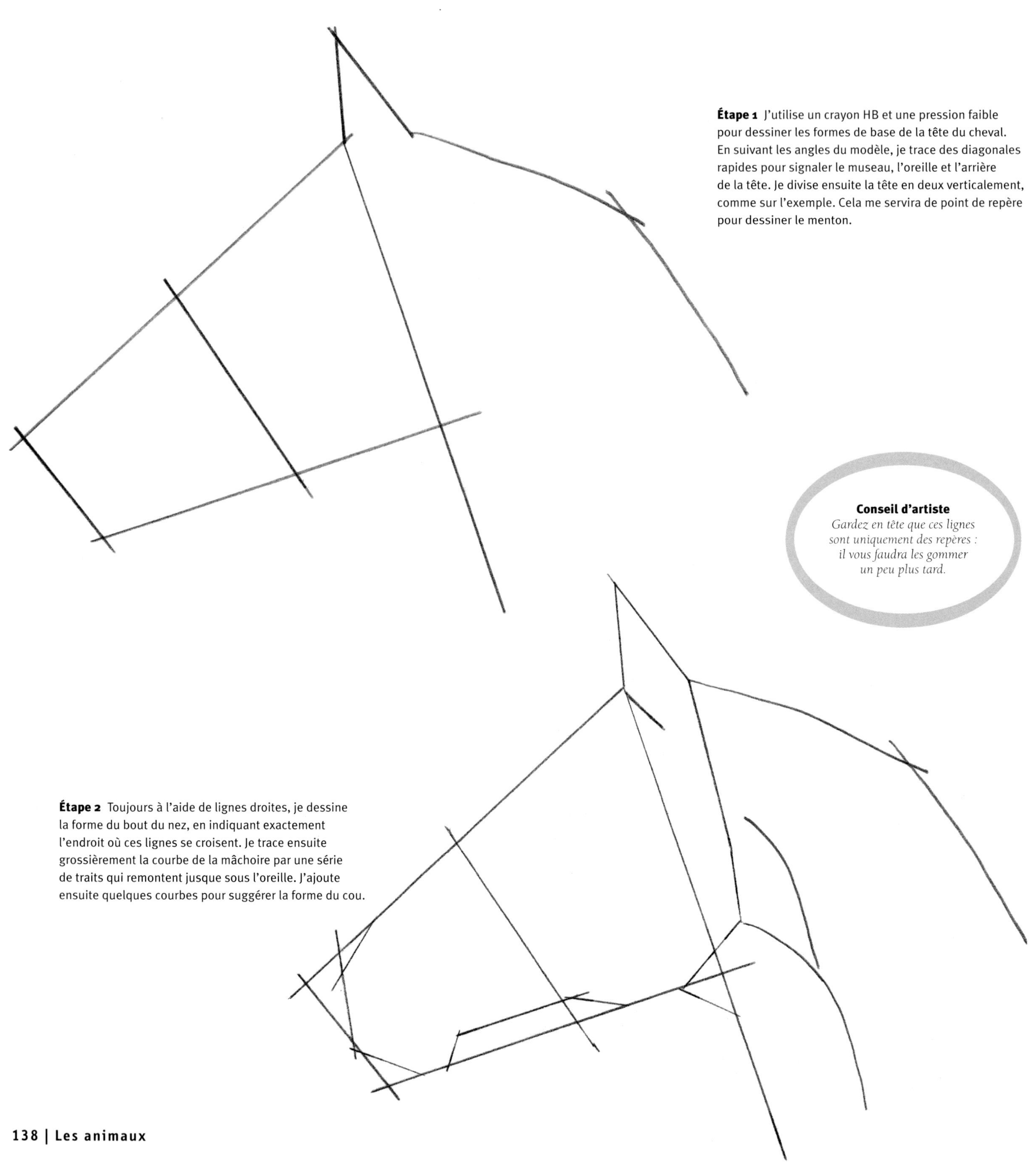

Étape 1 J'utilise un crayon HB et une pression faible pour dessiner les formes de base de la tête du cheval. En suivant les angles du modèle, je trace des diagonales rapides pour signaler le museau, l'oreille et l'arrière de la tête. Je divise ensuite la tête en deux verticalement, comme sur l'exemple. Cela me servira de point de repère pour dessiner le menton.

Conseil d'artiste
Gardez en tête que ces lignes sont uniquement des repères : il vous faudra les gommer un peu plus tard.

Étape 2 Toujours à l'aide de lignes droites, je dessine la forme du bout du nez, en indiquant exactement l'endroit où ces lignes se croisent. Je trace ensuite grossièrement la courbe de la mâchoire par une série de traits qui remontent jusque sous l'oreille. J'ajoute ensuite quelques courbes pour suggérer la forme du cou.

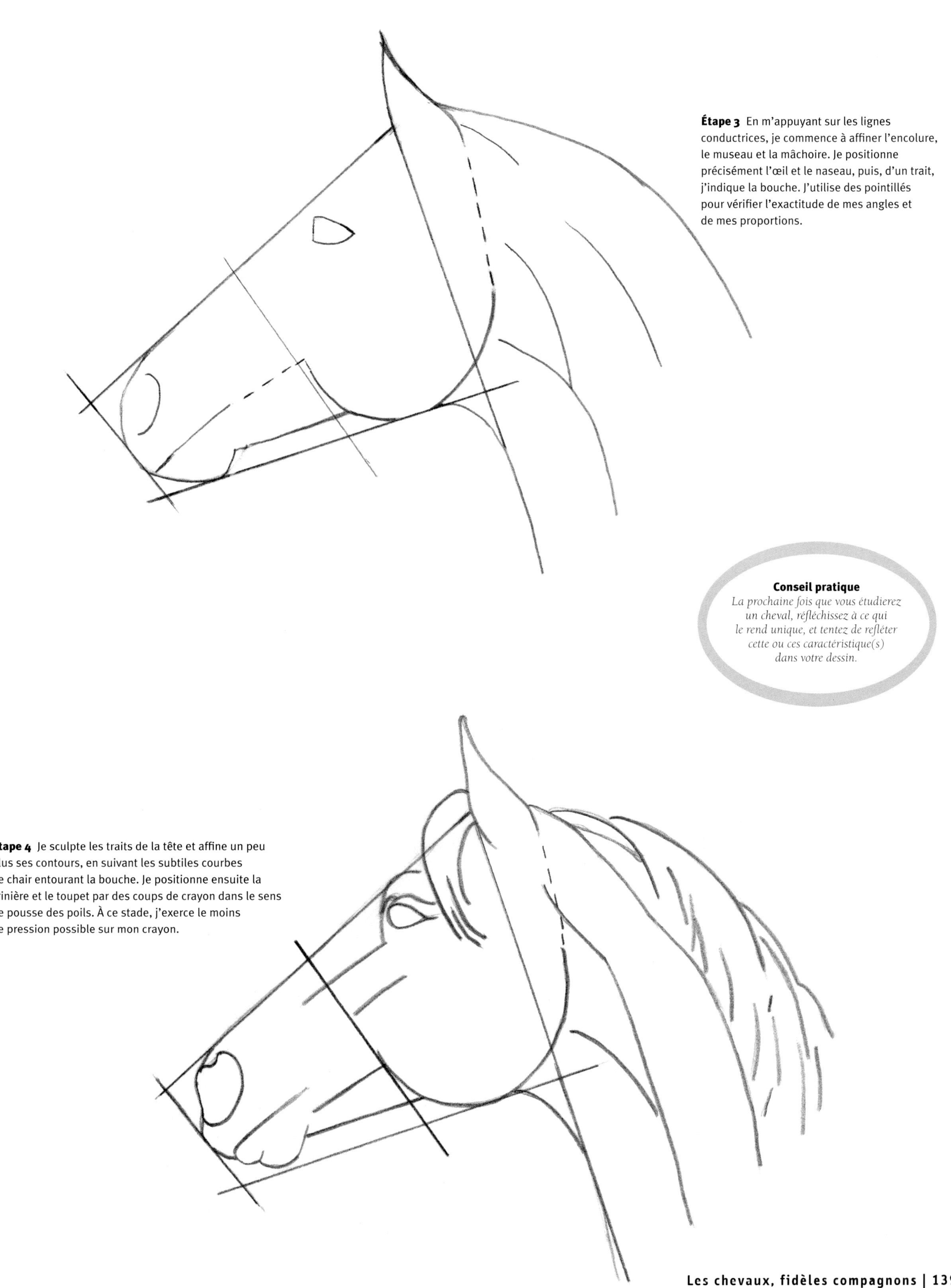

Étape 3 En m'appuyant sur les lignes conductrices, je commence à affiner l'encolure, le museau et la mâchoire. Je positionne précisément l'œil et le naseau, puis, d'un trait, j'indique la bouche. J'utilise des pointillés pour vérifier l'exactitude de mes angles et de mes proportions.

Conseil pratique
La prochaine fois que vous étudierez un cheval, réfléchissez à ce qui le rend unique, et tentez de refléter cette ou ces caractéristique(s) dans votre dessin.

Étape 4 Je sculpte les traits de la tête et affine un peu plus ses contours, en suivant les subtiles courbes de chair entourant la bouche. Je positionne ensuite la crinière et le toupet par des coups de crayon dans le sens de pousse des poils. À ce stade, j'exerce le moins de pression possible sur mon crayon.

Étape 5 Maintenant que les contours généraux sont tracés, je gomme mes premières lignes conductrices. J'adoucis également subtilement les contours pour qu'ils soient invisibles sur le dessin final. Pour cela, je tamponne doucement les lignes avec ma gomme mie de pain. Il m'arrive aussi de calquer les nouveaux contours sur une nouvelle feuille pour y poursuivre mon travail.

Étape 6 Je choisis un crayon 3B et applique des hachures souples dans les zones les plus sombres, comme sous la mâchoire, dans le naseau et l'œil, et dans la crinière et le toupet. Cette étape sert de référence pour l'échelle de valeurs du dessin et donc pour le développement des teintes et de la texture du pelage.

Conseil d'artiste

La lignée des pur-sang est née au XVIIe siècle d'un croisement entre des juments anglaises et des étalons arabes. Originellement destiné aux épreuves de course, ce cheval est toujours réputé pour sa vitesse et sa robustesse athlétique.

Étape 7 Une fois mes valeurs de base établies, j'estompe mes traits à l'aide d'un tortillon. Pour donner plus de profondeur aux valeurs, je continue à tracer des traits et à les estomper, en utilisant un crayon 6B pour les valeurs sombres les plus foncées. Si j'estompe un dégradé sur la tête du cheval, je me sers d'une gomme mie de pain pour retirer le graphite.

Portrait d'un pur-sang

Lorsque vous cherchez un modèle, souvenez-vous que vous n'avez pas l'obligation de vous cantonner à une photo unique : il est en effet conseillé de réunir plusieurs documents de référence. Vous pouvez faire valoir votre droit à la licence artistique (la prérogative d'un artiste à modifier une scène ou un sujet) pour combiner différentes parties de photos. Par exemple, si vous avez un modèle dont la composition vous plaît mais dont vous ne pouvez réaliser les détails, vous pouvez vous appuyer sur d'autres clichés où ces derniers sont mieux identifiables.

Combiner plusieurs sources Pour ce dessin, j'ai sélectionné deux photos de référence. Je préfère la position de la tête et la composition sur celle de gauche, mais le cheval n'est pas vraiment net. J'ai donc choisi de la prendre sur la photo de droite car elle offre au contraire une grande netteté de traits.

Étape 1 Je trace les bases de ce portrait à l'aide d'ovales pour la tête et le bout du nez afin de placer les points de référence qui serviront à sculpter le visage. Par exemple, la courbe horizontale tout en haut situe la position de la partie haute des yeux. Je trace à présent deux lignes pour situer l'encolure et une courbe pour la mâchoire. Je positionne ensuite avec exactitude la forme des oreilles.

Étape 2 Je trace une dernière ligne conductrice sur la partie gauche de la tête du cheval pour former la « parabole » du museau (le creux allant du naseau au bas de l'œil, caractéristique des pur-sang arabes). À partir des lignes conductrices, je trace les contours et ajoute quelques détails sur le visage. Je dessine ensuite rapidement la crinière et le toupet par des coups de crayon rapides et relâchés dans le sens de pousse des crins.

Étape 3 À ce stade, je gomme les lignes dont je n'ai plus besoin et je rafraîchis mes contours (si vous constatez que vos lignes ne partent pas bien, je vous conseille de transférer les nouveaux contours sur une feuille vierge – voir « Transférer votre dessin » page 144). Je continue à développer les contours, marquant les volumes subtils de la tête et de l'encolure.

Étape 4 Je prends maintenant un crayon 3B pour hachurer l'ombre des oreilles, du visage et de l'encolure, en donnant des coups de crayon le long des courbes pour définir les volumes. J'utilise des traits souples volontairement, car ils seront plus tard fondus pour créer un pelage lisse. J'augmente progressivement la valeur du toupet par de longs traits légers, en laissant des espaces pour les zones de reflet.

Étape 5 Une fois les valeurs de base établies, je développe les ombrages pour assombrir la valeur globale du portrait. À l'aide d'un tortillon, j'adoucis et je fonds les couches de traits pour une teinte plus uniforme et homogène. Je sculpte le toupet par des lignes de valeurs variables, donnant ainsi au crin un aspect réaliste.

Transférer votre dessin

Une fois que vous avez tracé les contours de votre esquisse, il se peut que vos lignes conductrices et autres tracés ne se gomment pas bien. Si c'est le cas, il vous suffit de calquer votre dessin sur une nouvelle feuille.
Pour cela, retournez votre dessin et recouvrez le verso d'une couche de graphite uniforme. Déposez-le ensuite (côté maculé) sur votre feuille à dessin vierge. À l'aide d'un crayon HB, repassez précautionneusement sur vos lignes. Elles seront transférées sur la feuille vierge.

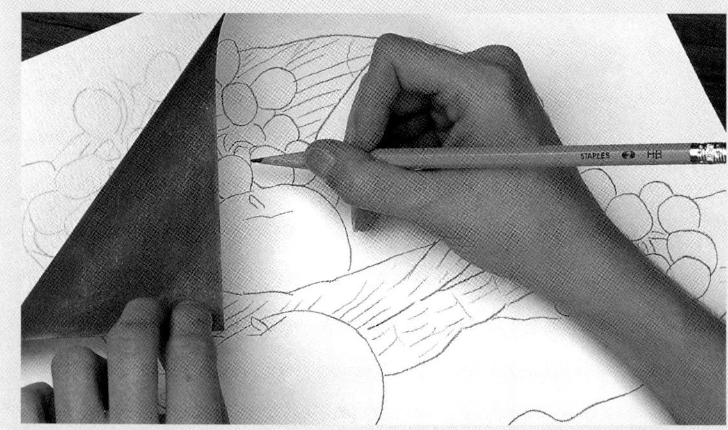

Étape 6 Dans cette dernière étape, mon travail consiste à conférer aux valeurs leur pleine intensité. Je choisis un 6B pour produire une teinte douce et sombre qui se prête bien aux fondus. Je me concentre sur les zones à ombrer. Une fois que les valeurs les plus foncées correspondent au modèle, j'estompe ou je renforce les reflets à l'aide d'une gomme mie de pain. Pour les reflets de la crinière, je modèle la gomme en une pointe et balaie la crinière çà et là dans le sens de pousse des crins.

Le poney

Les poneys ne sont pas seulement de petits chevaux ; ce sont des espèces à part entière. Plus petits que les chevaux, les poneys ont les pieds plus sûrs. Ils sont aussi dotés d'un très fort instinct de conservation.

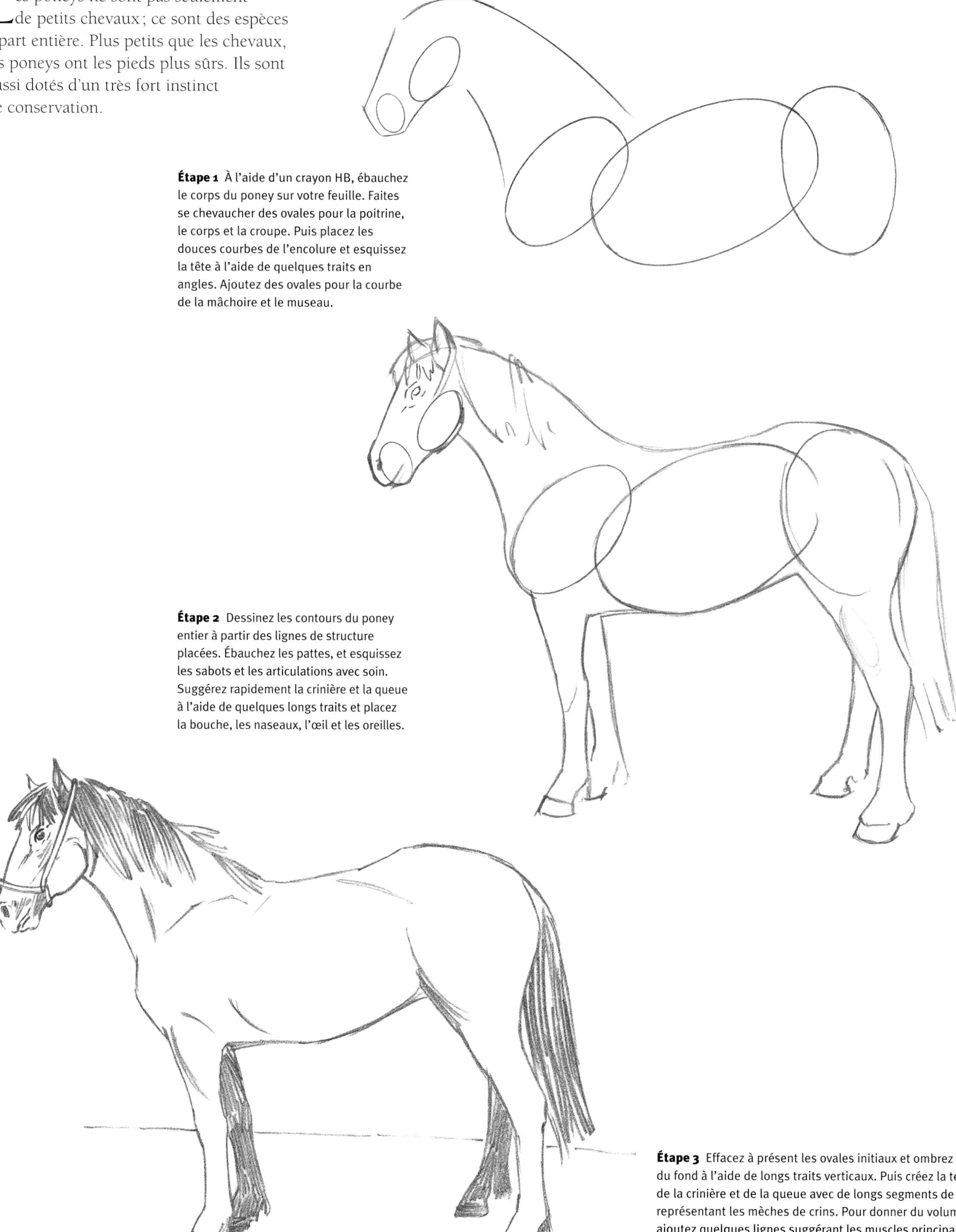

Étape 1 À l'aide d'un crayon HB, ébauchez le corps du poney sur votre feuille. Faites se chevaucher des ovales pour la poitrine, le corps et la croupe. Puis placez les douces courbes de l'encolure et esquissez la tête à l'aide de quelques traits en angles. Ajoutez des ovales pour la courbe de la mâchoire et le museau.

Étape 2 Dessinez les contours du poney entier à partir des lignes de structure placées. Ébauchez les pattes, et esquissez les sabots et les articulations avec soin. Suggérez rapidement la crinière et la queue à l'aide de quelques longs traits et placez la bouche, les naseaux, l'œil et les oreilles.

Étape 3 Effacez à présent les ovales initiaux et ombrez les pattes du fond à l'aide de longs traits verticaux. Puis créez la texture de la crinière et de la queue avec de longs segments de droite représentant les mèches de crins. Pour donner du volume au corps, ajoutez quelques lignes suggérant les muscles principaux. Vous pouvez encore donner du volume à la tête en ombrant légèrement et uniformément quelques zones. Enfin, dessinez les contours du licol.

Anatomie du cheval et du poney

Il est inutile d'apprendre le nom de chaque os ou muscle d'un animal pour le dessiner correctement. Cependant, cela peut aider d'avoir un minimum de connaissances sur l'anatomie générale de son modèle. Par exemple, si vous avez une idée de la composition du squelette du cheval et de sa musculature sous son pelage, vous en dessinerez les volumes de manière plus réaliste. Les poneys, même s'ils diffèrent des chevaux par la taille et les proportions, présentent la même anatomie générale que ceux-ci. Connaître la forme des os vous aidera en outre à dessiner des jambes, des sabots et des têtes qui ont l'air vrais. Et savoir quels sont les principaux groupes de muscles vous permettra de placer ombres et rehauts avec discernement pour donner vie à votre cheval ou à votre poney.

Il est facile de dessiner le corps d'un cheval à partir du moment où on le décompose en formes et volumes élémentaires. Commencez par placer cercles, cylindres et trapèzes comme dans le croquis ci-contre de sorte à avoir une bonne idée générale des proportions des différentes parties du cheval comme sa tête, son encolure, son ventre et ses membres. Reliez ensuite tout simplement ces formes, affinez votre tracé et ajoutez quelques détails pour obtenir un contour proche de la réalité de votre modèle.

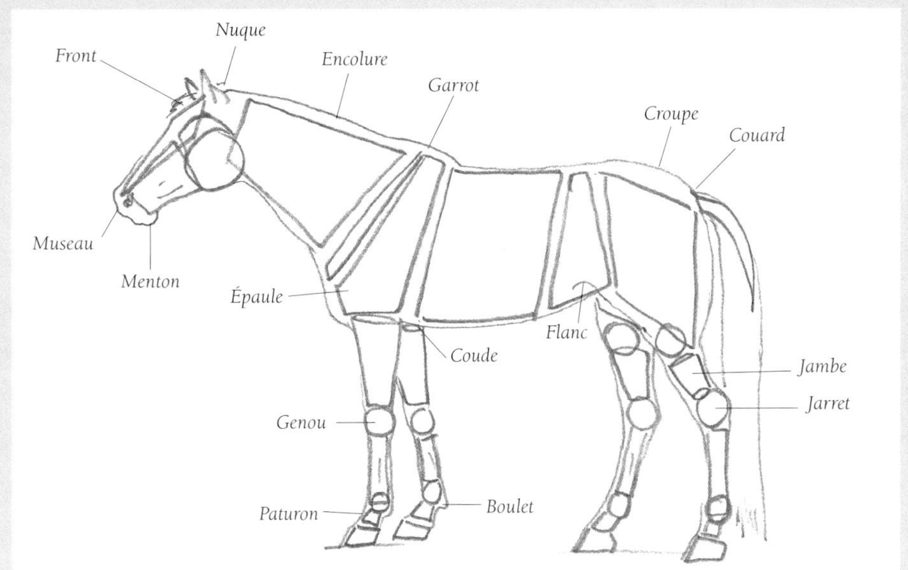

Étape 4 Ancrez votre poney dans le sol en ajoutant quelques ombres portées et en suggérant l'étable par quelques lignes légères à l'arrière-plan. Veillez à ce que ces dernières touches restent fines et claires pour ne pas concurrencer le poney. Enfin, achevez le corps du poney en l'ombrant avec des hachures parallèles qui suivent la forme de ses muscles. Cette technique produit un effet légèrement stylisé. Terminez en retouchant les détails de la tête avec quelques ombres supplémentaires.

LE CORPS D'UN POULAIN

Les poulains ont une grande joie de vivre et aiment beaucoup s'amuser. Ils aiment courir et ruer, et ils adorent se faire admirer, tout comme les enfants qu'ils sont. Essayez de saisir cette espièglerie dans vos dessins.

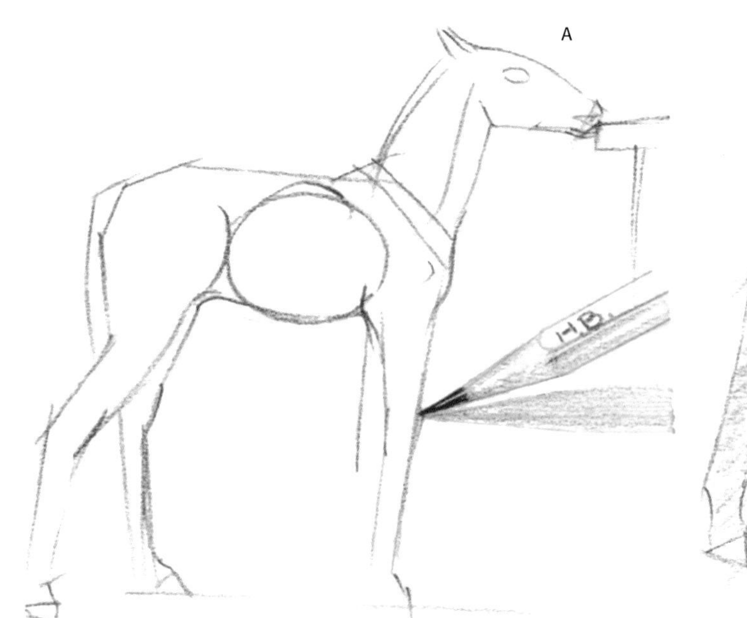

Pour croquer le poulain ci-dessus, commencez par tracer un ovale au crayon HB. Esquissez ensuite les parties du corps autour de cette silhouette, en vous assurant que tous vos éléments sont dessinés dans les proportions correctes. Remarquez combien les jambes du poulain sont longues par rapport à son corps. Employez ensuite un crayon 6B pour ombrer l'animal, en fondant certaines zones avec une estompe pour lui donner l'air doux et rondelet.

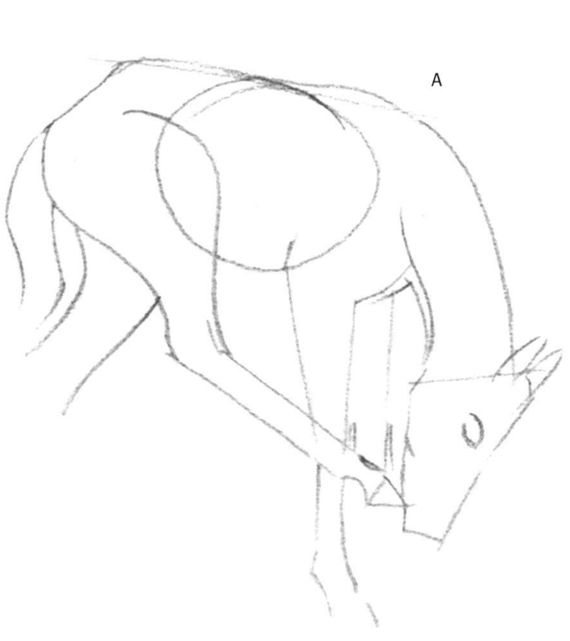

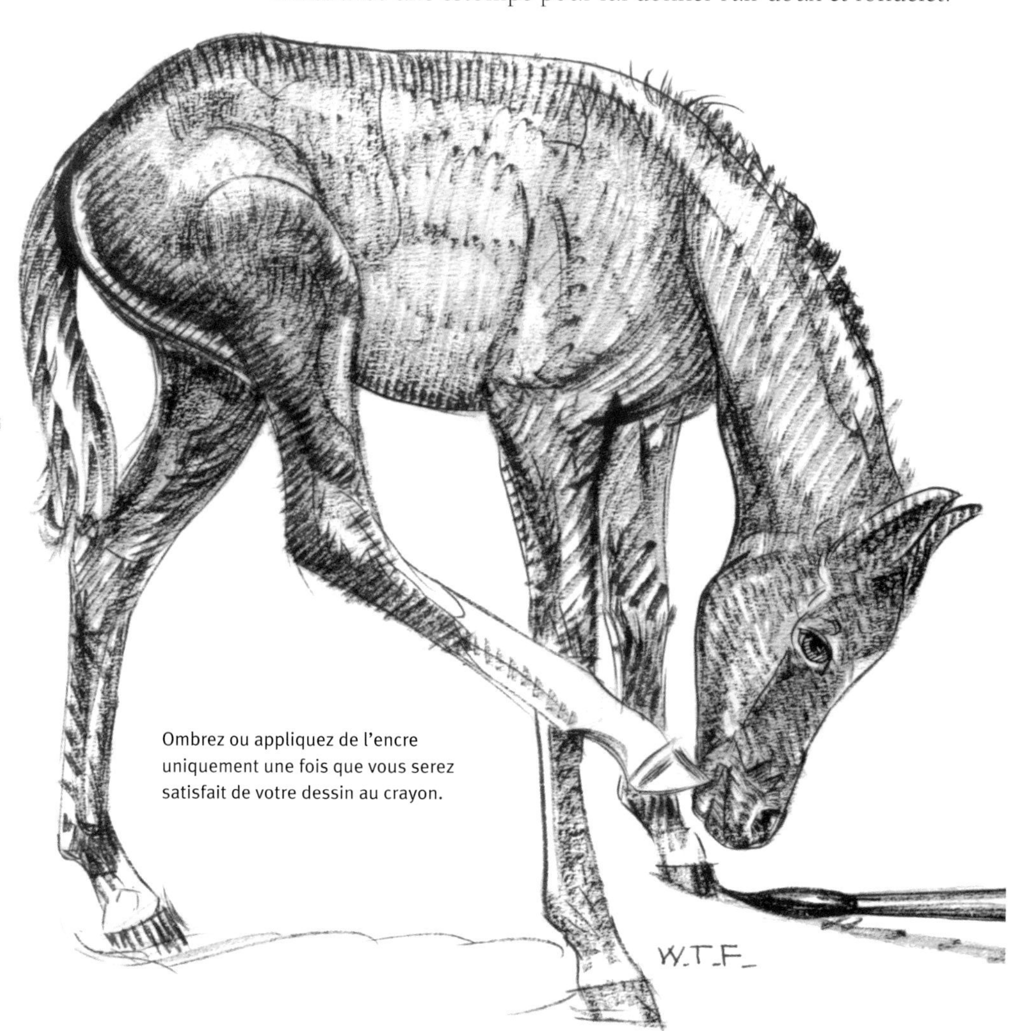

Ombrez ou appliquez de l'encre uniquement une fois que vous serez satisfait de votre dessin au crayon.

Ce dessin a été fait sur du papier torchon, et fignolé avec la technique de la *brosse sèche*. Après avoir travaillé le contour du poulain au crayon, appliquez les valeurs claires et moyennes avec des lavis à l'encre de Chine ou à l'aquarelle noire. Utilisez ensuite un pinceau sec et de l'encre non diluée pour poser les ombres et les détails les plus foncés. La technique de la brosse sèche produit des lignes grossières, cassées, aux bords cannelés, ce qui est une façon facile de créer de la texture.

Ici aussi des couches de lavis à l'encre ont été utilisées pour obtenir un dessin plus compact. Après avoir ébauché la silhouette de base du corps au crayon HB, affinez les lignes jusqu'à ce que vous soyez satisfait de vos proportions et de vos contours. Utilisez ensuite un pinceau propre pour appliquer de l'eau pure sur le corps du poulain, en faisant bien attention à ne pas déborder de ses contours. Après, chargez votre pinceau d'encre diluée, et passez-le en lavis sur le corps en couches unies et régulières. Cette technique appelée *mouillé sur mouillé*, produit des mélanges doux et libres. Notez cependant que les lavis sont plus difficiles à contrôler avec cette méthode que lorsqu'on peint en mouillé sur sec ou avec la technique de la brosse sèche.

Essayez de peindre en mouillé sur mouillé, ou laissez sécher votre papier entre les lavis. Quand vous appliquerez vos lavis, laissez quelques zones plus claires pour les rehauts et appliquez des couches d'encre supplémentaires pour les zones foncées du cou et du ventre. Utilisez le bout d'un pinceau sec pour dessiner les contours fins et les détails.

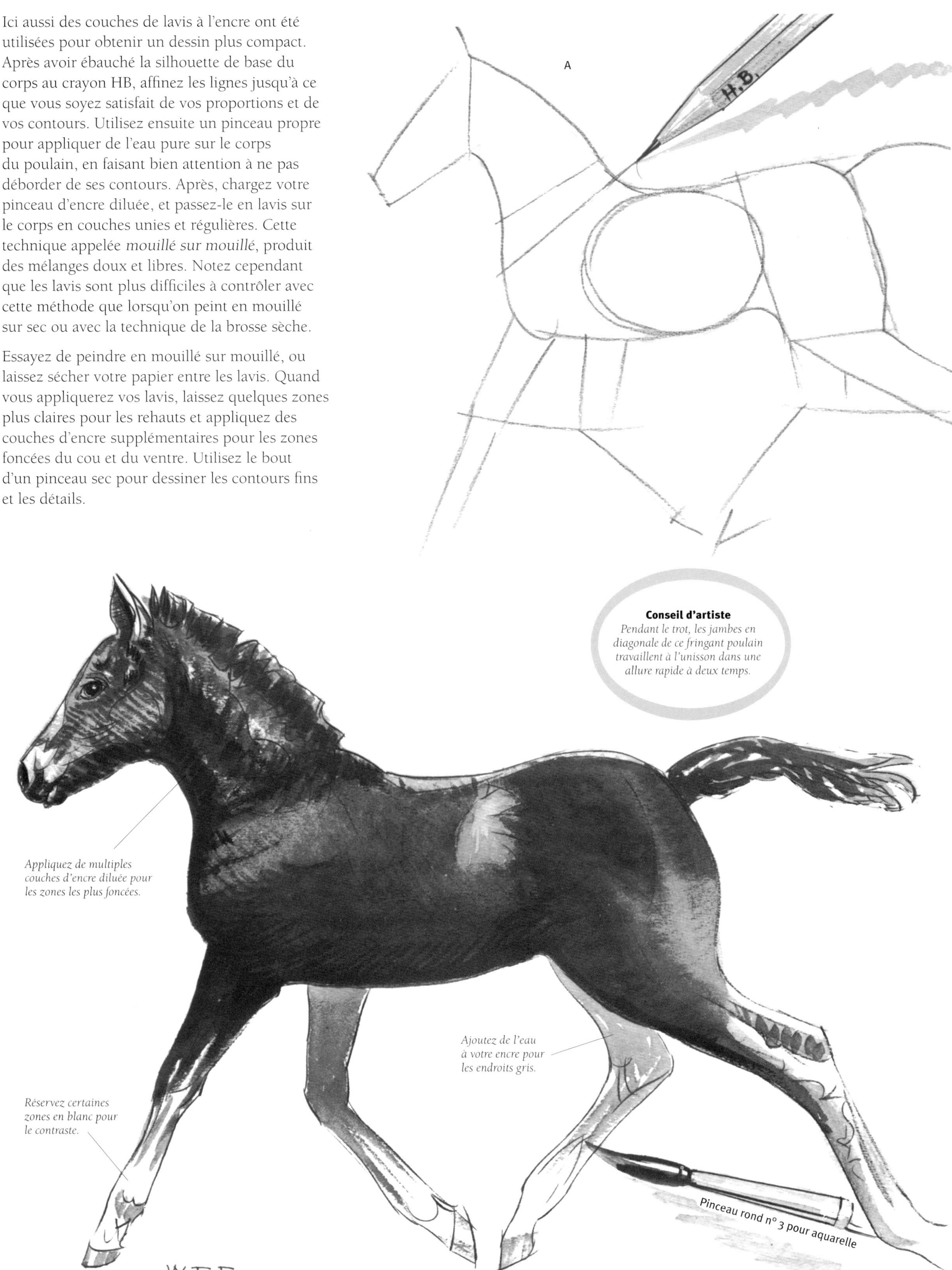

Appliquez de multiples couches d'encre diluée pour les zones les plus foncées.

Ajoutez de l'eau à votre encre pour les endroits gris.

Réservez certaines zones en blanc pour le contraste.

Conseil d'artiste
Pendant le trot, les jambes en diagonale de ce fringant poulain travaillent à l'unisson dans une allure rapide à deux temps.

L'ARABE

L'arabe est un cheval fougueux au port de queue flamboyant et au profil concave particulier. Bien que de stature plutôt petite, cette race est célèbre pour son endurance, son corps gracieux, son intelligence et son énergie. Essayez de saisir son physique élancé et sa fougue dans vos dessins.
Ébauchez le corps au crayon HB, en plaçant l'ovale pour le corps légèrement de biais afin d'indiquer qu'il sera en perspective. Faites bien attention, lorsque vous esquisserez la tête, à mettre l'accent sur le nez concave, les grands naseaux et le petit museau. Lorsque vous commencerez à ombrer aux étapes B et C, tracez des traits lâches et spontanés pour la crinière et la queue, et accentuez la courbure gracieuse du cou.

Accentuez le poitrail et le chanfrein étroits de ce cheval afin de rendre sa constitution plus délicate.

Affinez votre ombrage avec un crayon à mine tendre et une estompe, en réservant de grandes zones en blanc pour les rehauts. Ces rehauts montrent que la robe du cheval est brillante et ils indiquent la direction de la source lumineuse.

Sous cet angle, la colonne vertébrale est visible. Ajoutez un ombrage subtil à cet endroit et le long du garrot afin de donner du volume à votre dessin.

Conseil d'artiste
Les arabes étaient très prisés pour leur endurance et leur rapidité par les bédouins du désert.

Le poney Shetland

L'une des plus petites races de poneys est le Shetland, qui est un animal hardi, originaire des îles Shetland au large de l'Angleterre septentrionale. Ce spécimen a la tête petite, le cou épais et la constitution trapue caractéristiques de sa race.

Conseil d'artiste

On appelle poney toute race chevaline qui fait moins de 15 paumes, c'est-à-dire 1,50 m au garrot. Le petit Shetland fait environ 1,06 m au garrot.

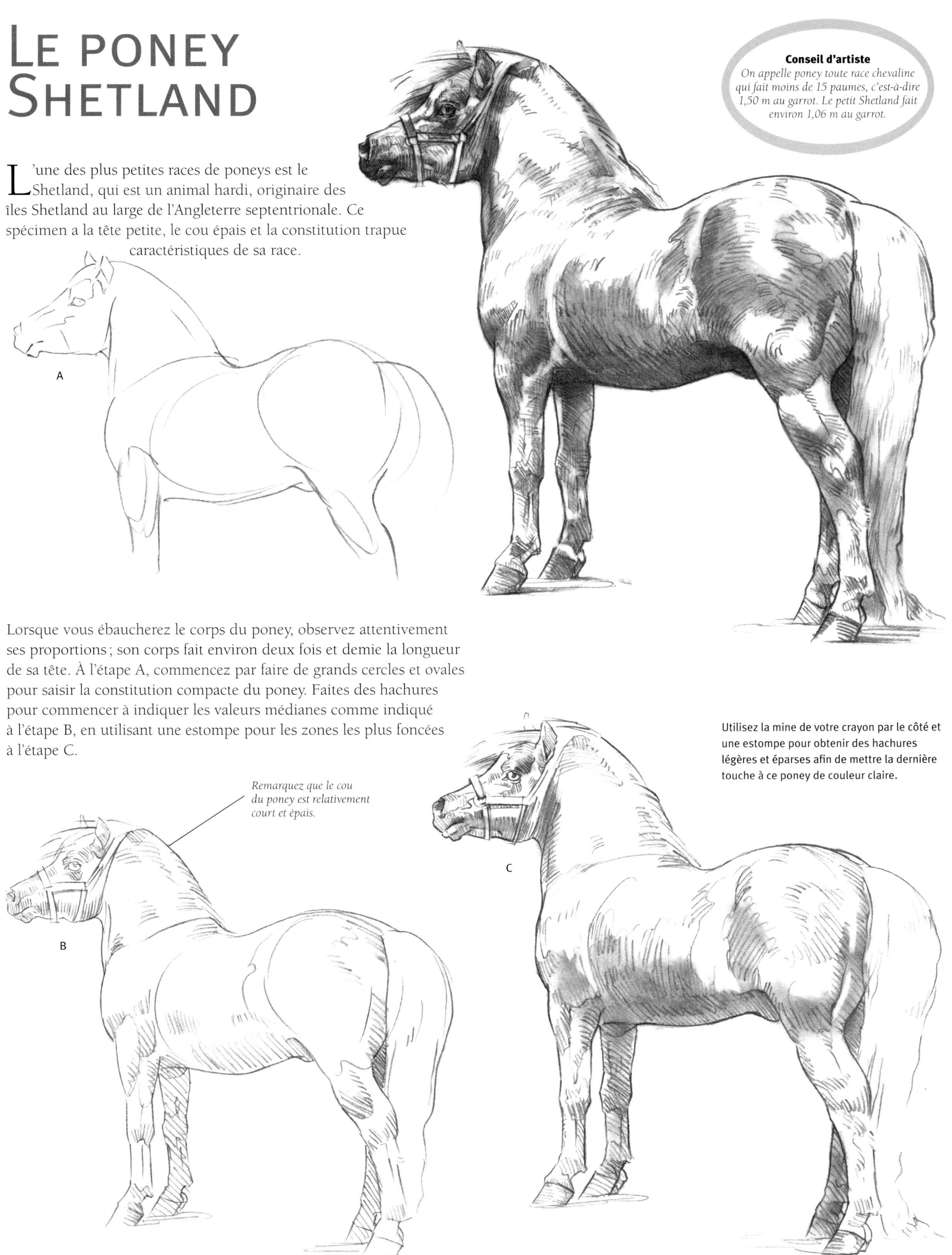

Lorsque vous ébaucherez le corps du poney, observez attentivement ses proportions ; son corps fait environ deux fois et demie la longueur de sa tête. À l'étape A, commencez par faire de grands cercles et ovales pour saisir la constitution compacte du poney. Faites des hachures pour commencer à indiquer les valeurs médianes comme indiqué à l'étape B, en utilisant une estompe pour les zones les plus foncées à l'étape C.

Utilisez la mine de votre crayon par le côté et une estompe pour obtenir des hachures légères et éparses afin de mettre la dernière touche à ce poney de couleur claire.

Le Quarter Horse

Le Quarter Horse est une race puissante et musculeuse, célèbre pour son agilité et ses capacités supérieures pour rassembler le bétail. Son nom Quarter Horse vient de la capacité de cette race à courir à grande vitesse sur des distances supérieures au quart d'un mile (environ 400 mètres). Mettez l'accent sur l'arrière-train puissant et le cou musclé lorsque vous dessinerez un cheval de cette race.

Cette pose représente un autre défi. Ici on voit le cheval de dos et de biais, ce qui implique qu'il va falloir utiliser la technique de la perspective pour votre dessin. En perspective signifie qu'il faut réduire ou déformer certaines parties d'un dessin afin de transmettre une impression de profondeur comme elle est perçue par l'œil humain. Dans le cas présent, le flanc du cheval est raccourci pour montrer que sa partie antérieure est la plus éloignée de l'observateur. En conséquence, la croupe et l'arrière-train semblent plus grands par rapport à la partie antérieure de l'animal, du fait que cette zone est plus proche de l'observateur.

Pour cette pose complexe, il faudra prendre votre temps et faire soigneusement votre croquis d'ébauche. Observez attentivement les distances entre les parties du cheval et leur taille les unes par rapport aux autres. Faites également attention à la forme des jambes ; ceci est un nouveau point de vue qui vous permet de définir le dos des paturons, des genoux et des sabots. Vérifiez minutieusement vos proportions, puis commencez à représenter les ombres et les zones de muscles à l'étape B.

Employez une estompe pour adoucir certaines de vos hachures d'ombrage afin d'obtenir des valeurs médianes ; construisez ensuite la forme en appliquant des valeurs plus foncées sur cette couche.

Cette zone a été raccourcie afin de donner l'illusion que l'arrière-train est le plus proche de l'observateur.

Lorsque vous poserez les valeurs foncées et moyennes à l'étape C, variez l'angle de vos hachures afin de suivre les plans des muscles, de la face, et des articulations des jambes. Pour votre ombrage final, utilisez un crayon 2B à mine tendre ainsi qu'une estompe afin d'adoucir vos traits, en réservant des rehauts importants qui rendront le brillant de la robe du cheval. Faites bien attention à ne pas surcharger les jambes lors de votre ombrage final ; les zones claires indiquent les « guêtres blanches » du cheval.

Il doit y avoir un fort contraste entre les valeurs foncées et les rehauts afin de mettre les muscles bien développés en évidence.

Conseil d'artiste
La hauteur d'un cheval, mesurée du sol au garrot, est généralement donnée en « paumes ». Une paume est égale à environ 10 cm, qui représentent la largeur approximative d'une main humaine.

LE TROTTEUR AMÉRICAIN

Le trot est une allure asymétrique à deux temps produisant un intéressant jeu de jambes. L'antérieur gauche et le postérieur droit sont projetés simultanément, suivis par l'antérieur droit et le postérieur gauche. À certains instants, aucun des quatre membres ne touche le sol, donnant l'impression d'un cheval volant. Ce projet présente le trotteur américain à l'échauffement – il avance à vitesse modérée et sa masse corporelle n'est pas entièrement déployée.

Définir la musculature Le sujet est ici un cheval de compétition, il est donc important de mettre en avant sa musculature fuselée. Je trace une croupe plate et des fessiers bien définis pour figurer la puissance de propulsion des membres arrière.

Étape 1 Je définis les contours de base du cheval à l'aide d'un crayon HB, en donnant des coups de crayon libres. J'exerce très peu de pression sur le crayon et gomme mes lignes pour les réajuster si nécessaire. J'ajoute quelques traits pour fixer la forme des muscles, là où les valeurs claires rencontrent les valeurs foncées.

Conseil d'artiste
Le trotteur américain est réputé pour ses performances dans les courses de trot attelé. Au trot, c'est le cheval le plus rapide du monde.

Étape 2 Lorsque le contour esquissé me convient, j'affine mes lignes avec précaution pour marquer les courbes et les angles subtils de mon sujet. J'applique ensuite de longs traits fuselés pour commencer à sculpter la crinière et la queue. Je développe ensuite mes lignes conductrices pour suggérer les muscles, tendons, ligaments et traits de la tête. À mesure que je progresse, je note sur le modèle les détails qui rendent cet instantané unique. Observez l'oreille gauche, légèrement tournée vers l'arrière pour écouter les commandes du cavalier, tandis que la droite est pointée vers l'avant pour « écouter » ce qui vient. Le naseau visible est légèrement dilaté sous l'effet de l'effort physique.

Conseil d'artiste
À cette étape, prenez soin de ne pas étaler le graphite et tacher le papier. Si vous êtes droitier, travaillez de gauche à droite. Si vous êtes gaucher, travaillez de droite à gauche.

Étape 3 Ici, je prends un 3B et ajoute du volume au sujet en appliquant des hachures. Je forme une teinte homogène sur la totalité du cheval, en commençant par les zones d'ombre pour avancer progressivement vers les parties plus claires. Pour suggérer le mouvement, j'évite les fondus et garde les teintes brutes.

Étape 4 Pour cette dernière étape, je me concentre sur les valeurs, en leur donnant plus d'intensité. Je me sers de mes crayons HB et 2B pour ombrager les zones les plus claires, mais je passe ensuite à un 6B pour les valeurs plus foncées. Choisissez les crayons les plus gras possible pour les zones les plus sombres, car les crayons secs peuvent « polir » le graphite et créer d'étranges reflets, voire endommager le papier.

Cheval et cavalier en mouvement

Lorsque vous représenterez un cheval avec son cavalier, il faut que les deux soient dessinés comme s'il s'agissait d'une entité : il faut les développer ensemble. Le corps du cavalier, sa jambe et la position de sa main sont des éléments importants qui, s'ils sont dessinés correctement, rendront votre dessin réaliste.

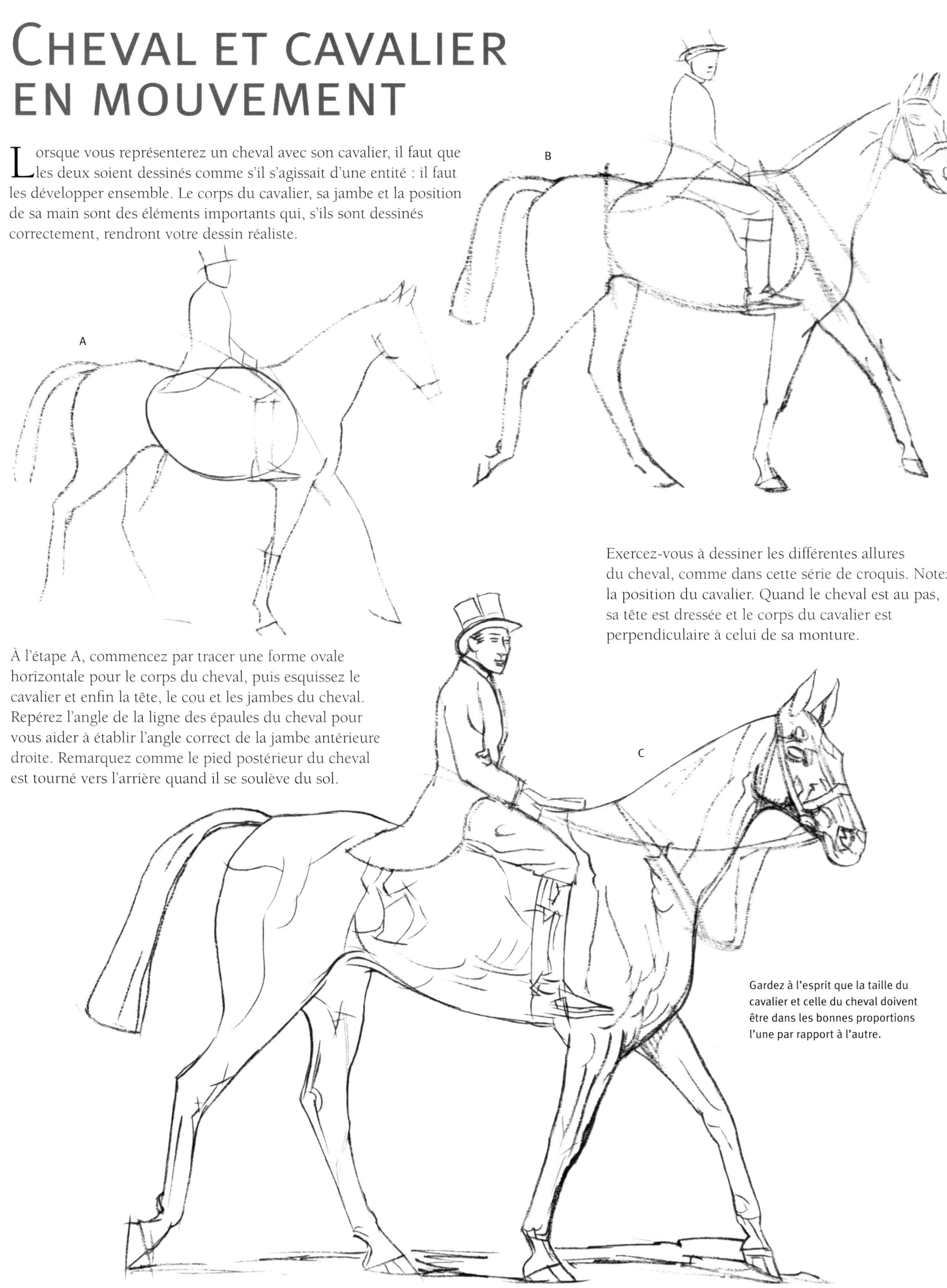

Exercez-vous à dessiner les différentes allures du cheval, comme dans cette série de croquis. Notez la position du cavalier. Quand le cheval est au pas, sa tête est dressée et le corps du cavalier est perpendiculaire à celui de sa monture.

À l'étape A, commencez par tracer une forme ovale horizontale pour le corps du cheval, puis esquissez le cavalier et enfin la tête, le cou et les jambes du cheval. Repérez l'angle de la ligne des épaules du cheval pour vous aider à établir l'angle correct de la jambe antérieure droite. Remarquez comme le pied postérieur du cheval est tourné vers l'arrière quand il se soulève du sol.

Gardez à l'esprit que la taille du cavalier et celle du cheval doivent être dans les bonnes proportions l'une par rapport à l'autre.

L'allure lente, à grandes foulées s'appelle le canter, ou petit galop. À ce pas modéré, le centre de gravité du cheval glisse légèrement vers l'avant, ce qui est évident dans la poussée en avant de la tête et du corps. Remarquez que le cavalier est penché en avant, vers la tête de son cheval, car il suit le mouvement de celui-ci avec son propre corps. Continuez à faire des traits harmonieux et lâches pour transmettre le sens du mouvement.

Conseil pratique
N'oubliez pas que le plus important lorsqu'on dessine c'est qu'il faut y prendre plaisir.

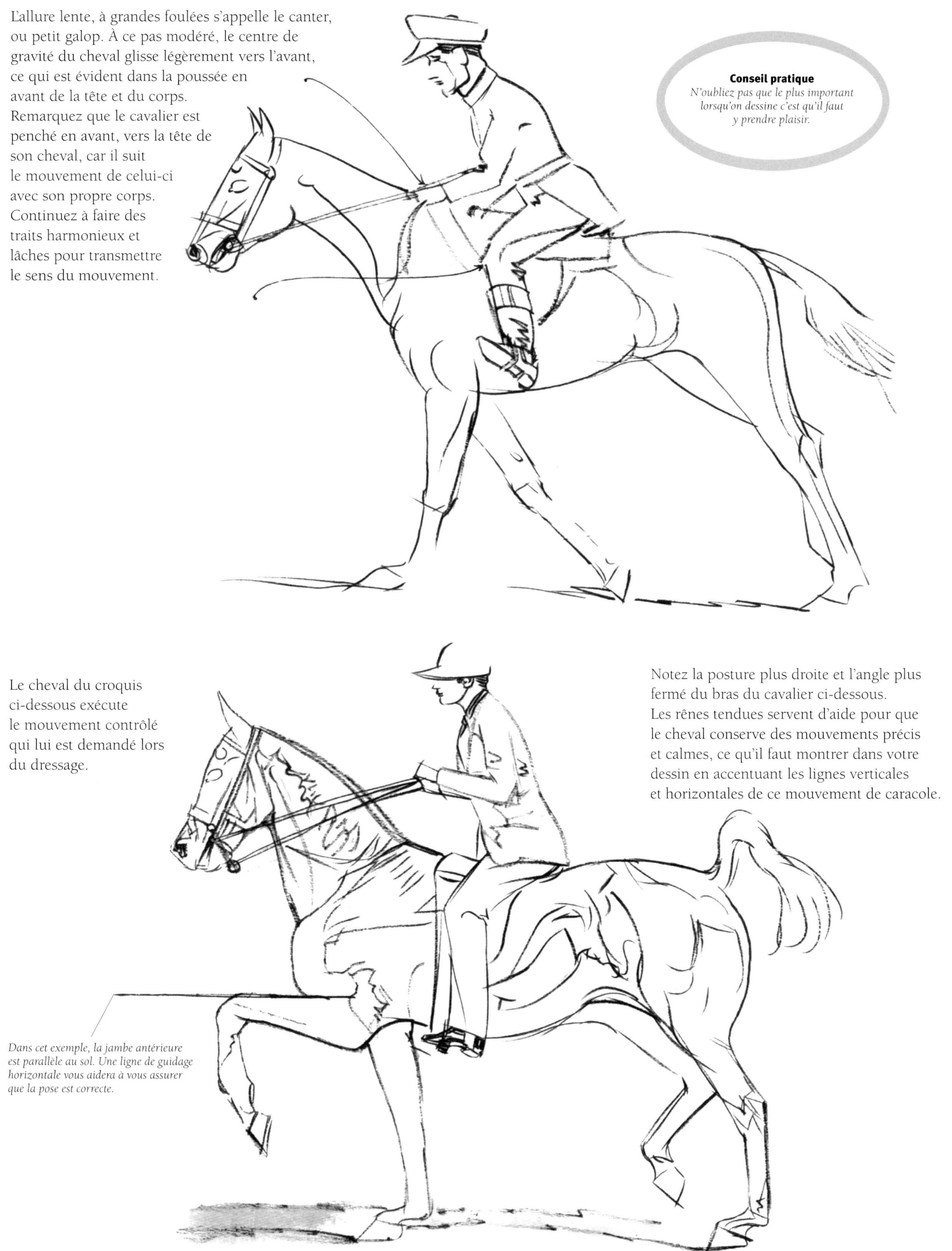

Le cheval du croquis ci-dessous exécute le mouvement contrôlé qui lui est demandé lors du dressage.

Notez la posture plus droite et l'angle plus fermé du bras du cavalier ci-dessous. Les rênes tendues servent d'aide pour que le cheval conserve des mouvements précis et calmes, ce qu'il faut montrer dans votre dessin en accentuant les lignes verticales et horizontales de ce mouvement de caracole.

Dans cet exemple, la jambe antérieure est parallèle au sol. Une ligne de guidage horizontale vous aidera à vous assurer que la pose est correcte.

Le saut

Le saut est un sport équestre passionnant, qu'il s'agisse de concours hippiques, de cross-country ou de steeple-chase. Remarquez la façon spectaculaire qu'a le cavalier de changer la position de son corps afin de suivre le mouvement de sa monture. Il doit en effet toujours rester sur le centre de gravité de son cheval afin de l'aider à garder son équilibre, et de ne pas le gêner dans son effort.

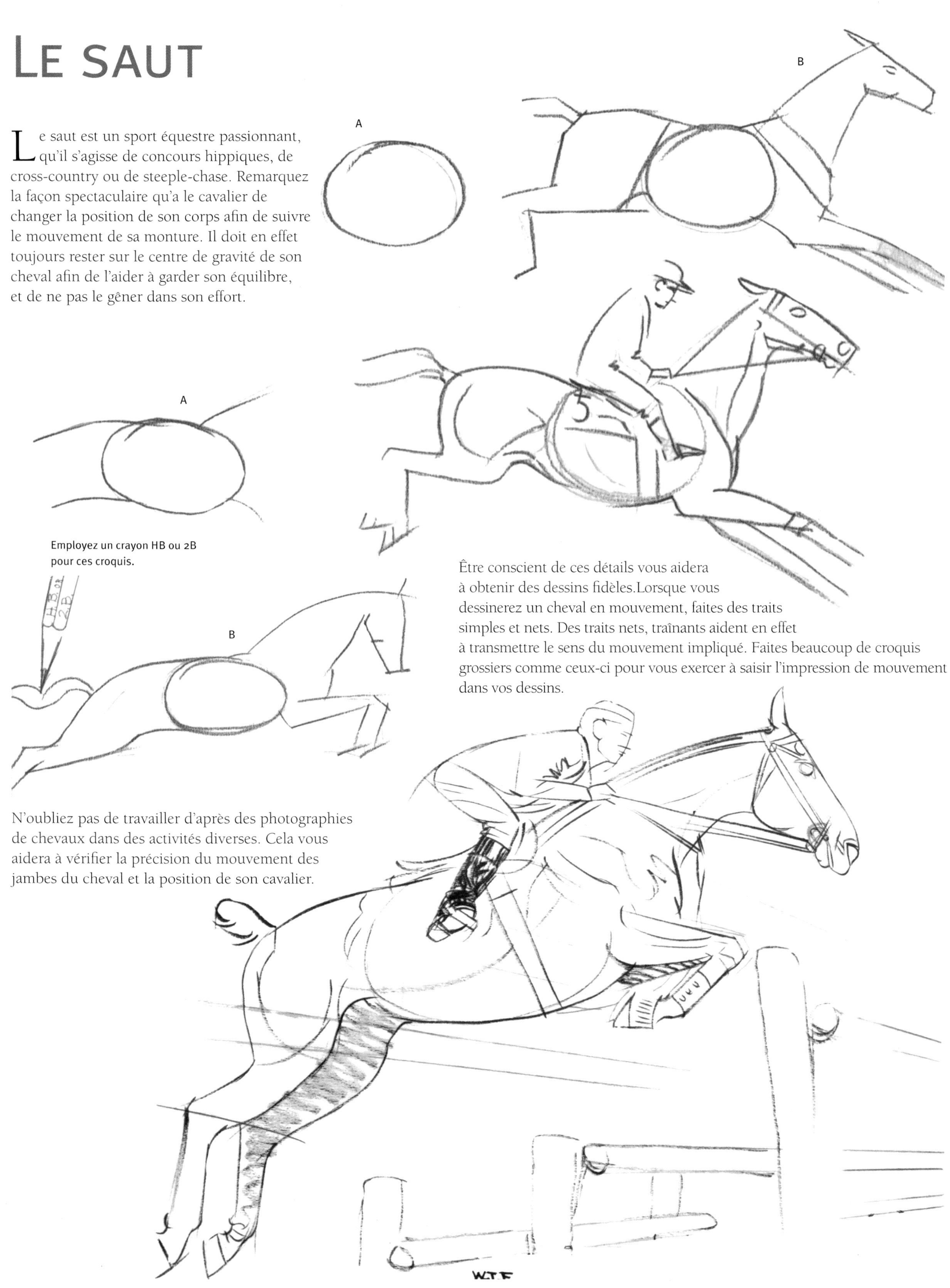

Employez un crayon HB ou 2B pour ces croquis.

Être conscient de ces détails vous aidera à obtenir des dessins fidèles.Lorsque vous dessinerez un cheval en mouvement, faites des traits simples et nets. Des traits nets, traînants aident en effet à transmettre le sens du mouvement impliqué. Faites beaucoup de croquis grossiers comme ceux-ci pour vous exercer à saisir l'impression de mouvement dans vos dessins.

N'oubliez pas de travailler d'après des photographies de chevaux dans des activités diverses. Cela vous aidera à vérifier la précision du mouvement des jambes du cheval et la position de son cavalier.

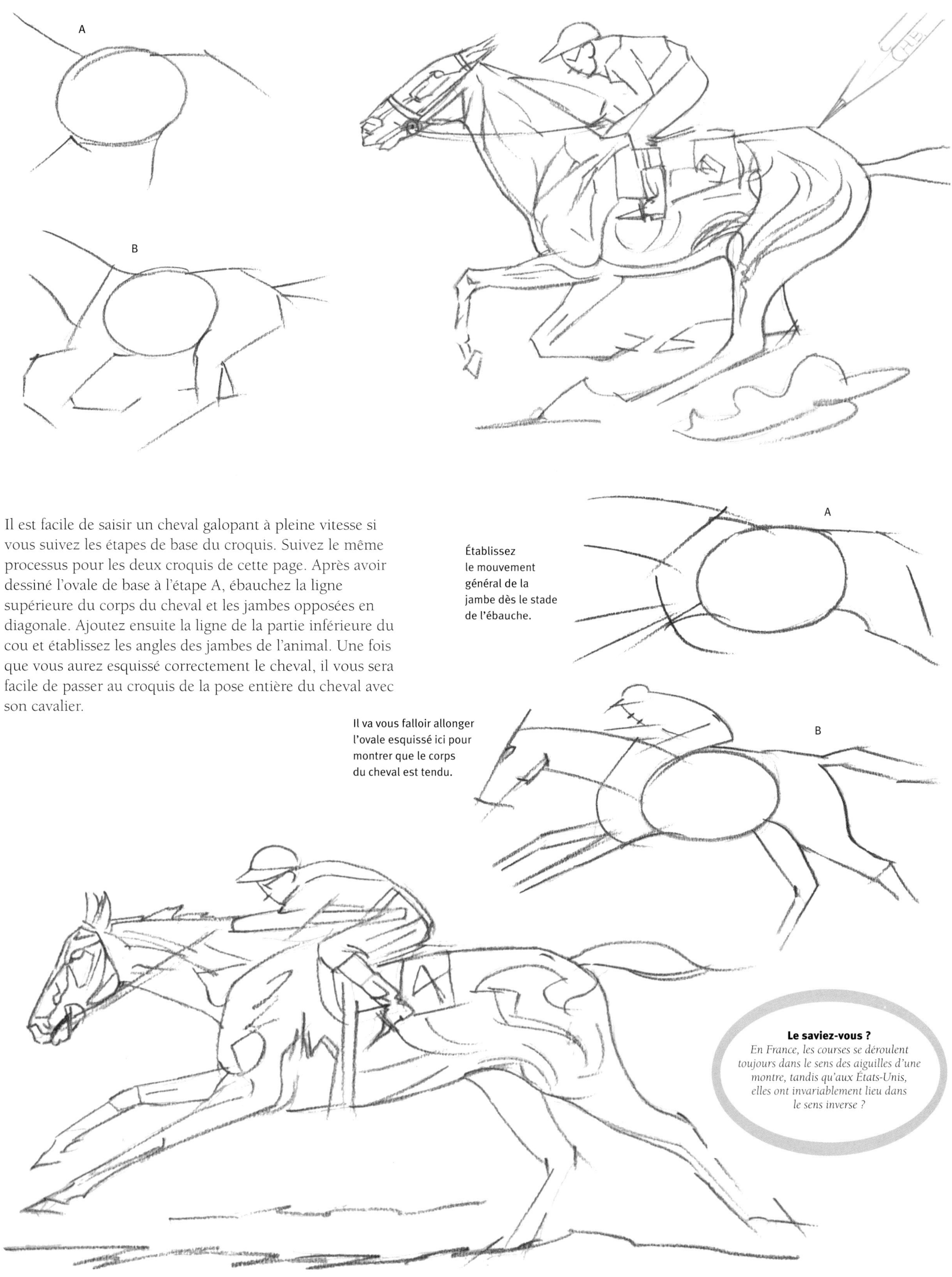

Il est facile de saisir un cheval galopant à pleine vitesse si vous suivez les étapes de base du croquis. Suivez le même processus pour les deux croquis de cette page. Après avoir dessiné l'ovale de base à l'étape A, ébauchez la ligne supérieure du corps du cheval et les jambes opposées en diagonale. Ajoutez ensuite la ligne de la partie inférieure du cou et établissez les angles des jambes de l'animal. Une fois que vous aurez esquissé correctement le cheval, il vous sera facile de passer au croquis de la pose entière du cheval avec son cavalier.

Établissez le mouvement général de la jambe dès le stade de l'ébauche.

Il va vous falloir allonger l'ovale esquissé ici pour montrer que le corps du cheval est tendu.

Le saviez-vous ?

En France, les courses se déroulent toujours dans le sens des aiguilles d'une montre, tandis qu'aux États-Unis, elles ont invariablement lieu dans le sens inverse ?

Cheval de selle américain et cavalier

L'allure du cheval de selle américain (ou Saddlebred), qui évoque une pantomime, est très agréable à dessiner. Les longs sabots de ce cheval sont lourdement ferrés pour mettre en valeur ses mouvements et lui donner cette gracieuse prestance. Pour souligner l'élégance du cavalier et de sa monture, ajoutez des touches d'aquarelle noire qui donneront de la profondeur à votre dessin (voir l'encadré page 133 pour plus de détails sur l'ajout d'aquarelle).

Astuce
Tracez les lignes sans appuyer sur votre crayon, pour qu'elles n'apparaissent pas sous les couches d'aquarelle.

Étape 1 Avec un crayon HB, j'esquisse légèrement les formes de base du cheval et de son cavalier sur une feuille de papier épais. J'exerce très peu de pression sur ma mine afin de ne pas endommager le papier. Je veux aussi éviter d'avoir à le gommer trop souvent, car cela peut également l'abîmer et poser problème lors de l'application de l'aquarelle.

Astuce
Avant de passer à l'aquarelle, esquissez un sol en donnant quelques coups de crayons horizontaux.

Étape 2 Maintenant que les formes de base sont tracées, j'affine le contour et ajoute des détails un peu partout pour signaler les courbes, les creux, les bosses et les plis sur la peau du cheval et les vêtements du cavalier. Je positionne ensuite avec soin les traits du cheval et son équipement puis commence à sculpter la crinière et la queue par des lignes légèrement courbes.

Astuce
L'aquarelle n'est permanente qu'à première vue : vous pouvez corriger vos erreurs ou éclaircir une valeur à l'aide d'un pinceau humide et d'une feuille d'essuie-tout ou d'un tampon en coton.

Étape 3 Dans une palette à godets, je mélange plusieurs valeurs de teinte, du noir au gris pâle. Je commence par appliquer sur le papier une teinte très claire, en travaillant en premier sur les ombres. Je monte ensuite les valeurs sombres en appliquant des teintes de plus en plus foncées (si vous appliquez par erreur une teinte trop foncée, plongez simplement votre pinceau dans l'eau et fondez directement la peinture sur le papier). Pour la crinière et la queue, j'utilise la technique sèche (voir page 133 pour plus de détails sur l'ajout d'aquarelle), en glissant le pinceau dans le sens de la pousse des crins. Pour les détails, j'utilise une teinte foncée et la pointe du pinceau.
Les Saddlebred maîtrisent bien souvent cinq allures, ajoutant au pas, au trot et au galop le slow gait et le rack. Le slow gait est une allure à quatre temps rappelant une parade. Le rack est une version beaucoup plus rapide du slow gait, dans laquelle le cheval lève ses genoux et jarrets dans des mouvements brefs et secs.

Astuce
Pour assombrir la crinière et la queue du cheval, je brosse à sec avec une teinte plus foncée que dans l'étape 3, puis j'adoucis les traits à l'aide d'un pinceau légèrement mouillé.

Étape 4 Je continue à sculpter les volumes du cheval et de son cavalier en appliquant des couches de peinture, attendant qu'une couche soit sèche avant d'appliquer la suivante. Cette technique, appelée « glacis » permet de définir les valeurs progressivement et produit des gradations lisses et soyeuses. Une fois que j'ai donné aux ombres la valeur désirée, je perfectionne le dessin, en définissant très délicatement les plis des vêtements du cavalier et de la peau des membres du cheval.

Masterclass en portraits animaliers

Les trois éléments qui différencient un bon d'un très bon dessin sont la capacité d'observation, le savoir-faire technique et un sens aigu de la composition artistique. Vous allez apprendre dans ce chapitre à construire une composition pour un portrait animalier réussi. Le soin apporté aux détails et le plaisir de peaufiner son dessin sont également les secrets d'un portrait réussi. Cela demande naturellement d'avoir de l'intérêt pour le sujet traité et une capacité à saisir et à restituer le tempérament d'un animal. Le travail d'ombrage ainsi qu'une bonne perception des jeux d'ombre et de lumière permettent d'affiner toujours plus un dessin. C'est pourquoi ce chapitre vous présente des portraits animaliers aboutis détaillés en pas à pas.

Composition d'un dessin

La composition, c'est-à-dire l'arrangement des éléments dans une scène, peut tout aussi bien faire que défaire une œuvre. Si votre composition est monotone ou inintéressante, la qualité finale de votre dessin en pâtira. Certains artistes semblent avoir un don pour la composition… Mais il se cache bien souvent derrière ce don quelques principes de base et de nombreuses heures d'entraînement. Réfléchissez bien à votre dessin et organisez-le avant de commencer. Je « dessine » pour ma part au préalable toutes mes créations mentalement avant de le faire au crayon. Réalisez de rapides esquisses pour considérer tous les obstacles avant de vous lancer.

Techniques de composition

Je vous livre ici les trucs et astuces autour de la composition que j'ai appris au fil des ans. Et souvenez-vous : seuls ceux qui ne tentent rien ne font pas d'erreur. S'il vous semble que quelque chose cloche sur votre dessin, regardez-le à l'envers ou dans un miroir. Vous devriez mieux cerner ce qui vous dérangeait. Conservez tout ce que vous dessinez, c'est la meilleure méthode pour apprendre de vos erreurs. Consultez de temps à autre des dessins « ratés » pour ne pas les reproduire.

Nombres impairs et asymétrie

Les sujets sont généralement plus attractifs quand ils sont groupés en nombre impair. Pensez-y lorsque vous organiserez votre composition. Vous pouvez bien entendu utiliser des chiffres pairs dans vos compositions, mais assurez-vous que les sujets varient en taille – en dessinant par exemple des oisillons dans leur nid avec leur mère. Vous pouvez également introduire des touches d'asymétrie : trois grenouilles postées à l'extrémité d'une bûche observant une grenouille seule campée à l'autre extrémité.

La règle des tiers

Cette méthode consiste à diviser l'image en tiers (verticalement ou horizontalement, ou les deux) et positionner l'élément principal sur ou autour du point d'intersection des lignes. Vous évitez ainsi de mal le placer – sur les angles, le centre géométrique, le haut ou le bas de la composition. Sur l'exemple ci-contre, l'œil droit du petit tigre est positionné à l'intersection de deux lignes, créant une composition agréable à regarder.

Composition géométrique

Divisez votre composition en formes géométriques (rectangles, triangles ou cercles) et disposez les éléments du dessin où ces lignes se divisent et se croisent, ainsi que dans les surfaces créées. Observez les formes géométriques de votre dessin. L'aspect général est-il plutôt triangulaire ? Ou bien votre composition est-elle naturellement équilibrée autour du centre ? Voyez de quelle manière les formes dominantes guident vos yeux sur la page. Observez bien toutes les subtilités de votre dessin susceptibles de créer des divisions.

Utiliser des références

Lorsque vous organisez une composition, utilisez autant de modèles et de références que vous le pouvez pour explorer votre sujet à fond. Je base la majorité de mon travail sur des esquisses et des photos que j'ai prises. Je cherche aussi des informations sur Internet, dans les magazines, les livres ou sur d'autres photos. Attention : les photos prises avec flash risquent d'avoir des teintes monotones et des reflets artificiels, notamment dans les yeux. Pour cette raison, n'utilisez la photo qu'en référence, et non comme modèle absolu.

Si vous utilisez des références dont vous n'êtes pas le propriétaire, renseignez-vous au sujet des restrictions dues aux droits d'auteur. Si vous vous êtes appuyé sur l'œuvre d'un autre pour créer votre dessin, vous ne pouvez pas le vendre ou le publier en tant qu'original. Si vous avez un doute, je vous conseille de demander une permission d'utilisation à l'auteur avant de commencer. La plupart des photographes et artistes vous accorderont ce droit, mais certains pourront vous réclamer une petite compensation financière.

Utiliser des logiciels d'édition de photos

Lorsque je souhaite combiner des éléments provenant de différentes photos, il m'arrive d'utiliser un logiciel d'édition de photos pour les regrouper sur une même image. J'en fais la démonstration ci-dessous. J'ai pris plusieurs photos réussies de suricates, mais impossible d'en avoir une sur laquelle ils regardent tous dans la même direction. Je voulais les dessiner regroupés tous ensemble et tournés vers le spectateur. Pour cela, j'ai dû copier et coller des morceaux de trois photos différentes.

1 Voici mon cliché de référence. La position des corps me convient, mais seulement deux des sujets regardent en direction de l'appareil.

2 Sur ma deuxième photo, j'aime beaucoup la tête des deux sujets du milieu.

3 Je colle les deux nouvelles têtes sur l'un des calques de mon fichier, mais cela masque la tête du suricate au fond. Pour corriger cela, je retourne sur le premier calque pour sélectionner et copier la tête de ce suricate.

4 Je colle cette tête sur un nouveau calque de mon fichier de travail, en effaçant les parties de l'image masquant les sujets au premier plan.

5 Je sélectionne ensuite la tête du suricate tout à gauche de ma troisième photo et je la copie avant de la coller sur un nouveau calque.

6 Je manipule l'image sur chaque calque jusqu'à obtenir l'image que je désire. J'aime la composition triangulaire de ce groupe de suricates. J'enregistre ce fichier en tant qu'image définitive.

Les bases de la perspective

Pour qu'un dessin ait l'air réaliste, il doit donner l'impression d'occuper un espace tridimensionnel, avec de la profondeur et de la distance. Pour cela, il vous faut appliquer les règles de la perspective. La première (et principale) règle veut que les éléments les plus proches du spectateur soient plus grands que ceux qui en sont plus éloignés. Voici deux exemples : le premier est une perspective à un point de fuite, le second à deux points de fuite.

Perspective à un point de fuite Dans ce cas, on ne compte qu'un point de fuite (PF), c'est-à-dire que le point vers lequel toutes les droites convergent semble disparaître. Commencez par tracer une ligne horizontale sur votre feuille pour figurer la ligne d'horizon (LH), ou la hauteur du regard. Placez ensuite un point à l'extrémité gauche de LH pour figurer PF. Tracez ensuite une ligne verticale à l'extrémité droite perpendiculaire à LH. Environ trois quarts de cette ligne doivent être situés au-dessus de LH. Imaginez que cette ligne représente un poteau (ou une girafe). Tracez à présent une ligne partant du haut de ce poteau pour atteindre PF, puis une autre allant du pied du poteau (de la girafe) vers PF. Le « V » ainsi formé vous indique où devront se trouver le pied et le haut du poteau à chaque étape.

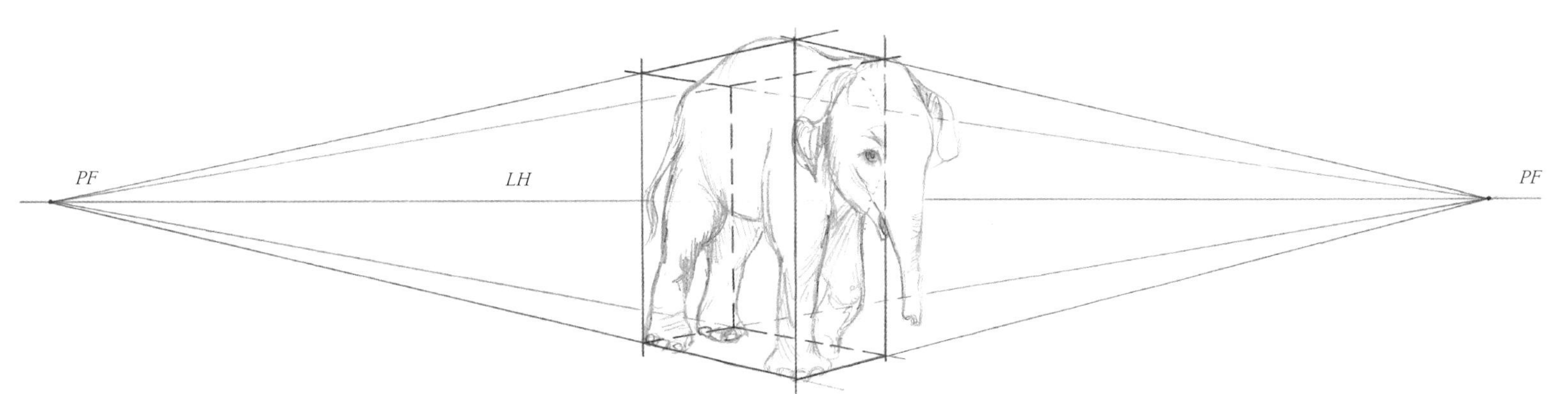

Perspective à deux points de fuite La meilleure façon d'illustrer une perspective à deux points de fuite est de dessiner un cube tridimensionnel. Commencez par dessiner une ligne d'horizon (LH) et placez un point de fuite (PF) à son extrémité gauche puis un deuxième à son extrémité droite. Tracez une droite perpendiculaire à LH environ à mi-chemin pour figurer le « poteau » central. Cette ligne doit s'étendre des deux côtés de LH sur une même longueur. Tracez des lignes au pied et en haut du poteau rejoignant chaque PF. Tracez deux autres lignes verticales à gauche et à droite du poteau central. Ces deux nouveaux poteaux représentent les angles de votre cube. Au point d'intersection de chaque poteau et des lignes de PF, tracez une ligne rejoignant le PF opposé. Ces lignes représentent les arêtes de l'arrière du cube, et leur point d'intersection vous indique la position du dernier poteau du fond, achevant ainsi votre cube. J'ai dessiné un éléphanteau dans mon cube pour illustrer l'impact de la perspective sur un animal. Les pieds de l'éléphant sont situés sur les angles du bas du cube, et la perspective des points de fuite a un impact direct sur leur emplacement.

Le raccourci

Le raccourci est un précieux outil pour créer une illusion de profondeur dans un dessin. Il répond à la même règle que la perspective : les éléments les plus proches du spectateur sont plus grands que ceux qui en sont plus éloignés. Pour créer cette impression sur votre dessin, il vous suffit de réduire les lignes sur les côtés de l'objet le plus proche du spectateur.

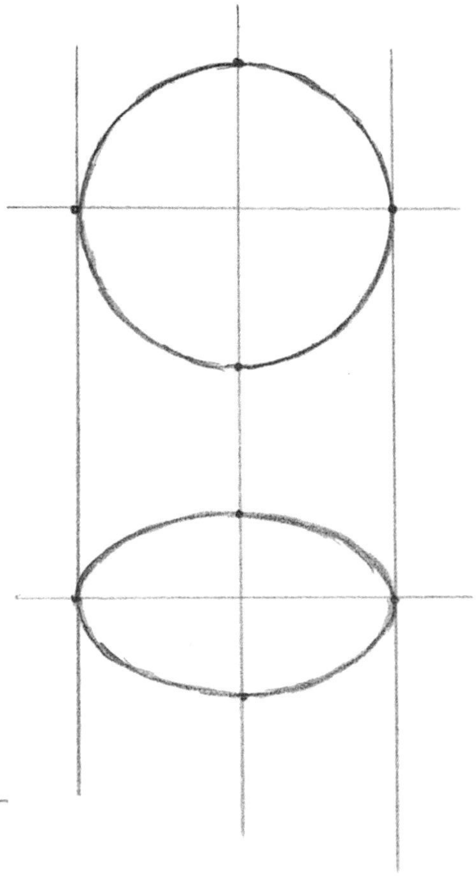

Exemple visuel Pour visualiser ce que le raccourci signifie, tenez une assiette (ronde) devant vous. Elle forme un cercle. À présent, inclinez-la légèrement en l'éloignant progressivement de vous. Elle vous semble alors plus petite : elle forme à présent une ellipse.

Reconnaître une réduction Cette esquisse d'un iguane illustre la méthode à merveille. Notez la différence de taille entre la patte droite et la patte gauche de l'animal. Cette dernière a été grossie car elle est bien plus proche du spectateur.

Incorrect

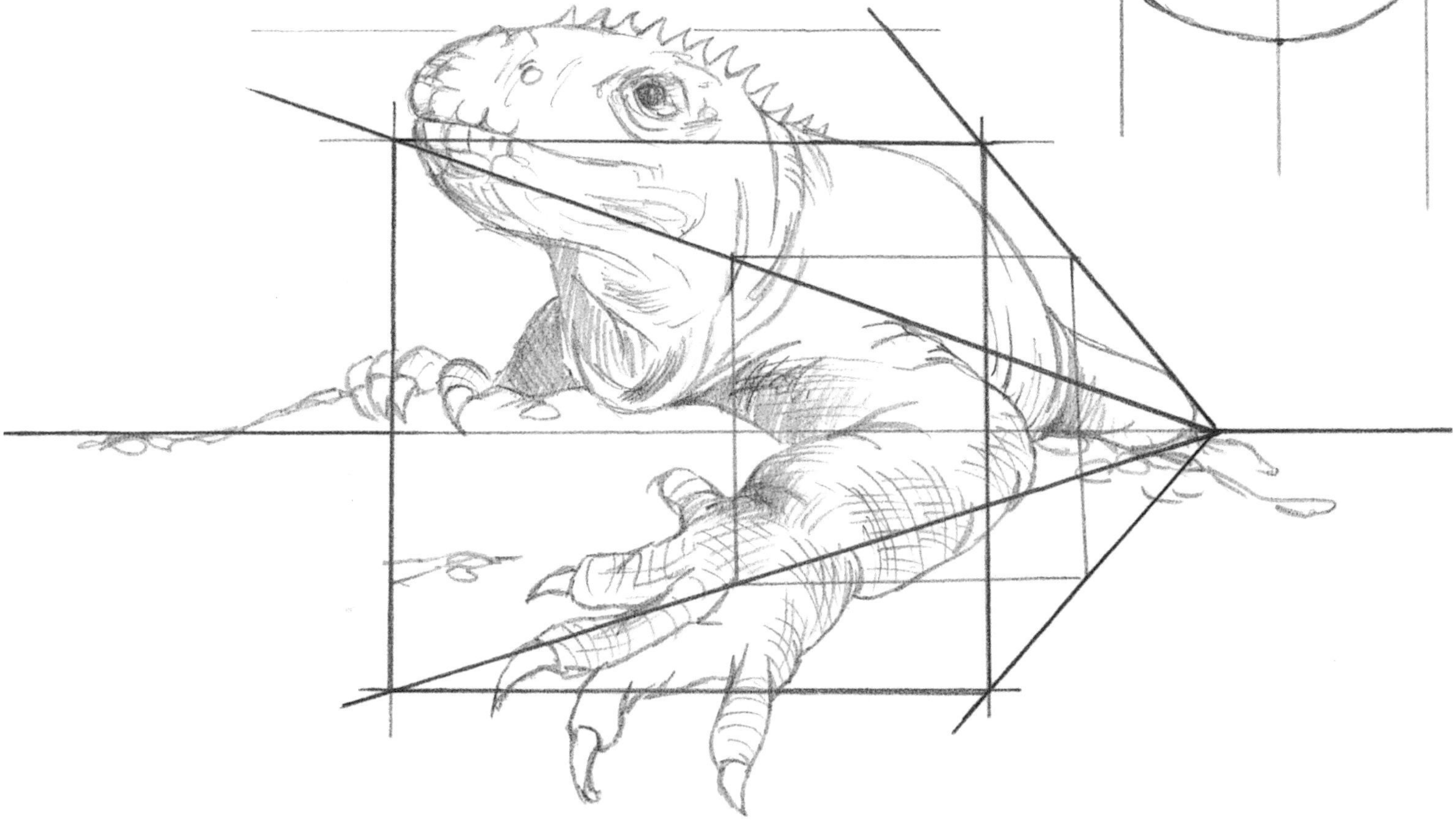

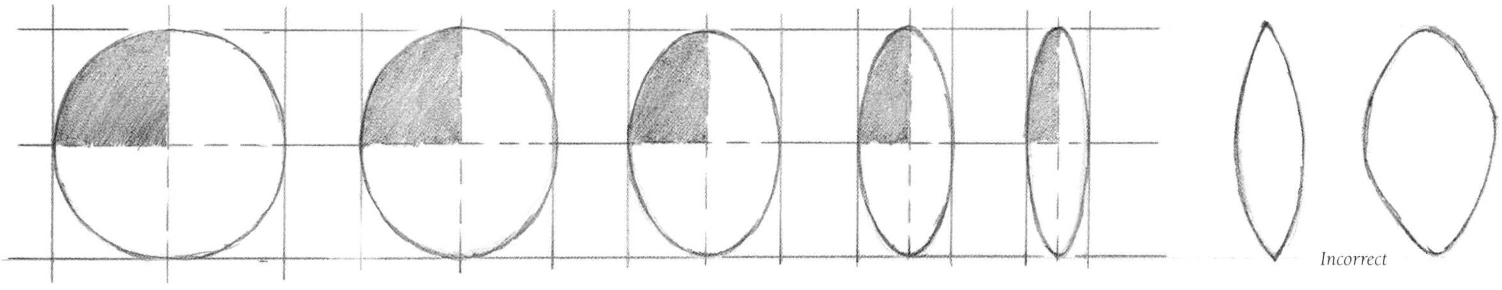

Dessiner des ellipses Une ellipse n'est autre qu'un cercle ayant subi une réduction telle que présentée ci-dessus. Il est important pour un artiste de savoir dessiner une ellipse correctement, car c'est l'une des formes de base de la discipline. Essayez de dessiner une série d'ellipses, comme le montre l'exemple. Commencez par dessiner un carré parfait, puis coupez-le en deux parties égales, horizontalement puis verticalement. Prolongez ensuite les lignes horizontales composant le haut et le bas du carré, ainsi que celle le coupant en son milieu. Dessinez une série de rectangles de chaque côté de la ligne médiane, rétrécissant à mesure qu'elle progresse. Revenez au carré et tracez une courbe d'un angle à l'autre de l'un des quartiers formés, comme sur l'exemple. Tracez une même courbe dans les autres quartiers (retournez la feuille pour vous aider si besoin), et vous obtiendrez un cercle parfait dans le carré. Procédez ainsi dans chaque rectangle de la série afin de produire une rangée d'ellipses. Reprenez cet exercice lorsque vous rencontrez des difficultés pour dessiner une ellipse symétrique ou un cercle.

Définir un point focal

Savoir créer plusieurs zones d'intérêt sur un même dessin sans toutefois introduire de doute sur le sujet traité est un gage de réussite et de qualité finale. Les compositions sont traditionnellement articulées autour d'un objet unique, nuancé par le regroupement, le positionnement et les valeurs de plus petits objets. Diriger le regard du spectateur par des points focaux secondaires lui permet de se « promener » dans la scène et d'en appréhender tous les détails.

Le point focal principal doit immédiatement attirer l'œil par sa taille, la qualité du trait, sa valeur, sa position sur le plan et la proximité d'autres points d'intérêt qui attirent l'attention sur lui. Le point focal secondaire correspond à la zone vers laquelle se dirige l'œil ensuite. Il s'agit en général d'un objet plus petit ou d'objets moins détaillés, ou bien alors d'un élément plus éloigné, plus petit et nettement moins détaillé, occupant une plus petite place sur le dessin. Ce point focal distant offre au spectateur une courte halte dans la composition avant de revenir au point focal.

Points focaux principal, secondaire et distant La taille du pélican et le soin apporté aux détails le désignent comme point focal principal. Il attire tout de suite l'œil du spectateur. Le regard du pélican et la pointe de son bec attirent invariablement l'attention sur les petits oiseaux au premier plan (point focal secondaire). En opérant de subtils changements de texture et de valeurs au plan intermédiaire, on invite l'œil à s'y attarder. Ces trois oiseaux sont ombrés de façon relativement uniforme, ce qui permet de ne pas distraire le spectateur. Le triangle qu'ils forment, le bord de l'eau et l'avancée terrestre guident ensuite l'œil vers un autre point focal, plus distant cette fois-ci : le phare. Les deux rayons lumineux, subtils, créent un passage visuel. Ces rayons, l'avancée de terre et la ligne d'horizon se combinent pour guider l'œil de nouveau vers le pélican. Le voyage visuel peut recommencer.

Profondeur et importance des éléments de paysage

Lorsque vous souhaitez rendre une impression de profondeur dans vos dessins, pensez à ce qui retient l'œil du spectateur. De grands éléments et ceux qui en chevauchent d'autres réclament de l'attention et se placent au premier plan. Par ailleurs, des valeurs sombres et des détails travaillés vont attirer le regard, y compris vers un petit objet. Retenez ces quelques principes lorsque vous organisez vos compositions de paysages. Amusez-vous à les retrouver dans les décors des pages précédentes et ci-dessous.

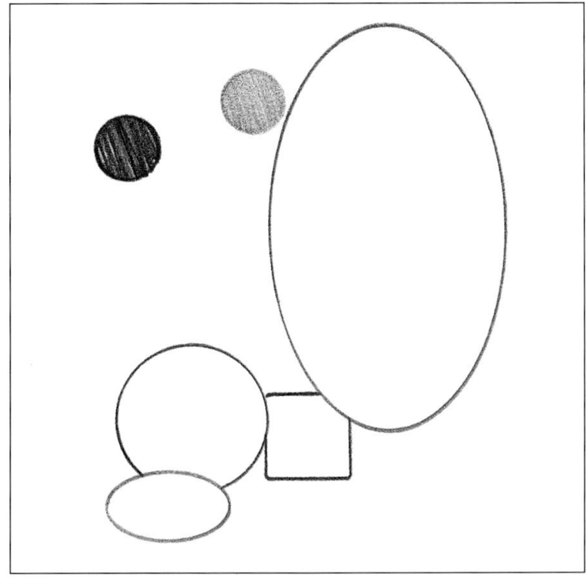

Capter l'attention Notez que le grand ovale occupe autant d'espace que tous les autres éléments. Il a donc une grande importance. Mais les deux cercles teintés, qui ne constituent qu'une fraction de la taille de l'ovale, réclament de leur côté également l'attention du spectateur. Les autres formes attirent le regard en dernier, mais le fait qu'elles se chevauchent crée bel et bien une sensation de profondeur.

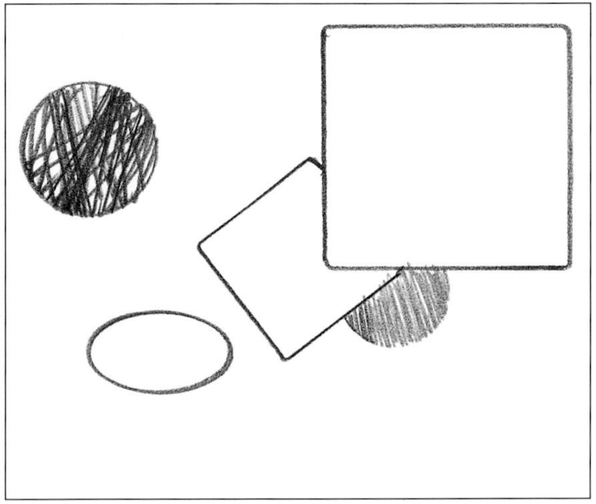

Points focaux La complexité du positionnement du cercle à droite, à la fois teinté et partiellement masqué, attire invariablement l'œil, bien qu'il soit plus petit que les autres éléments. Toutefois, le cercle foncé avec les lignes intérieures (montrant des détails) demeure le point focal le plus fort, rappelant en permanence le regard du spectateur à lui.

Attirer l'œil du spectateur Comme nous l'avons expérimenté dans l'esquisse « Points focaux » ci-dessus, les valeurs plus foncées du rocher ci-dessous attirent l'œil du spectateur, bien qu'il soit plus petit que les autres éléments. En dessinant l'arbre au premier plan de manière à ce qu'il chevauche le rocher, on introduit une impression de profondeur (comme c'est le cas pour le petit cercle masqué par les formes dans l'exemple ci-dessus). En arrière-plan, l'arbre foncé attire l'œil en premier, comme le montrait aussi l'exemple précédent, car il contraste très nettement avec les valeurs claires des arbres au premier plan.

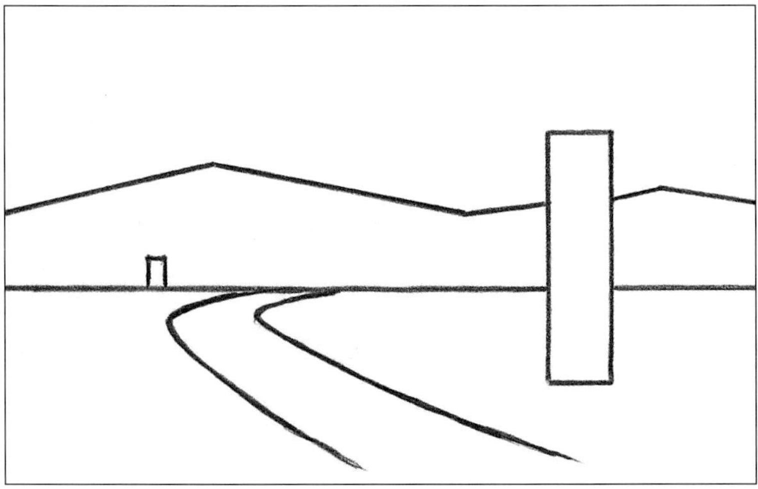

Manque de point focal Lorsque toutes les lignes d'une composition sont tracées avec la même valeur et la même épaisseur, le dessin entier paraît monotone et inintéressant, sans point focal.

Profondeur focale et lecture de l'image En modifiant simplement l'épaisseur des lignes sur le rectangle du premier plan et en modifiant la qualité des lignes formant la route et la montagne, la scène acquiert un plus grand intérêt focal.

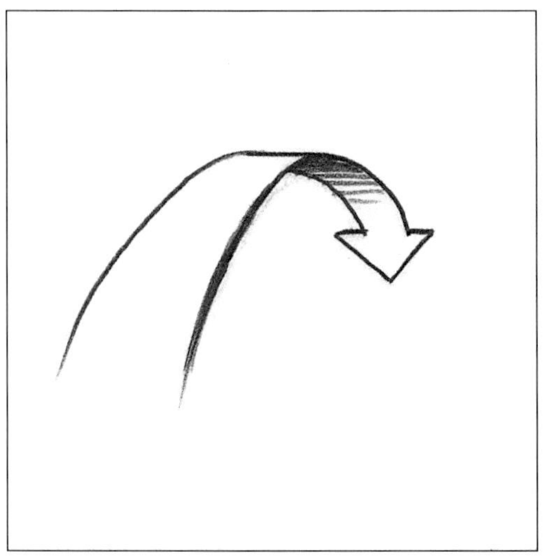

Courbe focale Une courbe gracieuse conduit le regard au cœur de la composition. On peut s'en servir pour figurer des routes et des chemins et créer l'illusion de collines et de vallées, ou encore sur des arrangements floraux afin de guider l'œil du spectateur.

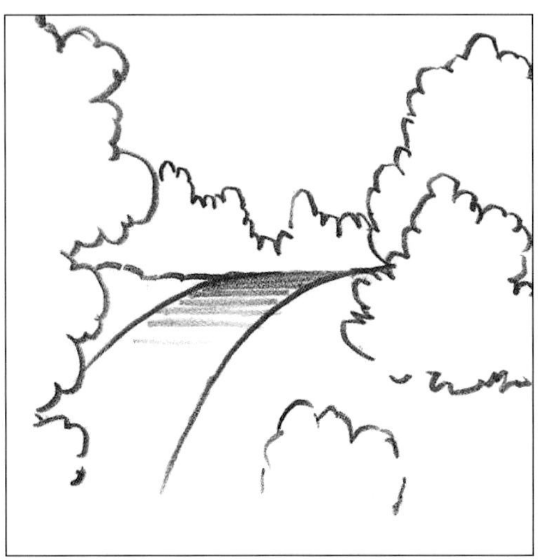

Profondeur focale La courbe focale est un bon moyen de créer de la profondeur dans une composition. Elle figure ici une route dans un paysage de nature, conduisant le spectateur au cœur de la scène. L'utilisation d'éléments qui se chevauchent – les arbres – renforce l'illusion de dimension, en créant une profondeur focale.

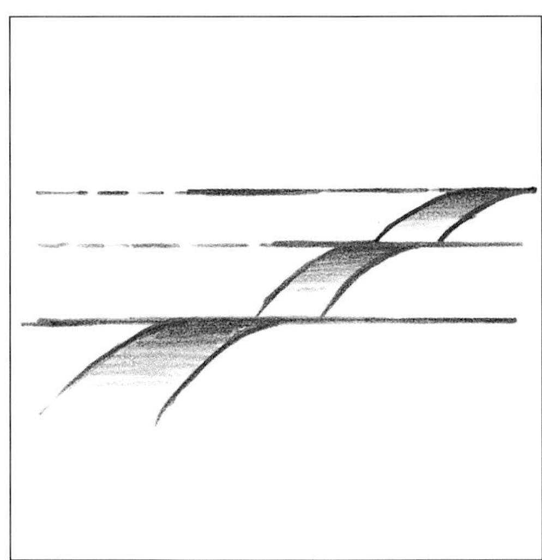

Courbes focales multiples Pour accentuer un peu plus l'impression de distance, on peut ajouter d'autres courbes, associées à des lignes d'élévation. Notez que les segments incurvés se décalent et rétrécissent au fur et à mesure qu'ils s'éloignent.

Esquisser des structures focales Esquissez un décor préliminaire simple pour indiquer la position des éléments sans ajouter de valeur, de qualité de trait ou de détails pouvant distraire l'œil. Concentrez-vous sur la recherche d'une structure focale – la manière dont l'œil se promène sur l'image et ses éléments importants – et ajustez votre composition en conséquence.

Développer la structure Après avoir esquissé et ajusté une structure préliminaire, ajoutez quelques détails légers pour faire naître une impression de mouvement rythmique et de profondeur. Commencez à varier le poids des différents traits et à affiner la forme des éléments. Appliquez ensuite des valeurs pour accentuer les effets de la structure focale.

Paysages verticaux

Si les compositions verticales peuvent être intimidantes, une bonne préparation vous permettra de les rendre fluides et magistrales. Pas besoin de remplir tous les espaces : les zones ouvertes peuvent en effet équilibrer les parties plus denses de la composition et offrir à l'œil du spectateur un temps de repos.

Dessin vertical en « L » Cette composition se construit autour d'un « L » étiré. La falaise rocailleuse se prête à merveille pour un plan vertical. Presque aussi angulaire que les pierres, le bélier semble être un prolongement de la falaise et tient le rôle de point focal principal. Les deux chèvres au pied de la montagne constituent les points focaux secondaires. La façade verticale de la falaise les sépare autant qu'elle les rapproche et sert de chemin pour le regard. La partie de la falaise sur laquelle trône le bélier est plus détaillée, tandis que sa base moins travaillée sert la mise en valeur de la plus petite chèvre au premier plan. Notez que le bélier et l'une des chèvres regardent le spectateur dans les yeux – c'est une astuce courante des artistes pour faire entrer le spectateur dans la scène. Le ciel et les arbres suggérés en arrière-plan confèrent de la profondeur à la composition.

Composer des scènes animalières

La définition préalable de la taille et du placement des sujets est aussi importante que le dessin lui-même pour qui veut être sûr d'atteindre son objectif. Les animaux sont traditionnellement représentés dans des poses admises comme « classiques » ou naturelles. On considère bien souvent que rompre avec ce principe relève du comique ou est problématique. Les décors doivent être construits *a minima* ou donner seulement quelques brefs indices pour ne pas distraire le regard. Réunir plusieurs références photographiques sur un sujet est le meilleur moyen d'appréhender la pose que vous souhaitez dessiner.

Groupes d'animaux L'heure du repas pour les mouettes en plein vol constitue un excellent sujet. La composition cherche à suggérer leurs mouvements fluides en même temps que l'effervescence au moment de la quête de nourriture. Les méthodes de composition en « X » et en « O » présentées ci-dessous ont été associées pour obtenir la scène finale, assemblée à partir de différentes photos. Le chevauchement des corps et des ailes ajoute au sentiment d'agitation et crée de la profondeur.

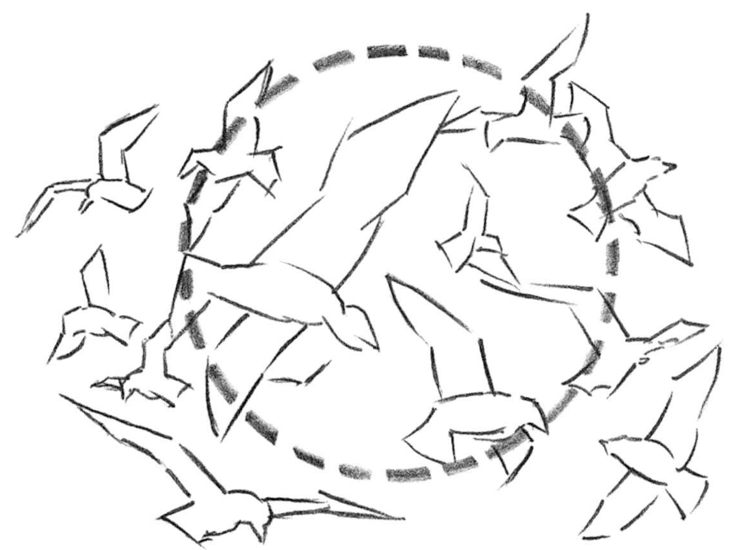

Construire la composition Commencez par la méthode de composition en « O » pour vous guider dans l'établissement de la structure des oiseaux en vol. Évitez de placer les mouettes autour d'un cercle parfait pour un effet plus naturel.

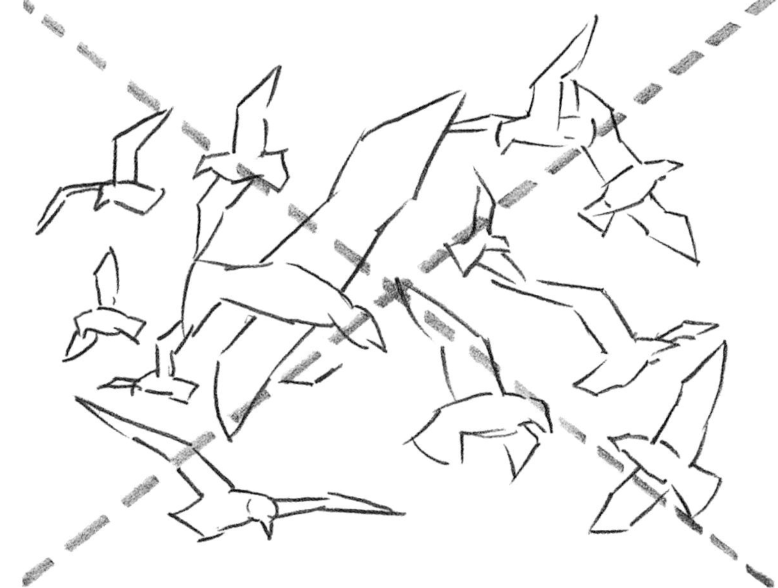

Équilibrer la composition Une composition en « X » permet d'équilibrer l'image. Si cette technique permet de rompre la monotonie, les mouettes ne doivent pas pour autant être placées exactement le long des lignes.

Attirer l'attention N'oubliez pas que détail et valeur accrochent le regard. Cette illustration offre un constat : bien que le chien de droite soit plus gros que celui de gauche et ce dernier en mouvement, l'œil sera invariablement attiré par celui portant les valeurs les plus foncées et un plus fort niveau de détail.

Ajouter d'autres éléments Sur ce dessin, un bébé putois rencontre une chaussure, situation cocasse que j'ai baptisée « Pouah ! » L'expression du visage du putois oscille entre curiosité et hésitation. La position de son corps reflète son incertitude. La languette de la chaussure reprend en miroir la forme de la queue de l'animal, tandis que nos deux protagonistes sont sensiblement de la même taille, équilibrant la composition et accrochant le regard du spectateur. Cette composition est formée de deux éléments seulement. Si elle résulte en un équilibre pictural, sa force est avant tout celle de faire passer un message.

Le kangourou

Le marsupial emblématique de l'Australie constitue un excellent sujet de photographie car il est souvent à l'arrêt, paissant ou scrutant autour de lui. Ce kangourou, avec son regard bien planté dans celui de son observateur et sa queue reposant sur le sol, est un bon représentant de la nature paisible de ces animaux gracieux.

Expérimenter les textures Le pelage du kangourou est épais, sa texture et sa robe uniformes. J'ai toujours autant de plaisir à explorer les mouvements de sa fourrure dans mes dessins.

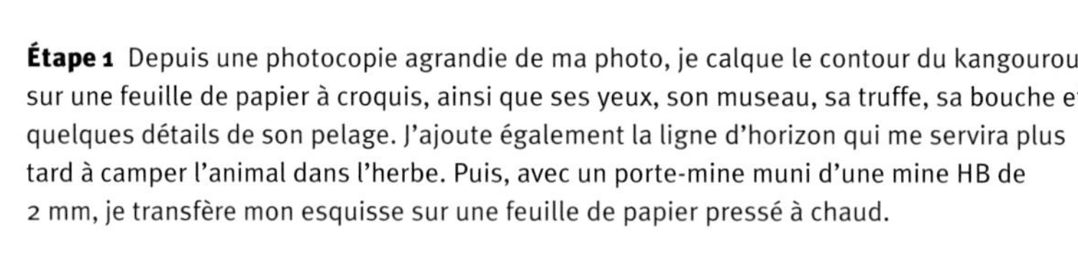

Étape 1 Depuis une photocopie agrandie de ma photo, je calque le contour du kangourou sur une feuille de papier à croquis, ainsi que ses yeux, son museau, sa truffe, sa bouche et quelques détails de son pelage. J'ajoute également la ligne d'horizon qui me servira plus tard à camper l'animal dans l'herbe. Puis, avec un porte-mine muni d'une mine HB de 2 mm, je transfère mon esquisse sur une feuille de papier pressé à chaud.

Étape 2 J'éclaircis soigneusement le contour de la tête en le tamponnant avec une gomme mie de pain pour ne laisser qu'une ligne conductrice ténue. Commençant par les oreilles et progressant sur la tête, j'utilise un crayon 2H bien affûté et trace de rapides et courts traits pour figurer le duvet, qui servira ensuite d'indicateur directionnel pour le reste de la fourrure. Je laisse en blanc les zones de rehaut sur les yeux, les pommettes, le museau et les oreilles.

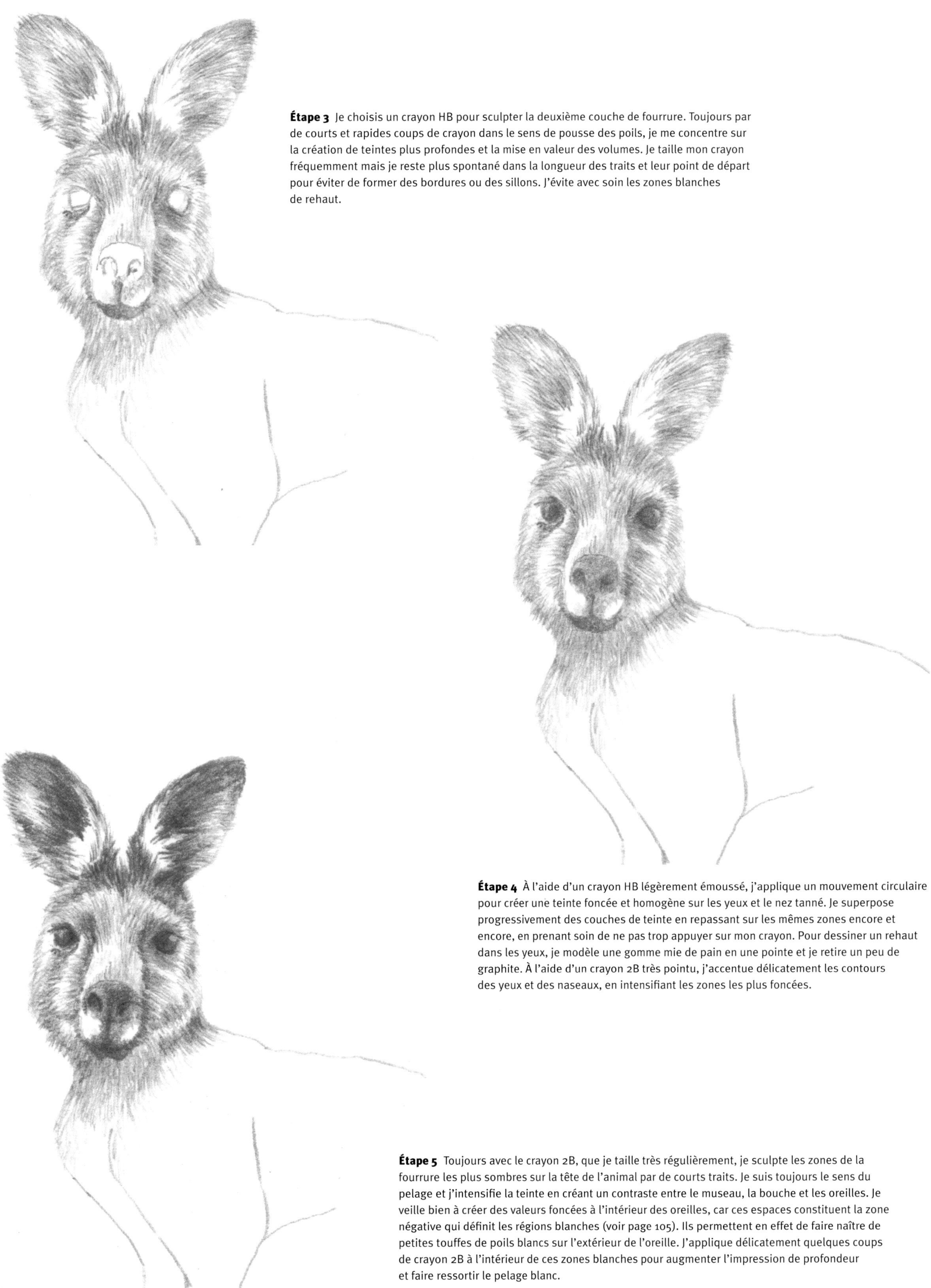

Étape 3 Je choisis un crayon HB pour sculpter la deuxième couche de fourrure. Toujours par de courts et rapides coups de crayon dans le sens de pousse des poils, je me concentre sur la création de teintes plus profondes et la mise en valeur des volumes. Je taille mon crayon fréquemment mais je reste plus spontané dans la longueur des traits et leur point de départ pour éviter de former des bordures ou des sillons. J'évite avec soin les zones blanches de rehaut.

Étape 4 À l'aide d'un crayon HB légèrement émoussé, j'applique un mouvement circulaire pour créer une teinte foncée et homogène sur les yeux et le nez tanné. Je superpose progressivement des couches de teinte en repassant sur les mêmes zones encore et encore, en prenant soin de ne pas trop appuyer sur mon crayon. Pour dessiner un rehaut dans les yeux, je modèle une gomme mie de pain en une pointe et je retire un peu de graphite. À l'aide d'un crayon 2B très pointu, j'accentue délicatement les contours des yeux et des naseaux, en intensifiant les zones les plus foncées.

Étape 5 Toujours avec le crayon 2B, que je taille très régulièrement, je sculpte les zones de la fourrure les plus sombres sur la tête de l'animal par de courts traits. Je suis toujours le sens du pelage et j'intensifie la teinte en créant un contraste entre le museau, la bouche et les oreilles. Je veille bien à créer des valeurs foncées à l'intérieur des oreilles, car ces espaces constituent la zone négative qui définit les régions blanches (voir page 105). Ils permettent en effet de faire naître de petites touffes de poils blancs sur l'extérieur de l'oreille. J'applique délicatement quelques coups de crayon 2B à l'intérieur de ces zones blanches pour augmenter l'impression de profondeur et faire ressortir le pelage blanc.

Étape 6 J'effectue un nouveau passage sur l'ensemble de la tête avec de délicats coups de crayon HB bien affûté, affinant un peu plus encore les détails. Ce dernier passage permet de fondre les couches précédentes et crée une texture lisse et homogène. Je poursuis ensuite le travail des contours le long du cou, en alternant HB et 2H, fondant la zone de tête achevée dans le corps de l'animal. J'applique les mêmes techniques sur le corps que celles utilisées pour la tête. Je commence par éclaircir les contours à l'aide de ma gomme mie de pain. Je progresse ensuite sur les avant-bras et le dos du kangourou avec une mine 2H très affûtée, toujours en suivant le sens du pelage et en évitant de créer des motifs visibles ou des bordures à mesure que j'applique les coups de crayon. Je me réfère à ma photo à chaque instant pour être sûr de bien suivre le sens du pelage.

Étape 7 Avec un crayon HB, j'ajoute une deuxième couche de fourrure sur le duvet. Là où la fourrure est plus foncée, je rapproche les traits. Là où elle est plus claire, je les espace. Comme le pelage est plus long et ondulant sur le dos de l'animal, j'adapte mes traits pour figurer cette différence. Pour dessiner la fourrure sur le dos et les flancs du kangourou, je donne des coups de crayon courts et rapprochés, laissant le HB se fondre dans la couche du 2H. J'utilise ensuite une mine 2B bien affûtée pour assombrir le pelage, ajoutant du volume et du ton. J'utilise un 2B pour foncer les zones au-dessus du bras droit de l'animal et à l'avant de son épaule pour créer la tache de fourrure blanche sur son poitrail. J'assombris également ses pattes avant en sculptant les volumes et les détails.

Étape 8 Pour donner l'impression qu'un rayon de soleil vient caresser le corps, je laisse quelques espaces blancs dans les zones de rehaut sur la jambe et la hanche. Je laisse également une zone blanche sur la queue, où je ferai à la fin apparaître quelques brins d'herbe. Cet empiétement permettra de camper de façon réaliste l'animal sur le sol. Je commence ensuite à sculpter le duvet sur le reste du poitrail et de la queue avec un crayon 2H. J'applique ensuite une deuxième couche avec un HB, en prenant soin de laisser quelques zones blanches sur la jambe, la hanche et la queue. Mes coups de crayon sont un peu plus relâchés autour de la hanche pour leur donner plus de longueur et d'ondulation. Je trace des traits plus serrés sur la queue pour figurer son pelage plus court et plus dense.

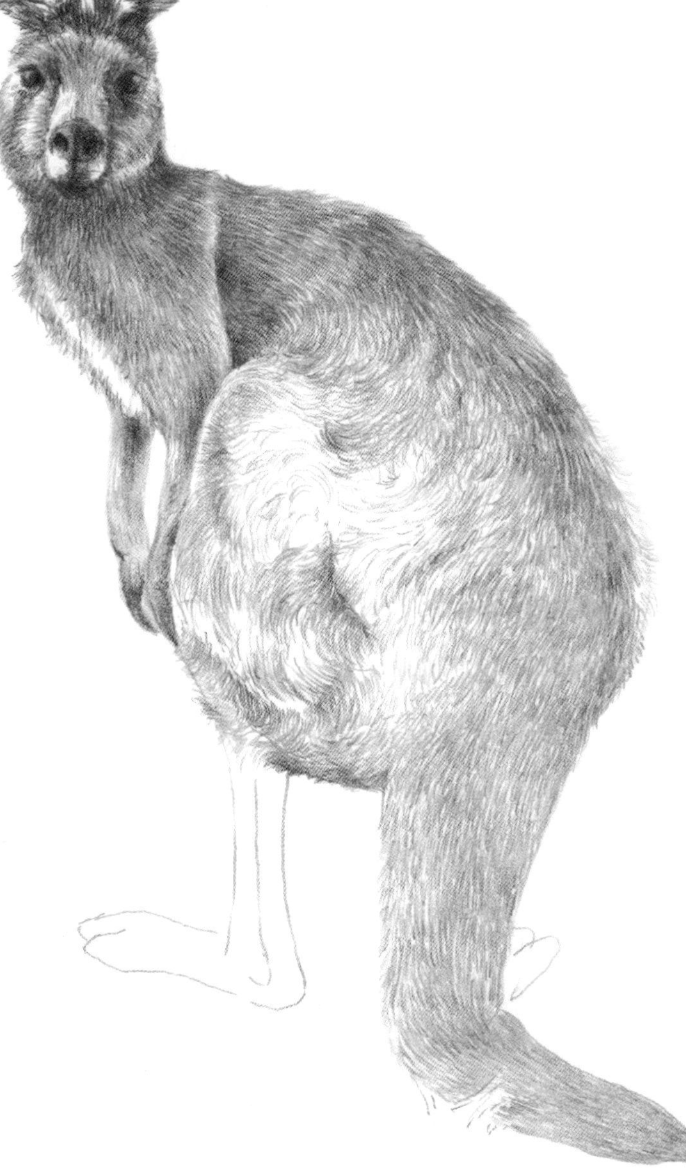

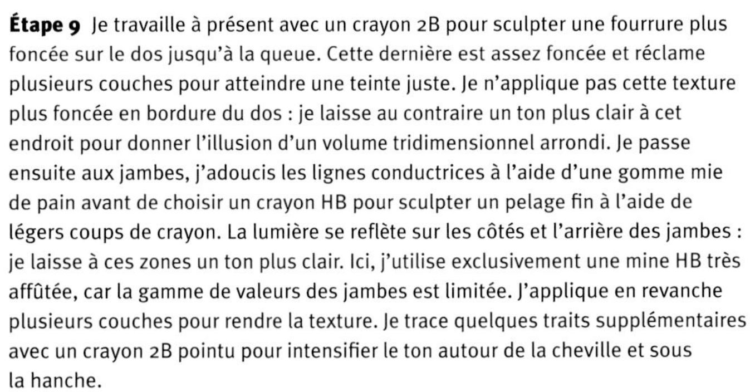

Étape 9 Je travaille à présent avec un crayon 2B pour sculpter une fourrure plus foncée sur le dos jusqu'à la queue. Cette dernière est assez foncée et réclame plusieurs couches pour atteindre une teinte juste. Je n'applique pas cette texture plus foncée en bordure du dos : je laisse au contraire un ton plus clair à cet endroit pour donner l'illusion d'un volume tridimensionnel arrondi. Je passe ensuite aux jambes, j'adoucis les lignes conductrices à l'aide d'une gomme mie de pain avant de choisir un crayon HB pour sculpter un pelage fin à l'aide de légers coups de crayon. La lumière se reflète sur les côtés et l'arrière des jambes : je laisse à ces zones un ton plus clair. Ici, j'utilise exclusivement une mine HB très affûtée, car la gamme de valeurs des jambes est limitée. J'applique en revanche plusieurs couches pour rendre la texture. Je trace quelques traits supplémentaires avec un crayon 2B pointu pour intensifier le ton autour de la cheville et sous la hanche.

Étape 10 Avec un crayon HB bien taillé, je travaille très légèrement le corps et la tête, définissant et affinant les teintes du pelage. En me référant à ma photo, j'insiste sur les pattes, j'intensifie la teinte sous l'épaule et le cou et j'ajoute plus de fourrure le long du dos et des hanches. J'éclaircis aussi un peu le rehaut sur la jambe à l'aide de ma gomme mie de pain. Tandis que j'ajoute ces touches finales, je prends grand soin de ne pas toucher le dessin pour ne pas étaler le graphite. Le rendu du pelage doit son effet aux traits secs et rapides, les frotter par mégarde serait catastrophique.

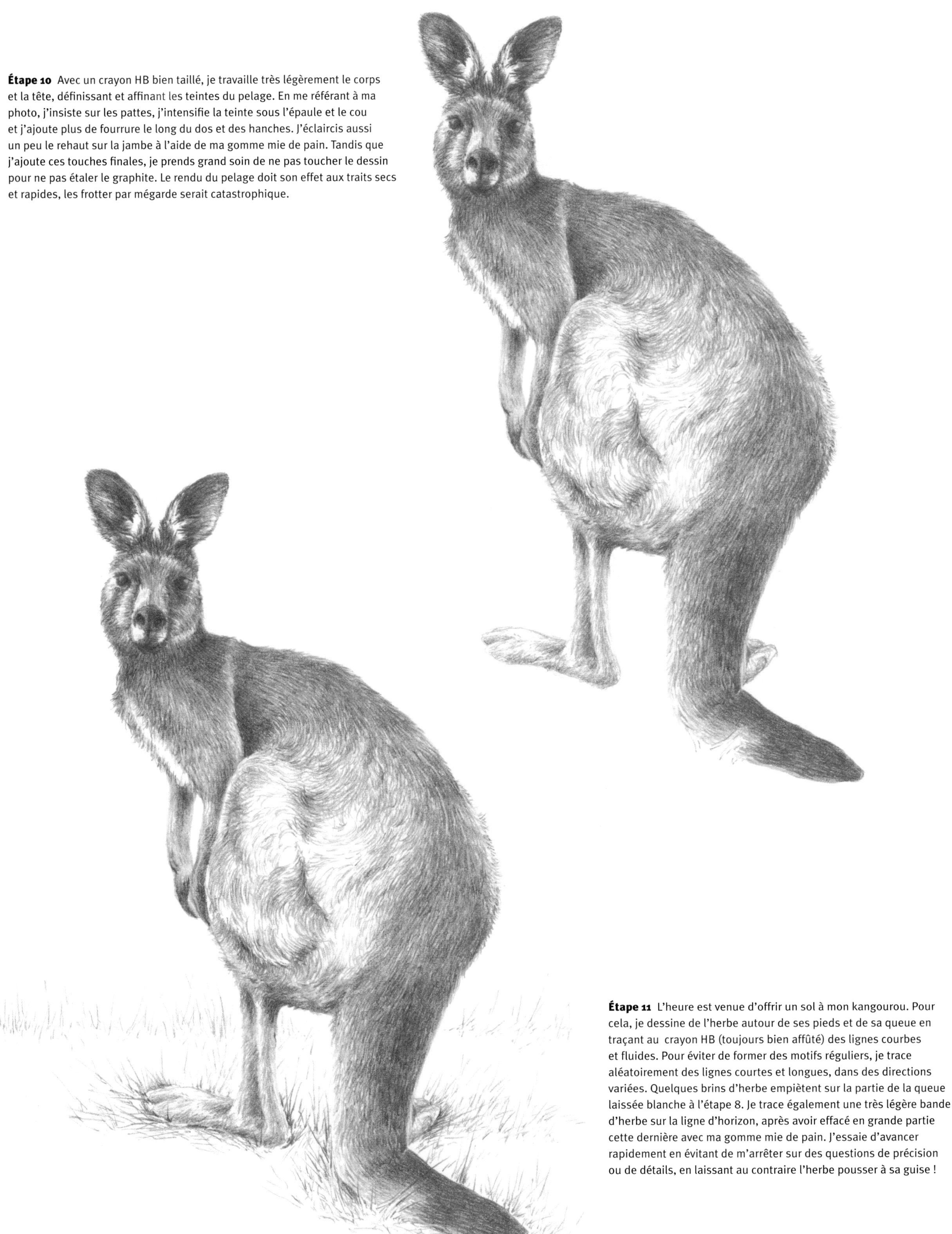

Étape 11 L'heure est venue d'offrir un sol à mon kangourou. Pour cela, je dessine de l'herbe autour de ses pieds et de sa queue en traçant au crayon HB (toujours bien affûté) des lignes courbes et fluides. Pour éviter de former des motifs réguliers, je trace aléatoirement des lignes courtes et longues, dans des directions variées. Quelques brins d'herbe empiètent sur la partie de la queue laissée blanche à l'étape 8. Je trace également une très légère bande d'herbe sur la ligne d'horizon, après avoir effacé en grande partie cette dernière avec ma gomme mie de pain. J'essaie d'avancer rapidement en évitant de m'arrêter sur des questions de précision ou de détails, en laissant au contraire l'herbe pousser à sa guise !

Étape 12 Je continue à développer l'herbe en assombrissant le ton sous les pieds du kangourou pour le camper un peu plus dans le sol. Lorsque je suis satisfait de mon dessin, je le signe et le vaporise légèrement de fixateur pour éviter toute marque de graphite.

L'éléphant d'Asie

Les grands animaux, comme l'éléphant, constituent un bon sujet pour vos premiers pas. Leurs grands volumes ronds sont faciles à appréhender, et la texture de la peau moins intimidante que la fourrure. Ce projet s'articule autour de l'éléphant d'Asie, qui diffère légèrement de son cousin d'Afrique par sa plus petite taille, ses plus petites oreilles et un dos plus arrondi. Il possède également quatre doigts de pied sur ses membres antérieurs et un unique « doigt » au bout de sa trompe. Souvent consacrés aux travaux divers, ces éléphants ont les défenses coupées pour éviter qu'elles ne viennent cogner sur les côtés. Çà et là poussent quelques touffes de poils rêches clairsemés. Garder ces quelques précisions en tête vous permettra de dessiner avec plus d'exactitude cette espèce d'éléphant.

Esquisse Je commence par faire une esquisse brute comme point de départ. Avec un crayon 2B sec, je définis les grandes formes de l'éléphant. J'indique également les teintes claires et les teintes sombres, en me rappelant que la source lumineuse arrive d'en haut à droite. Comme je veux que le spectateur sache que cet éléphant vient d'Asie, je campe une maison de style malaisien en arrière-plan.

Étape 1 Je transfère à présent uniquement le contour de mon esquisse sur ma feuille définitive. Avec du ruban adhésif, je fixe l'esquisse contre une fenêtre bien éclairée et place une feuille à dessin par-dessus. Je choisis un crayon HB et calque ensuite délicatement mon contour sur la feuille. À ce stade, je n'ajoute ni l'arrière-plan, ni aucun détail. Dans l'exemple ci-dessus, les lignes de contour sont beaucoup plus foncées que dans la réalité – j'ai forcé le trait pour l'impression. J'effacerai la majeure partie de ces lignes avec une gomme mie de pain à mesure que je progresserai dans le dessin.

Étape 2 Je dois créer un ton très doux, très fluide pour figurer la première couche d'épiderme, avant de sculpter sa texture rêche et craquelée. À l'aide d'un crayon 2B, je trace de petits traits circulaires pour remplir les zones d'ombres. Je laisse de grandes zones blanches pour y réaliser des fondus à la prochaine étape. Pour les protéger, je porte un gant de coton dont j'ai coupé le bout des doigts. Je repose également ma main sur une feuille de papier posée sur une partie du dessin.

Étape 3 Avec un mouvement circulaire léger, j'utilise un tortillon pour fondre le graphite noir vers et sur les zones blanches du papier, pour un rendu lisse et satiné. Je me sers du graphite résiduel sur le tortillon pour « peindre » des tons plus clairs sur les zones blanches de l'éléphant. J'assombris ensuite les ombres de l'étape 2 avec un crayon 2B, toujours par des mouvements circulaires.

Étape 4 Je me sers du graphite résiduel sur le tortillon pour « peindre » des tons plus doux sur les zones blanches des défenses, du front et des oreilles ainsi que sur la trompe et le poitrail, pour former les sillons et les plis de la peau. Sur la tête, les oreilles et une partie de la trompe, j'ajoute quelques rides avec un crayon HB. J'accentue les bordures des replis de l'oreille et applique quelques traits circulaires autour des yeux et des sourcils.
Je progresse ensuite sur le reste du corps, sur lequel j'ajoute plis et rides. J'observe ma photo de référence pour comprendre le mouvement des plis de la peau sur les pattes. J'ajoute quelques détails sur les doigts de pied et la trompe, et je fonce la pointe des défenses. J'estompe légèrement cet endroit avec un tortillon avant de réaliser que quelque chose cloche dans les pattes. Mais je poursuis mon dessin. À l'aide d'un crayon 2B, j'assombris et rehausse les rides, ainsi que les zones autour des yeux et dans les oreilles. J'ôte un peu de graphite sur l'extérieur de la patte avant gauche de l'éléphant et sur certaines zones de la tête et de la trompe avec du mastic.

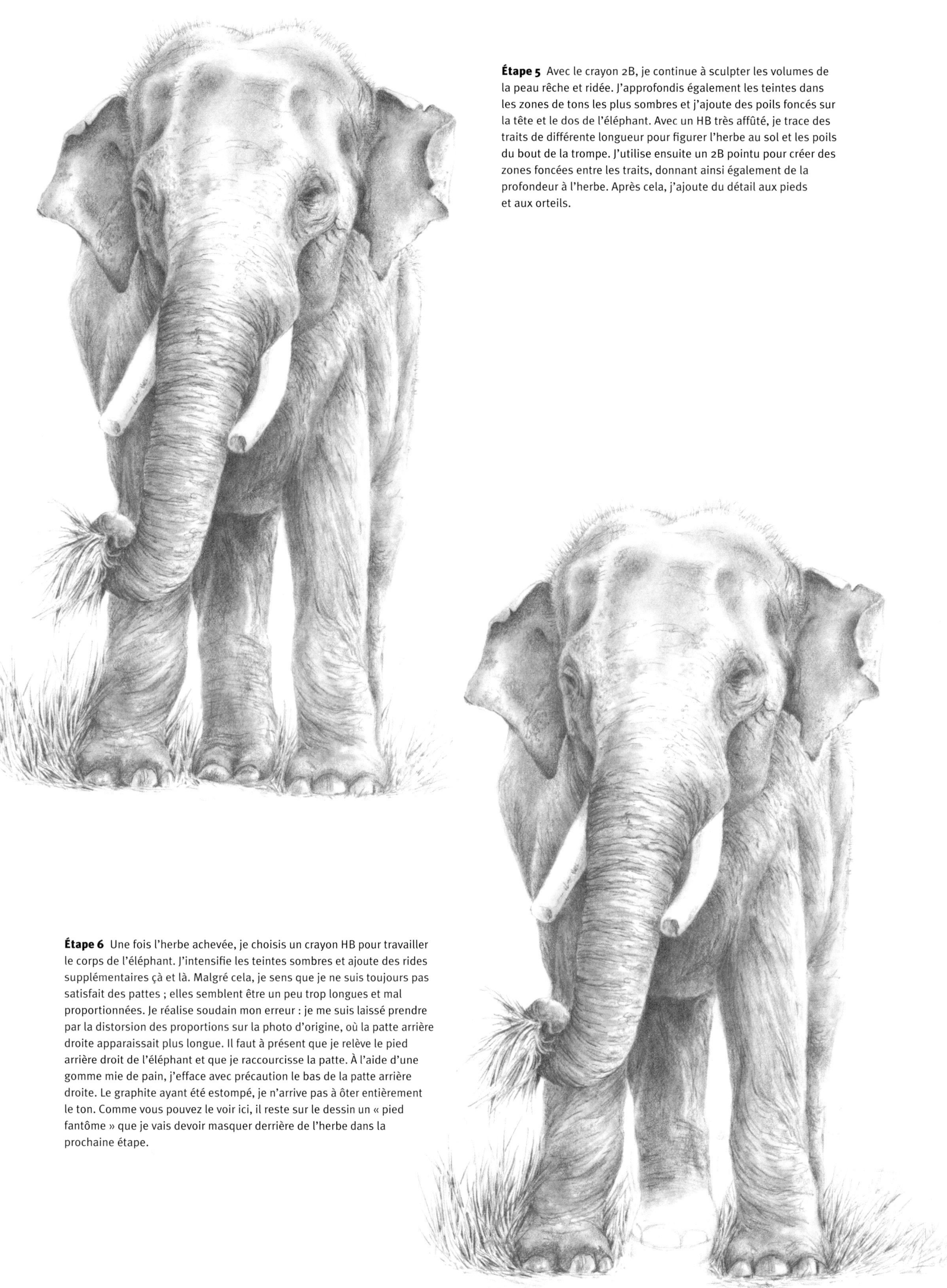

Étape 5 Avec le crayon 2B, je continue à sculpter les volumes de la peau rêche et ridée. J'approfondis également les teintes dans les zones de tons les plus sombres et j'ajoute des poils foncés sur la tête et le dos de l'éléphant. Avec un HB très affûté, je trace des traits de différente longueur pour figurer l'herbe au sol et les poils du bout de la trompe. J'utilise ensuite un 2B pointu pour créer des zones foncées entre les traits, donnant ainsi également de la profondeur à l'herbe. Après cela, j'ajoute du détail aux pieds et aux orteils.

Étape 6 Une fois l'herbe achevée, je choisis un crayon HB pour travailler le corps de l'éléphant. J'intensifie les teintes sombres et ajoute des rides supplémentaires çà et là. Malgré cela, je sens que je ne suis toujours pas satisfait des pattes ; elles semblent être un peu trop longues et mal proportionnées. Je réalise soudain mon erreur : je me suis laissé prendre par la distorsion des proportions sur la photo d'origine, où la patte arrière droite apparaissait plus longue. Il faut à présent que je relève le pied arrière droit de l'éléphant et que je raccourcisse la patte. À l'aide d'une gomme mie de pain, j'efface avec précaution le bas de la patte arrière droite. Le graphite ayant été estompé, je n'arrive pas à ôter entièrement le ton. Comme vous pouvez le voir ici, il reste sur le dessin un « pied fantôme » que je vais devoir masquer derrière de l'herbe dans la prochaine étape.

Étape 7 Je redessine légèrement le pied en le situant un plus en recul cette fois-ci. Je dessine ensuite de l'herbe sur la zone où il se trouvait précédemment et que je n'avais pu effacer entièrement. Je me concentre à présent sur l'arrière-plan, où j'esquisse la maison à main levée avec un crayon F, puis quelques palmiers et de la végétation pour l'encadrer. Je développe enfin les détails de la maison et de la végétation avec un HB. Le dessin est achevé. Je suis globalement satisfait de mon travail. J'aime le fait que l'éléphant soit campé dans un décor qui le situe géographiquement et rappelle son statut d'animal de labeur. Je pense aussi avoir bien fait de corriger la longueur de la patte arrière.

LE KOALA

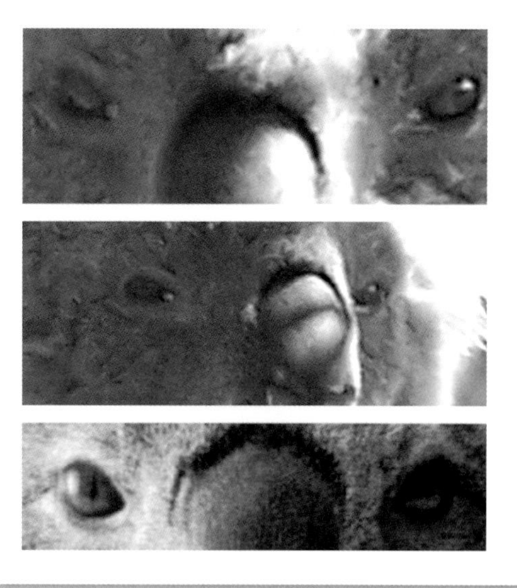

Prendre plusieurs photos J'ai passé plusieurs jours à prendre des photos dans un refuge pour koalas près de chez moi, sans pouvoir toutefois obtenir le cliché « parfait ». Ceux qui avaient les meilleures poses étaient en train de dormir ou avaient les yeux mi-clos, et ceux qui étaient réveillés étaient dans d'improbables positions. J'ai donc pris autant de photos que possible de koalas endormis ou éveillés, que j'ai ensuite combinées pour ma composition finale.

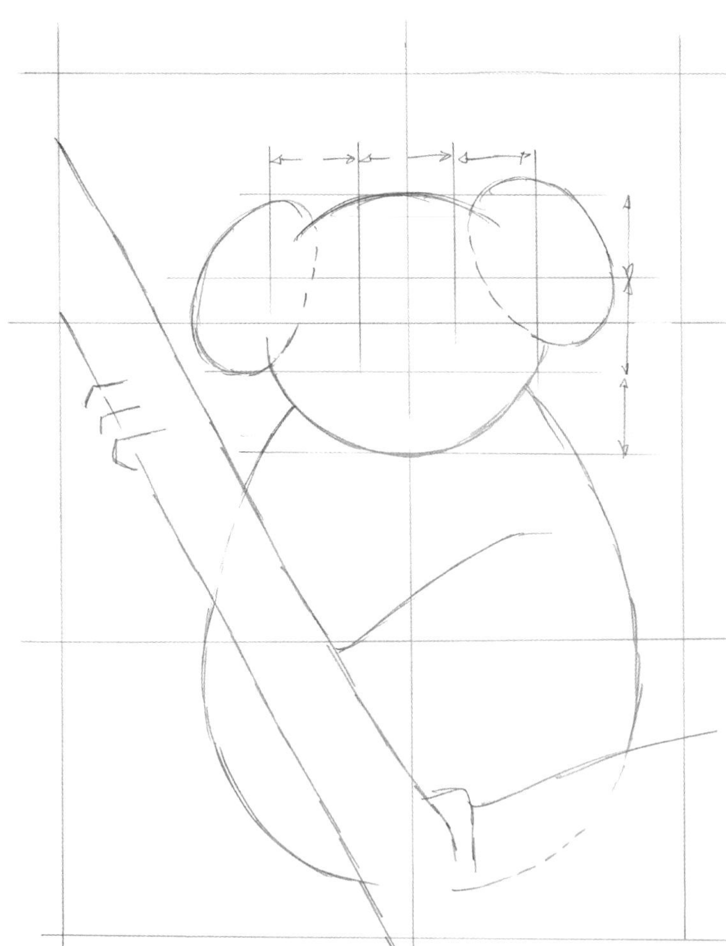

Établir les proportions Pour définir les proportions du koala, je commence par dessiner un rectangle de 16 x 22 cm sur une feuille de papier-calque. Je divise ensuite le rectangle horizontalement en trois tiers. Je trace ensuite une ligne d'aplomb verticale, légèrement décalée du milieu du rectangle. Je consulte ma principale photo de référence pour définir l'échelle et la taille de la tête, et je situe le cercle de cette dernière à l'intersection de mon aplomb et de la première ligne horizontale. Je divise ensuite approximativement le cercle en trois parties, horizontalement et verticalement – cela me permettra de bien placer les traits du visage. Je n'utilise pas de règle, je laisse mes yeux jauger les distances. Je figure les volumes ronds du corps et des oreilles à l'aide de simples ovales. En me référant à ma photo, j'esquisse les bras, les doigts et les branches d'arbre.

Fixer les traits et les éléments Maintenant que j'ai calé mes proportions, je place une autre feuille de calque sur mon dessin et je commence à affiner la forme du koala. Je ne quitte presque pas des yeux ma photo de référence. Je place le nez, en observant là où il commence et finit, toujours en utilisant ma grille. En me servant de mes autres photos de référence, je place les yeux ouverts presque sur la ligne horizontale du haut de la grille. Je positionne ensuite la bouche et les pommettes, représentées par une série de traits arqués sur le tiers bas de l'ovale de la tête. Je sculpte une touche de fourrure dans les oreilles, au-dessus de la tête et sur le poitrail. Je travaille ensuite les bras et les pattes, en ajoutant de longues griffes et en marquant la position exacte du talon au repos sur la branche droite. Je décide de ne pas garder le pied, posé de façon malaisée sur le poitrail du koala dans ma principale photo de référence. Je connais assez les koalas pour savoir que mon dessin sera crédible si le pied est hors de vue, calé derrière la branche. J'ajoute enfin quelques branches et feuilles.

Étape 1 Après avoir transféré les contours de mon esquisse sur une feuille de papier pressé à chaud, je commence à développer l'oreille sur la gauche, car je prévois de travailler vers le bas puis vers la droite. J'éclaircis tout d'abord le contour de l'oreille avec une gomme mie de pain, puis je choisis un crayon 2H bien affûté pour tracer de longues lignes souples pour le duvet, en variant leur longueur et leur direction.

Étape 2 Je prends maintenant un crayon HB et trace de nouvelles longues lignes brisées autour des précédentes, en prenant soin de laisser quelques zones de papier vierges. Alors que j'applique ces lignes sombres, le blanc du papier laisse apparaître des poils blancs (il s'agit d'une forme de dessin en négatif).

Étape 3 Avec un crayon 2B bien affûté, je commence à intensifier les zones ombrées de la fourrure sous et sur la bordure de l'oreille. Ce ton foncé crée un fort contraste et fait ressortir les zones blanches, accentuant l'impression de longue fourrure blanche. Je travaille de nouveau l'oreille avec un crayon 2H, affinant et adoucissant les détails. En achevant cette oreille, j'ai établi une gamme de valeurs pour le reste de mon dessin : l'oreille tiendra lieu de modèle visuel.

Étape 4 Après avoir éclairci les contours du reste de la tête avec une gomme mie de pain, j'utilise un crayon 2H pour tracer des lignes courtes et rapides tout autour, en évitant les yeux et le nez, et toujours dans le sens de la pousse du poil. Mes traits sont très rapprochés les uns des autres, et mes mouvements secs et précis. Mon poignet est immobile, seuls mes doigts bougent. Lorsque j'ai recouvert la tête, je choisis un crayon HB et fonce la zone du front et du haut du museau, avec les mêmes coups de crayon. Avec un crayon 2H, je dessine ensuite une rapide couche de fourrure sur l'oreille droite puis les pommettes, le menton et la bouche. Je dessine la forme de l'iris dans chaque œil grâce à une fine couche de 2H, et j'ajoute un peu de ton sur le museau.

Étape 5 Après avoir émoussé un crayon HB en le frottant contre une feuille de papier brouillon, je trace des traits circulaires sur le museau, en laissant quelques zones blanches. Je choisis ensuite un 2B et donne de rapides coups de crayon sur et sous le museau pour créer plus de contraste. J'assombris les narines à l'aide d'un 2B. Je reprends à présent mon HB et trace des lignes courtes dans la bouche et sous le nez. Je réalise à ce moment-là que mes pupilles sont trop « humaines » – la pupille du koala est une étroite fente verticale. J'affûte mon HB et l'utilise pour redessiner les pupilles et les foncer. Je m'en sers également pour sculpter les paupières et les sourcils par de petits coups de crayon directionnels. J'assombris les iris et les zones périphériques des yeux avec le 2B.

Étape 6 En alternant entre mon HB bien affûté et des crayons 2B, je dessine la fourrure sur le visage et le menton. Le 2B me sert à créer des ombres foncées autour de la bouche, du museau, du menton et des pommettes, tandis que le HB est utilisé comme un tortillon pour fondre le ton. Avec ces mêmes crayons, je développe plus avant le ton du nez, en produisant une texture tannée très sombre. Je reviens aux yeux et définis les teintes sombres avec un 2B avant d'en accentuer la forme et le volume avec le HB. J'agrandis légèrement les yeux en assombrissant les paupières inférieures. Je forme un rehaut dans chaque œil en retirant un peu de graphite avec du mastic. Je me concentre après cela sur l'oreille de droite, en reprenant les étapes 2 et 3. Je n'achève pas complètement l'oreille.

Étape 7 Après en avoir éclairci tout le contour à l'aide d'une gomme mie de pain, je représente le duvet sur la totalité du corps en traçant des traits courts et légers avec un crayon 2H, toujours dans le sens de la pousse du poil, et en évitant de former des motifs. Je laisse le poitrail et l'intérieur des bras blancs, mais je couvre avec un 2H le reste du corps d'un léger réseau de traits entrelacés avec un 2H. La fourrure des bras est courte et hirsute, j'adapte donc mes coups de crayon pour le refléter. Je me rends compte que la fourrure que j'ai dessinée sur la patte (celle près de la branche) est trop régulière. J'y remédierai en donnant quelques coups de crayon sur les traits existants lorsque j'ombrerai la zone dans l'étape suivante. J'ajoute maintenant du ton aux pattes avec le crayon HB, avant de dessiner les longues griffes.

Étape 8 Je travaille la totalité du corps avec un HB très affûté et des crayons 2B. La dureté du 2B me permet de créer les zones les plus foncées près de la fourrure blanche – les « coupes » du 2B dans les zones blanches faisant naître des « poils ». Je me réfère à la photo pour observer comment la fourrure boucle et tourbillonne à certains endroits du corps. Je donne quelques coups de crayon supplémentaires sur le côté gauche du corps pour éviter de créer un motif.

Étape 9 Je dessine un arrière-plan clair sur le haut du dessin avec un crayon F émoussé. J'ajoute ensuite du ton sur la branche principale avec des crayons 2H et HB. Pour cela, j'utilise entièrement ma main et mon poignet pour tracer de longues lignes fluides. J'intensifie le ton de la branche avec de longues séries de lignes de valeurs différentes, recréant ainsi la texture de l'eucalyptus. J'ajoute des taches et des sillons avec un HB pour ajouter plus de texture.

Étape 10 J'utilise à présent un crayon HB pour former les ombres légèrement incurvées projetées sur la branche par les doigts et griffes du koala. Je choisis ensuite un 2B pour intensifier le ton des ombres et foncer et intensifier les valeurs de la main et des griffes. Je donne ainsi plus de volume à ces éléments. Je continue à travailler la branche, en alternant entre le 2H et le 2B. J'intensifie la valeur de la partie la plus large de la branche, sur laquelle le koala est assis et dessine les trois morceaux d'écorce qui pendent sur cette zone large. Les trois branches que comporte le dessin l'encadrent joliment et servent également de « mur » qui capte et oriente le regard du spectateur en son centre.

Étape 11 Maintenant que mon dessin est presque achevé, il me reste à faire apparaître les feuilles du premier et de l'arrière-plan. Je crée celles du premier plan avec un crayon HB et des lignes douces et relâchées. L'exactitude et les détails ne m'importent pas vraiment : ces feuilles servent avant tout à équilibrer la composition. Je travaille ensuite les branches dans le dos du koala en appliquant la même technique que dans l'étape 9. La branche derrière son oreille doit être relativement sombre pour faire ressortir la fourrure blanche de cette dernière. Je termine le dessin de l'oreille en ajoutant un peu de détails, laissant quelques poils empiéter sur la branche. Je choisis à présent un crayon F pour ajouter de la valeur à l'arrière-plan. Plutôt que de créer des formes définies, j'applique des traits circulaires en laissant ma main « vagabonder » dans la zone. Je fais pendre une courte branche dans le coin en haut à gauche. Elle est moins contrastée que les autres, et passe au second plan derrière le koala, conférant une impression de profondeur à la scène. Elle vient également renforcer l'effet de cadre et permet de parachever la composition.

Étape 12 Pour finir, j'ajoute des touches finales au crayon HB – j'intensifie certains tons pour créer plus de contraste, j'ajoute quelques traits de détail dans les yeux et sur le museau et étoffe la texture de la fourrure sur la totalité du corps. Je suis très content de ce dessin et du « cadre » naturel.

Faire un portrait ressemblant

Atteindre la ressemblance s'avère parfois un grand défi pour un artiste, mais le résultat peut être incroyablement gratifiant. Les deux piliers d'un dessin réussi sont une observation minutieuse du sujet associée à une compréhension précise de la forme de la tête. Prenez le temps nécessaire pour étudier les formes et les proportions du sujet. Les oreilles haut placées du berger allemand représentent presque la moitié de l'étendue verticale de la tête. Le large museau se réduit à mesure qu'il progresse vers la pointe épatée de la truffe, légèrement en pente le long de l'arête. Les poils courts du visage suivent de près les contours de la tête et du cou. Au-delà des caractéristiques de la race, retenez tout élément pouvant permettre d'identifier précisément un chien en particulier, comme ici le grain de beauté près de sa gueule.

S'attarder sur les détails Pour personnaliser davantage un portrait, dessinez également les accessoires du chien, comme ici le collier et la plaque.

Étape 1 Pour ce portrait, je décide de ne pas dessiner d'arrière-plan pour me focaliser uniquement sur l'expression noble du berger. Je dessine une première silhouette à main levée avec un HB bien taillé, en commençant par les formes de base, avant de leur donner un contour plus détaillé. Je me sers d'un compas pour comparer mes proportions avec celles de la photo de référence et m'assurer qu'elles correspondent bien. Vous pouvez également le faire avec une règle, mais je trouve la méthode du compas plus rapide et plus facile. Lorsque je suis satisfait de mes lignes conductrices, je trace de courts traits pour indiquer le sens de la pousse des poils et marquer les zones où les contrastes sont les plus forts.

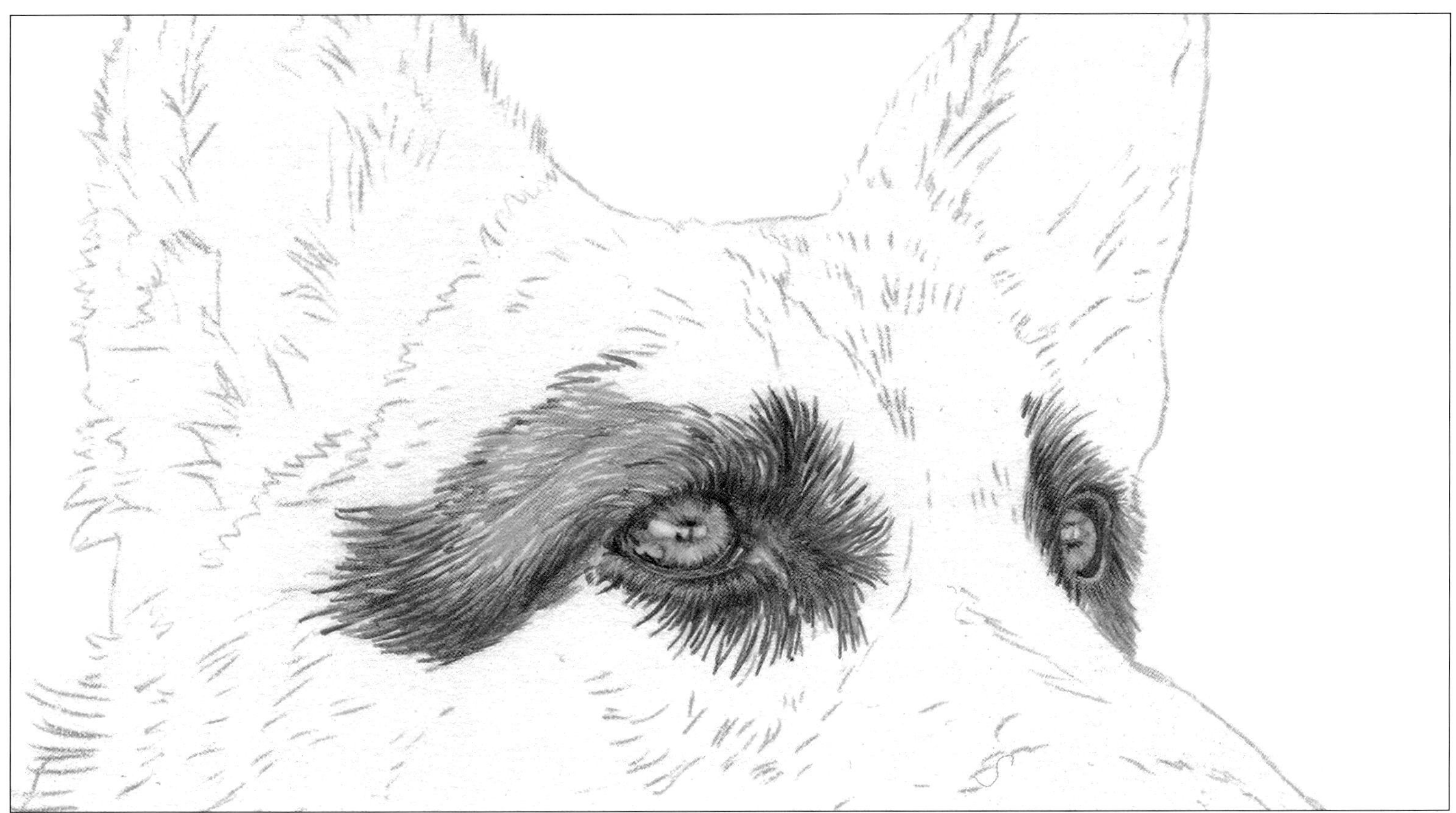

Étape 2 J'ombre les parties les plus sombres des yeux avec un crayon 2B, en laissant un rehaut sur la pupille et l'iris. J'ajoute ensuite des demi-teintes irradiant de la pupille vers l'iris. Je progresse ensuite autour du rehaut, j'ombre l'œil avec un crayon H. Je sculpte les poils autour des yeux par des lignes courbes pointant vers l'extérieur, en choisissant un HB pour les zones des sourcils les plus claires. Les espaces entre les poils créent les rehauts.

Étape 3 Je progresse de l'œil vers l'extérieur, avançant sur le front et jusqu'à l'oreille gauche du chien. Je commence par dessiner la tache de poils plus sombres sur le front avec un crayon 2B, toujours dans le sens de la pousse. Je choisis ensuite un HB pour les poils en demi-teinte puis un H pour les sections les plus claires. Pour les rehauts les plus subtils, je laisse le blanc du papier apparaître.

Étape 4 Le bord extérieur de l'oreille droite du chien est très foncé. J'applique donc au HB et en exerçant une forte pression des traits effilés suggérant de petites touffes de poils. Je ne touche pas au reste de l'oreille pour le moment – je la finirai à l'étape suivante. Je prends maintenant un HB pour l'oreille gauche, dont la valeur est plus claire.

Étape 5 J'utilise un crayon HB pour suggérer la douceur de la peau intérieure des oreilles, en l'estompant avec un tortillon. Je dessine ensuite les poils par-dessus, en alternant les valeurs du pelage et en ajoutant des ombres entre les touffes de poils. Je progresse vers le bas le long de la tête avec un crayon HB, en laissant le papier apparaître pour figurer les zones plus claires.

Étape 6 Je choisis un crayon 2B et dessine la truffe avec une série de petits cercles sombres pour rendre sa texture bien particulière. Je laisse les zones de rehaut blanches. Je m'attelle ensuite à foncer les narines et le sillon au milieu de la truffe. Je termine ensuite le travail du museau en appliquant des cercles plus clairs sur les zones « blanches » sous et au-dessus des narines. Avant de passer au museau, j'utilise un crayon émoussé pour marquer la naissance des poils de moustache et les poils épais, un peu plus longs, qui poussent sous la truffe (voir l'étape 7 pour leur positionnement).

Étape 7 Je remplis à présent le museau de petits coups de crayon rapprochés et pointant dans la direction opposée de la truffe, à l'exception du contour de la gueule, où je les change de direction. Le pelage ne comporte pas spécialement de détails, c'est sur l'indication du sens de la pousse que repose le rendu final. Je prends ensuite un 5B pour foncer les poils autour de la gueule.

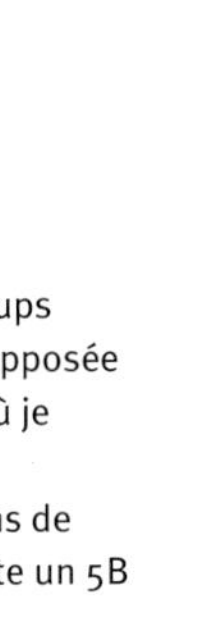

Étape 8 Une fois le museau défini, je m'attelle à l'intérieur de la gueule, en l'ombrant avec un crayon HB puis en créant un fondu avec un tortillon pour des transitions plus fluides. J'ajoute du ton sur les gencives et les babines avec un crayon 2B, en prenant soin de laisser des espaces blancs pour suggérer les forts rehauts dus à l'humidité. Pour plus de cohérence, je fonce les moustaches là où elles passent près de la gueule. Je laisse les dents entièrement blanches. Toujours avec un HB, j'ajoute des poils sur la pommette, puis trace des lignes plus sombres formant un « V » (pour suggérer les poils de la moustache qui sortent du grain de beauté que montre la photo de référence).

Étape 9 Je termine de sculpter les poils sur la pommette avec un crayon HB, en hachurant plus légèrement par-dessus le « V » pour qu'on le devine encore. Je passe ensuite au pelage du cou, en dessinant des zones de poils suivant à peu près le sens de la pousse. Le poil est plus long à cet endroit, et il est important de figurer sa nature flottante en traçant des lignes moins uniformes. Le collier du chien apporte un peu d'intérêt à la partie inférieure du dessin. Je le travaille au crayon 2B, en contournant les poils qui dépassent par-dessus. J'utilise ensuite un crayon H pour les parties de métal brillantes.

Étape 10 Je termine le dessin par un fondu des traits à la base du cou, créant ainsi une transition vers le fond blanc du papier. La partie inférieure du dessin montre à vrai dire plus de papier que de graphite – j'ai juste appliqué assez de coups de crayon pour suggérer le volume et la direction du pelage. J'évite ainsi un rendu final trop dur, et je mets en valeur l'expression heureuse et attentive du berger allemand.

Les cartoons

Le terme « cartoon » évoque invariablement des images d'animaux – Donald Duck, Mickey Mouse, Bugs Bunny et Porky Pig, Titi et Grosminet, Tom et Jerry... Ces personnages, ainsi que tous les autres héros d'innombrables aventures drôles ou passionnantes, sont nés de quelques coups de crayon. L'un d'entre eux a même commencé sa carrière sur une serviette en papier.

Dessiner des cartoons est une activité riche et créative – et bien plus simple qu'il n'y paraît. Ses règles de base tiennent en deux mots, à apprendre par cœur : humaniser et exagérer. Si vous créez en plus de cela des situations cocasses ou des dialogues humoristiques, vous êtes très bien parti.

Une dernière décision vous incombe, à savoir celle de choisir entre un style mignon, loufoque ou réaliste.

Pour commencer

Vous n'avez pas besoin de grand-chose pour vous mettre sur les rails. Un célèbre personnage de bande dessinée a commencé sa carrière en tant que simple gribouillage au feutre sur une serviette en papier. Toutefois, quelques outils de base ne seront pas de trop pour le dessinateur en herbe.

Les basiques

Avant tout, il vous faudra un crayon pour les croquis, une gomme, du papier à dessin, et un stylo ou un feutre pour encrer vos dessins finaux. Quel crayon ? Quel type de papier ? Pas d'inquiétude : il ne s'agit pas d'une opération à cœur ouvert, juste de dessin. Donc tout dépend du matériel que vous aimez utiliser. C'est aussi simple que ça ! Voici tout de même quelques conseils d'ordre général pour vous guider dans le labyrinthe des fournitures.

Porte-plume Il m'arrive d'utiliser un porte-plume à l'ancienne avec de l'encre noire d'Inde pour rendre mes dessins ultra-expressifs. Ces stylos peuvent avoir différents types de plume – de la plus fine à la plus large. (Je vous conseille de commencer avec une plume médium car c'est la plus facile d'utilisation et la plus polyvalente.) Trempez seulement la mine dans l'encre – pas besoin de noyer votre stylo. Plus vous appuyez sur la plume, plus votre ligne devient épaisse. Il faut un peu de temps avant de pouvoir maîtriser un porte-plume : commencez par vous entraîner avec quelques croquis simples.

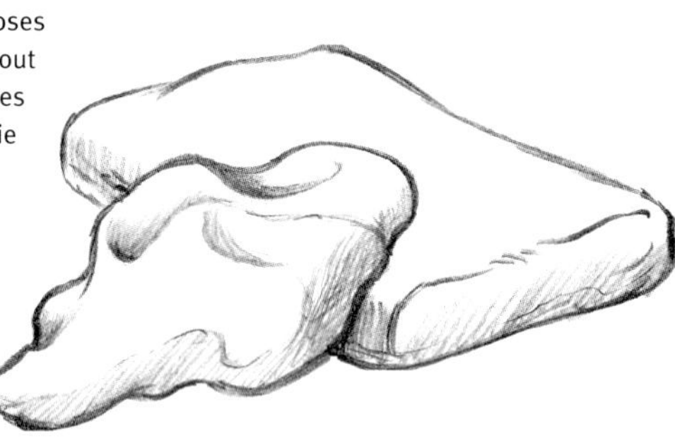

Gomme Les grosses gommes roses comme celles qu'on trouve au bout des crayons laissent des peluches partout. Préférez une gomme mie de pain. Elle ne s'effrite pas, et vous pourrez la modeler en une pointe pour atteindre n'importe quelle zone de votre dessin. Vous pourrez aussi l'étirer, l'écraser et lui donner toutes sortes de formes en attendant que vienne l'inspiration.

Ne jetez pas l'encre

Une fois que vous avez bien peaufiné votre dessin au crayon de bois, vous pourrez le parachever à l'encre pour sculpter de belles lignes noires. Vous avez l'embarras du choix en fonction de l'effet que vous recherchez, du feutre ordinaire au porte-plume, en passant par le stylo-plume et le porte-mine. La plupart des dessinateurs optent pour un stylo-bille ou un pinceau et de l'encre à dessin noire. Testez différents outils pour voir celui qui vous convient le mieux.

Crayon a dessin Les crayons ont différents degrés de dureté. Les crayons H ont une mine sèche et les B une mine grasse. Un crayon HB se situe quelque part entre les deux, avec une mine assez grasse pour suffire à dessiner un point, et assez sèche pour ombrer votre dessin : c'est un bon choix pour les croquis. Vous voulez que ça claque un peu plus ? Optez pour un 2B ou un 3B, dont les mines plus sèches vous permettent de dessiner des lignes plus marquées. Je vous invite à utiliser un crayon HB pour esquisser vos lignes conductrices et travailler les détails de vos cartoons.

Pinceau Les lignes fluides d'un pinceau trempé dans l'encre noire peuvent être tour à tour délicates et précises ou audacieusement épaisses, en fonction de la pression que vous exercez. Un pinceau est également utile pour noircir de grandes zones. Achetez un pinceau de bonne qualité dans un magasin spécialisé. Les pinceaux bon marché ne tiennent pas la route longtemps et ne serviront pas votre travail.

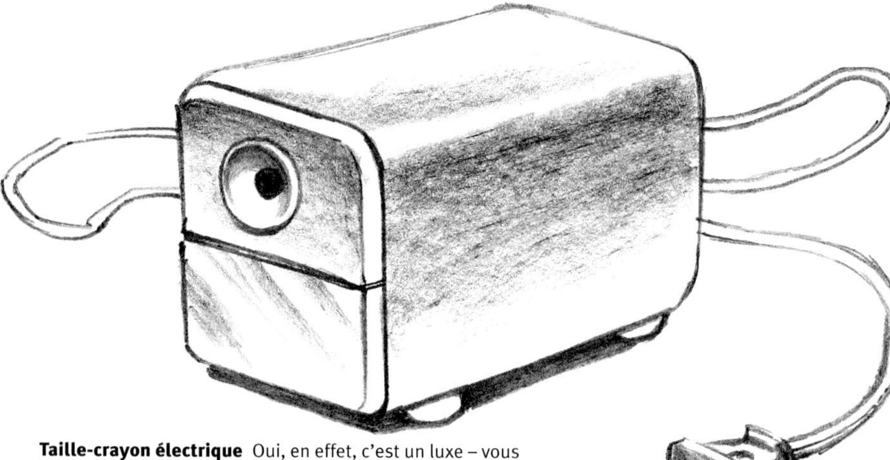

Porte-mine Un porte-mine vous donne une grande maîtrise de vos traits. On en trouve de diverses tailles, ce qui vous permet de varier l'épaisseur de vos lignes. Leur rendu est uniforme et précis, même si l'outil peut sembler un peu « froid », sans âme. Un porte-mine vous conviendra bien si vous aimez travailler avec de rapides hachurages ou des pointillés.

Taille-crayon électrique Oui, en effet, c'est un luxe – vous pouvez très bien tailler vos crayons à la main, comme le faisaient les hommes des cavernes (ah non ?!), mais un taille-crayon électrique affûte vos mines à la perfection et produit un son très satisfaisant. Demandez-en un au Père Noël.

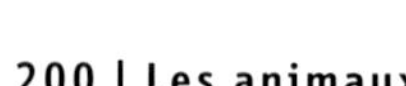

AU TRAVAIL !

Il existe un nombre incalculable de vidéos qui sont autant d'exemples d'animations et de sources d'inspiration. Explorez aussi bien les créations expérimentales que les techniques révolutionnaires du siècle passé – pas seulement celles d'aujourd'hui. Saviez-vous que derrière chaque seconde de film se cachent 24 dessins uniques ? Essayez de réaliser quelques croquis d'après un arrêt sur image d'un film d'animation ou de dessin animé.

Conseil d'artiste
Mettez la vidéo en pause quand une pose, un geste, une composition vous paraît intéressante, et faites-en un croquis.

Papiers s'il vous plaît !

Entraînez-vous sur divers types de papier et de surfaces de dessin. Trouvez ce qui vous convient le mieux. Les blocs à dessin proposent des surfaces lisses ou brutes. La texture du papier a un effet direct sur le rendu de vos lignes. Si vous les voulez propres et précises, il vous faut une surface lisse. Si vous préférez un effet texturé, le papier rugueux est un meilleur choix. Pour dessiner des idées à la chaîne, une surface lisse est parfaite. Pour peaufiner un personnage de BD, j'aime bien utiliser du papier-calque. J'esquisse mon dessin puis le glisse sous une autre feuille de calque et je recommence. Je vais modifier l'expression du visage, grossir le nez, inverser la pose ou ajouter un chapeau. Je continue ainsi jusqu'à ce que je sois pleinement satisfait du dessin.

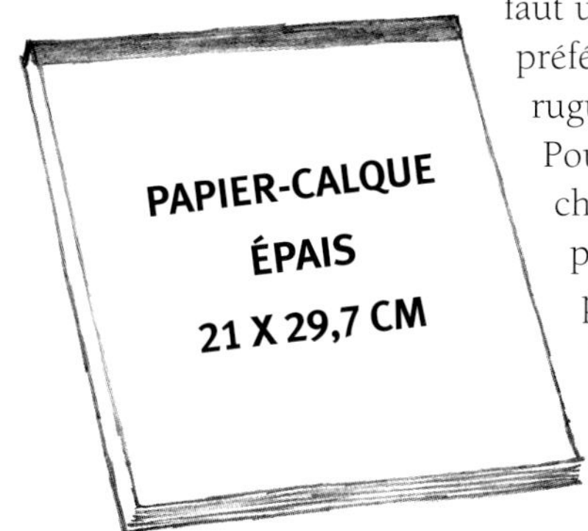

Au calque Si vous préférez travailler sur du papier-calque mais que vous voulez conserver votre dessin final sur papier, voici comment procéder : commencez par encrer votre œuvre sur le papier-calque puis photocopiez-la sur du carton-pâte. Vous pourrez même la coloriser avec des feutres pour encore plus de panache !

Quelques petits extras

À mesure que vous progresserez, vous constaterez que votre matériel aussi. Vous allez avoir besoin d'une lampe ajustable pour éclairer vos personnages, puis d'une bonne paire de ciseaux ou d'un cutter pour couper toutes vos quantités de papier. Sans oublier un gros pinceau pour balayer vos peluches de gomme et autres menus débris, ainsi qu'une équerre en T si vous comptez dessiner vos propres BD. Enfin, du ruban adhésif de protection vous permettra de fixer votre dessin à votre bureau ou votre planche à dessin.

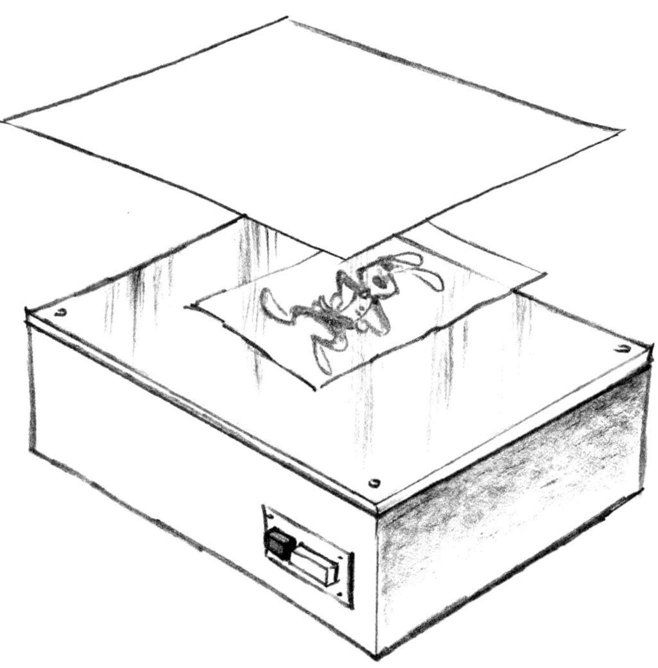

Plein feu Une table lumineuse professionnelle peut s'avérer très utile pour produire des dessins de qualité irréprochable. Travaillez tous les détails de votre dessin sur papier-calque, puis fixez-le sur la table lumineuse avec du ruban adhésif de protection. Déposez une feuille de papier lisse à grammage moyen sur votre dessin, allumez la table et redessinez-le à l'encre. Et voilà le travail !

Créez-vous une bibliothèque de références

À mesure que vous apprenez, commencez à rassembler vos propres références. En plus des livres traitant de bande dessinée, d'animation et d'illustration, vous trouverez de l'inspiration dans les BD elles-mêmes, les comics, les magazines humoristiques et les films. Conservez également des documents dans une chemise ou un classeur. Si vous tombez par exemple sur une photo qui vous fait rire, gardez-la pour titiller votre imagination les jours de pluie.

Les animaux de cartoon

Les animaux de dessins animés et bandes dessinées sont créés selon les mêmes principes : simplification et exagération, mais en plus on les « anthropomorphise », c'est-à-dire qu'on les dote de caractéristiques typiquement humaines. Par exemple, donnez à vos créatures des mains humaines, faites-les pleurer ou rire, ou faites tenir les quadrupèdes sur seulement deux pattes. Regardez des dessins animés à la télévision, ou des bandes dessinées pour vous donner des idées.

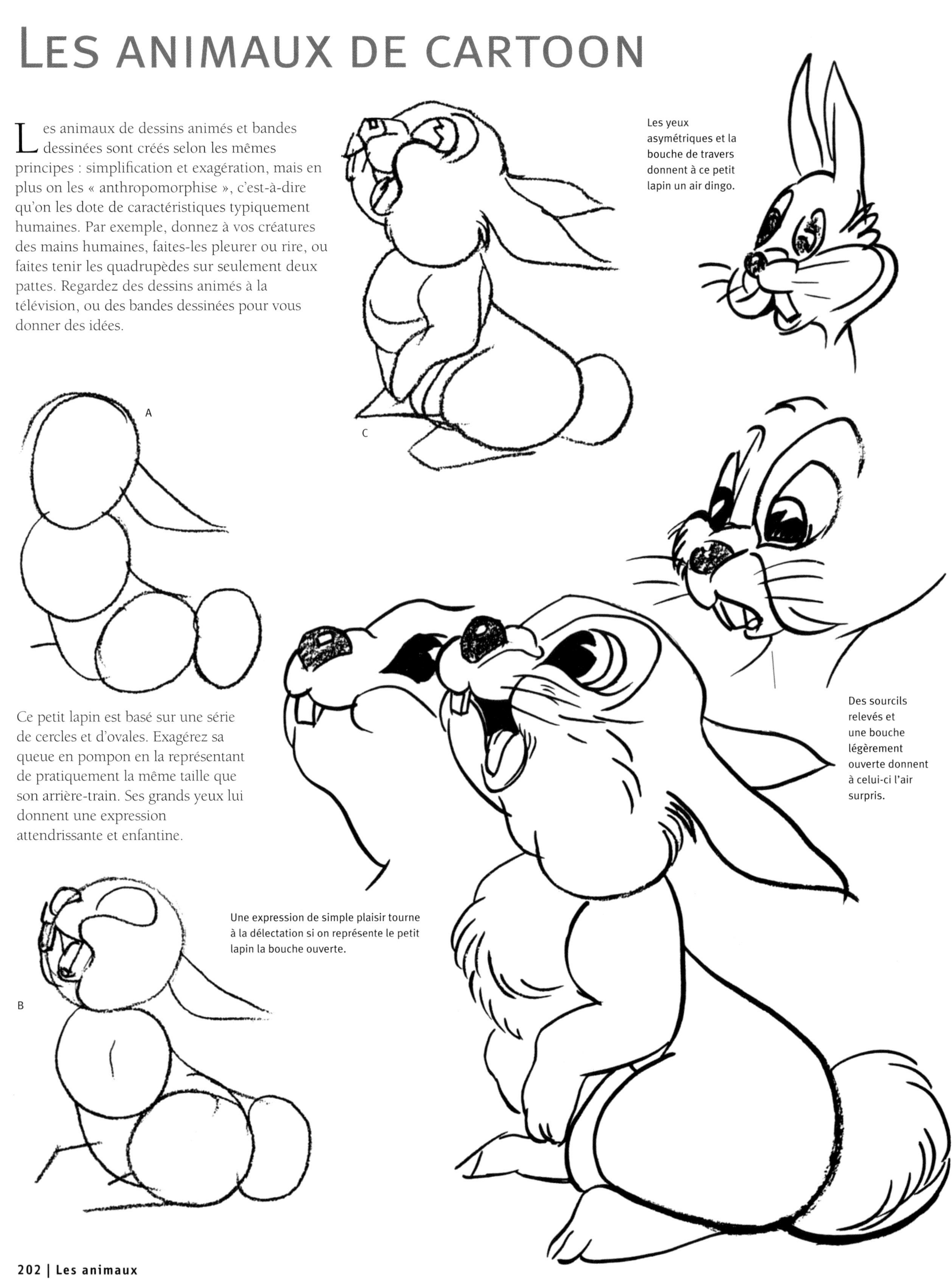

Les yeux asymétriques et la bouche de travers donnent à ce petit lapin un air dingo.

Ce petit lapin est basé sur une série de cercles et d'ovales. Exagérez sa queue en pompon en la représentant de pratiquement la même taille que son arrière-train. Ses grands yeux lui donnent une expression attendrissante et enfantine.

Des sourcils relevés et une bouche légèrement ouverte donnent à celui-ci l'air surpris.

Une expression de simple plaisir tourne à la délectation si on représente le petit lapin la bouche ouverte.

QUELLE DIRECTION ?

Tous les chemins mènent à Cartoon City. Souvenez-vous qu'il s'agit d'un art, et non d'une science, dont vous pouvez en grande partie établir vous-même les règles. N'ayez pas peur de sortir des sentiers battus. Les cartoons peuvent être mignons, tendres, farfelus, bizarres, fascinants ou effrayants en fonction des auteurs. Et dans un univers où les insectes portent des vêtements, les reporters bien élevés se transforment la nuit en superhéros et les théières parlent, tout est permis.

Mais bon, il vous faut quand même commencer par quelque chose. Je vous propose ici trois approches différentes – trois modes de création de différents types de cartoons. J'ai ajouté quelques petits bonus et des infos rien que pour vous, ainsi que quelques exemples d'illustrations. Testez ces différents styles et voyez celui dans lequel vous vous sentez le plus à l'aise. À mesure que vous dessinerez, vous affinerez votre propre style.

Craquante Les enfants s'y identifient et les parents ne peuvent s'empêcher de rire de leurs espiègleries. Ce style plaît toujours, que ce soit pour les albums jeunesse ou des articles de papeterie.

Conseil d'artiste

Planifiez vous-même votre apprentissage en vous appuyant sur les quelques principes que je vous inculque ici. Mais souvenez-vous : les règles existent pour être transgressées !

Si mignons

Nombreux sont les bandes dessinées, les livres pour enfants ou les cartes d'anniversaire qui mettent en scène ces enfants précoces aux yeux immenses. Ces bambins, accompagnés de leurs petits compagnons à poils se retrouvent également en figurines et petits objets en tout genre. Rien de tel qu'un petit gamin craquant ou un chiot pour réchauffer le cœur d'un lecteur grincheux.

Chauds et doux

Ces petites bêtes à câliner, à fourrure ou à plumes, répondent aux mêmes principes que les petites bouilles d'ange. Les animaux de cartoon, si mignons, ont bien souvent subi quelques touches d'anthropomorphisme, ce qui signifie qu'on leur a appliqué des caractéristiques humaines. Ainsi, on a remplacé leurs petits yeux par des yeux presque humains, avec des cils et, parfois, des sourcils. La bouche est elle aussi souvent fendue dans un large sourire qui invite aux caresses.

Respecter les proportions On retrouve sur le visage de ces petits animaux les mêmes traits que sur leurs jeunes amis humains. Disposez les yeux, la truffe et la bouche dans une moitié inférieure. Les yeux sont grands et ronds. Les joues rebondies empiètent sur les yeux.

Forme de base Pour dessiner un animal tout mignon, comme le chiot, commencez par tracer un corps en forme de haricot rebondi. Ajoutez un cercle pour la tête de la même taille que le corps.

Petites merveilles

Le style « craquant » se construit à partir d'une association de cercles, d'ovales et autres formes arrondies « sympas » (on réserve les traits anguleux aux méchantes sorcières !). Comme vous le voyez ici, cette méthode de dessin peut s'appliquer à presque tous les animaux pour en faire de petites choses tendres et amicales. Il faut ensuite les mettre en action. Les petits compagnons dessinés sur ces pages sont animés et vivants, rappelant les comportements des vrais bébés animaux. Entraînez-vous à croquer votre animal domestique, des sujets du zoo ou des animaux dans les parcs pour vous familiariser avec leurs démarches et comportements.

Pas de quoi être effrayé Avec leur petit format, leurs yeux scintillants et des pattes qui ressemblent à des mini-mains, les souris comptent parmi les personnages de cartoon les plus craquants.

Langage corporel Ce petit lapin à croquer regarde vers le haut, ce qui accentue sa petite taille et sa vulnérabilité. Sa tête, légèrement sur le côté, et ses pattes prêtes à bondir ajoutent à son attrait.

Le regard Ce petit canard lance un regard en diagonale invitant à le suivre.

Besoin d'amour Avec sa queue qui remue et sa petite langue sortie, ce chiot a l'air encore plus heureux.

Détails réalistes Les plis sur les genoux et ce petit bec sont des détails réalistes qui rendent cette tortue crédible.

Petit chaton joueur Les proportions de ce chat rappellent celles d'un enfant. Ses immenses yeux lui donnent un air innocent.

Variations sur un thème Les lapins, les écureuils et les tamias (*chipmunks*) se dessinent d'après la même méthode, mais les lapins ont des pommettes légèrement plus larges et un front plus étroit. Leurs yeux sont situés un peu plus haut, mais ils reposent toujours sur les joues. Accentuez un peu la longueur des dents de devant pour un petit effet craquant.

Action ! Fido nage joyeusement. Notez qu'il n'est constitué que de courbes. Essayez ainsi de donner à vos animaux en action des lignes rondes et fluides. On oublie les formes anguleuses !

Conseil d'artiste
Lorsque vous dessinez des personnages « mignons », n'utilisez que très peu d'ombrage et de détails.

La petite touche en plus Les amis à nageoires de Fido ont eux aussi leur petit air mignon, avec ces yeux humains et ces joues bien rebondies. Les lèvres charnues nous font mordre à l'hameçon.

Visages et expressions

Vous pouvez commencer par dessiner une tête en forme de ballon puis décliner vos personnages selon vos envies. Ici, on commence par une petite tête enfantine avec des yeux ronds avant de créer toute une série d'animaux mignons en modifiant les oreilles, le nez et la bouche. Ajoutez une touffe de poils, des cils ou des moustaches pour parachever le tout.

Commencez par une tête de base, formée d'un cercle et de joues rebondies.

Les sourcils inversés et la bouche indiquent clairement que ce chiot est grincheux.

Mélangez une mâchoire plus ronde, un visage bien joufflu et un nez rond pour obtenir un petit cochon.

La bouche du petit chat pointe vers le haut, et sa truffe vers le bas.

Animaux en folie

Une astuce pour dessiner des animaux de cartoon est de se les représenter comme un assemblage de formes simples, telles que des boules, des saucisses, des poires, des œufs. En jouant avec les couleurs et caractéristiques de vos personnages animaliers, vous obtiendrez des bêtes à pois, à rayures, ou de couleurs un peu dingues, déclenchant un feu d'artifice visuel. Les animaux constituent un sujet idéal pour les dessins loufoques. La scène du « chien-qui-suit-le-chat-qui-suit-la-souris » a été bien exploitée, mais il y a toujours de la place pour un œil neuf. Et puis, les exemples d'animaux stars ne manquent pas, du plus sympa au plus abominable.

Forcez le trait !

L'humour des cartoons loufoques se repaît d'expressions faciales exagérées et de classiques « tartes à la crème », comme dans la scène du bulldog aboyant sauvagement contre un facteur déjà loin, ou le singe poilu imitant à merveille le comportement humain. Sans oublier les chameaux bienheureux, les cochons rondelets et les vaches béates, qui fournissent autant de visages drôles et de physionomies improbables : vous avez là une mine d'inspiration !

Miam Vous pouvez créer toutes sortes de drôles d'animaux avec des formes de saucisse, d'œuf et de petit pain.

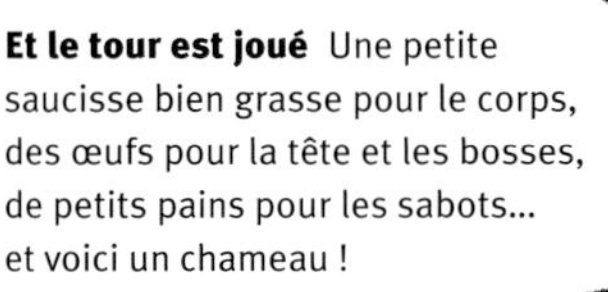

Et le tour est joué Une petite saucisse bien grasse pour le corps, des œufs pour la tête et les bosses, de petits pains pour les sabots… et voici un chameau !

Pas d'obstacle Une saucisse pour le corps (ou est-ce un haricot pinto ?) et deux œufs pour la tête.

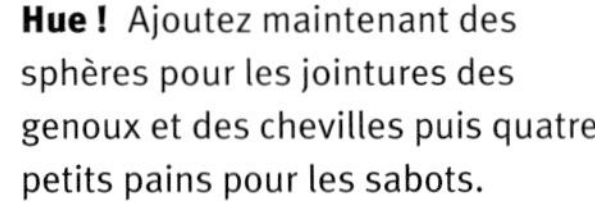

Hue ! Ajoutez maintenant des sphères pour les jointures des genoux et des chevilles puis quatre petits pains pour les sabots.

Ami à plumes Le contraste entre un corps bien rond en forme d'œuf et des pattes longues comme des tuyaux crée un effet loufoque. Et une petite tête suffit !

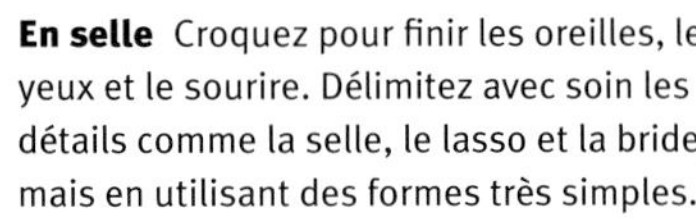

En selle Croquez pour finir les oreilles, les yeux et le sourire. Délimitez avec soin les détails comme la selle, le lasso et la bride, mais en utilisant des formes très simples.

Jambes en caoutchouc

Les animaux présentés dans cette page ont tous un corps en forme de saucisse et de longues pattes en tuyau. Leurs membres caoutchouteux leur donnent une apparence malléable, fluide et loufoque. Les gros pieds maladroits ajoutent à l'effet comique. Testez cette technique sur d'autres animaux agiles aux longs membres, comme les singes, les vaches ou les girafes.

Qu'est-ce que c'était ?

Pouvez-vous imaginer vos personnages sous différents angles ? Alors que Fido pivote la tête pour voir passer un lièvre à toute allure, les plis de ses bajoues viennent ricocher sur le côté. C'est ce qu'on appelle le « principe de la vague ». Pour vous figurer l'aspect d'un personnage selon différents angles, prenez un jouet et observez-le en changeant d'orientation, du profil à la vue de face, en passant par la vue de trois quarts.

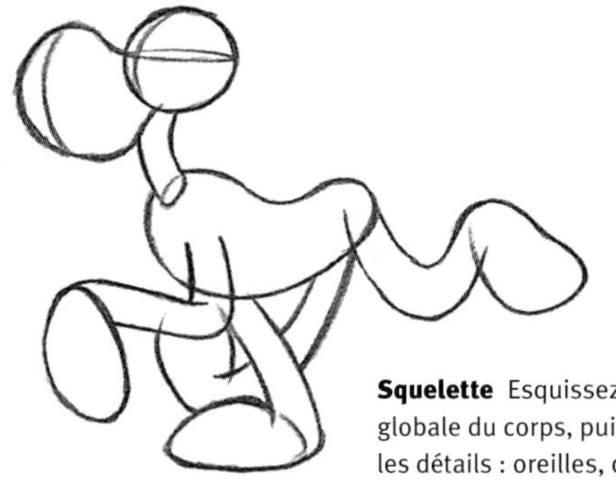

Squelette Esquissez la forme globale du corps, puis ajoutez les détails : oreilles, queue et museau. Ce sont ces éléments qui rendent un personnage unique.

Bajoues Ce rêveur de Fido, avec sa grosse truffe, est un chien heureux et baveux comme il faut. Ses grandes oreilles et son collier surdimensionné ajoutent à son allure un peu gourde.

Grrr ! Lorsque ce lion grogne, sa tête part vers l'arrière et sa gueule s'ouvre grand pour dévoiler des dents effrayantes tandis que ses yeux se plissent. Il est toutes griffes dehors. Mais son museau en bulbe, ses grosses pattes et ses formes incurvées contrebalancent l'effet pour faire du roi des animaux un lion inoffensif un peu ridicule.

Très chic Si Fido et Fifi partagent la même forme canine, le résultat final est bien différent : Fifi aime séduire, avec ses longs cils, son air espiègle, son nez pointu et ses traits délicats. Le dessin reste toutefois drôle. Sur elle, un collier de chien devient un accessoire de mode.

Un peu de réalisme

La physionomie des chiens, chats, lions, tigres et autres ours de cartoons doit rappeler celle des humains et faire passer des émotions. Pour cela aussi, les références photographiques sont très précieuses. L'objectif est ici de créer une impression de muscles, d'os, de plumes et de pelage qui soit assez réaliste pour être crédible, bien que réalisée dans un style de cartoon. Les traits du visage doivent être humanisés, exagérés. L'émotion exprimée doit être assez claire pour que l'on puisse différencier un air soucieux d'un air étonné ou fasciné.

Mon héroïne Ce portait de berger allemand est réaliste. Ses traits forts et nobles en font un potentiel champion canin.

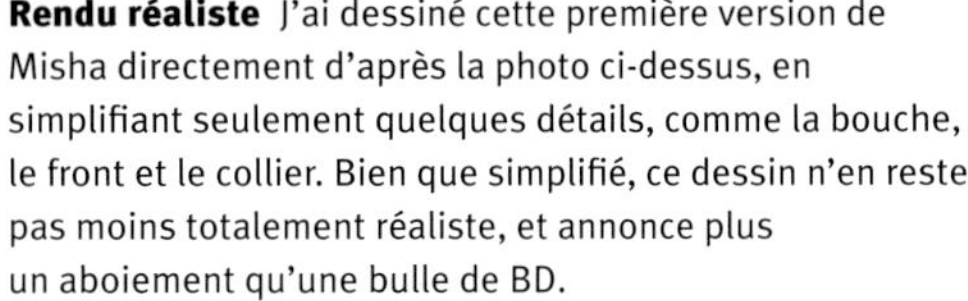

Rendu réaliste J'ai dessiné cette première version de Misha directement d'après la photo ci-dessus, en simplifiant seulement quelques détails, comme la bouche, le front et le collier. Bien que simplifié, ce dessin n'en reste pas moins totalement réaliste, et annonce plus un aboiement qu'une bulle de BD.

Changement Misha devient ici un chien de cartoon « réaliste » : toujours ressemblante mais un peu plus imaginaire. La structure du corps et le motif de son pelage ont été stylisés et, selon les principes du cartoon, sa tête et ses pattes ont été grossies pour une lecture plus « facile ». On reconnaît indubitablement un chien, mais son sourire joyeux est clairement humain.

Commencez par la tête

Les animaux de cartoons peuvent être conçus comme un mélange de références anatomiques et d'expressions stylisées. Au lieu de partir sur des formes simples, essayez de représenter les muscles et les os sous-jacents. Les proportions sont exagérées, mais elles s'appuient sur un exemple réel. Commencez par une représentation réaliste, puis simplifiez l'animal, en accentuant sa pose et son expression. Débridez ensuite votre instinct créatif : la photo doit vous servir de guide, et non de modèle.

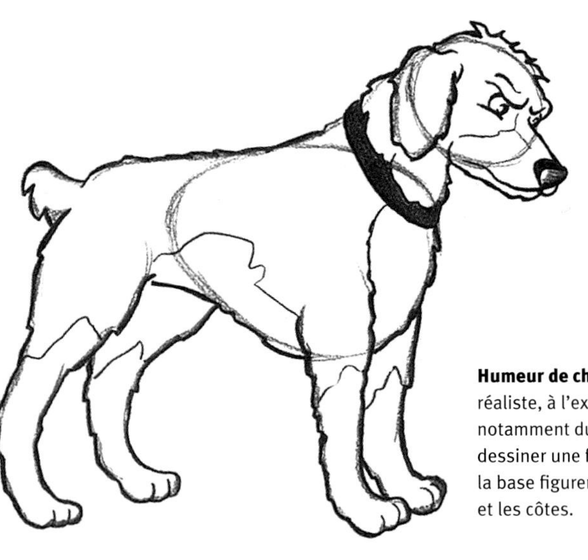

Humeur de chien Ce dessin est réaliste, à l'exception du visage, et notamment du regard. Commencez par dessiner une forme de gros œuf, dont la base figurera la cage thoracique et les côtes.

Transformation Cette illustration s'éloigne encore plus de la photo. L'emplacement et la forme des oreilles ont changé, tout comme le museau et la truffe agrandis, les yeux écarquillés et le corps en caoutchouc. Bien que l'on reconnaisse un dalmatien, Misha a maintenant ses galons de chien loufoque.

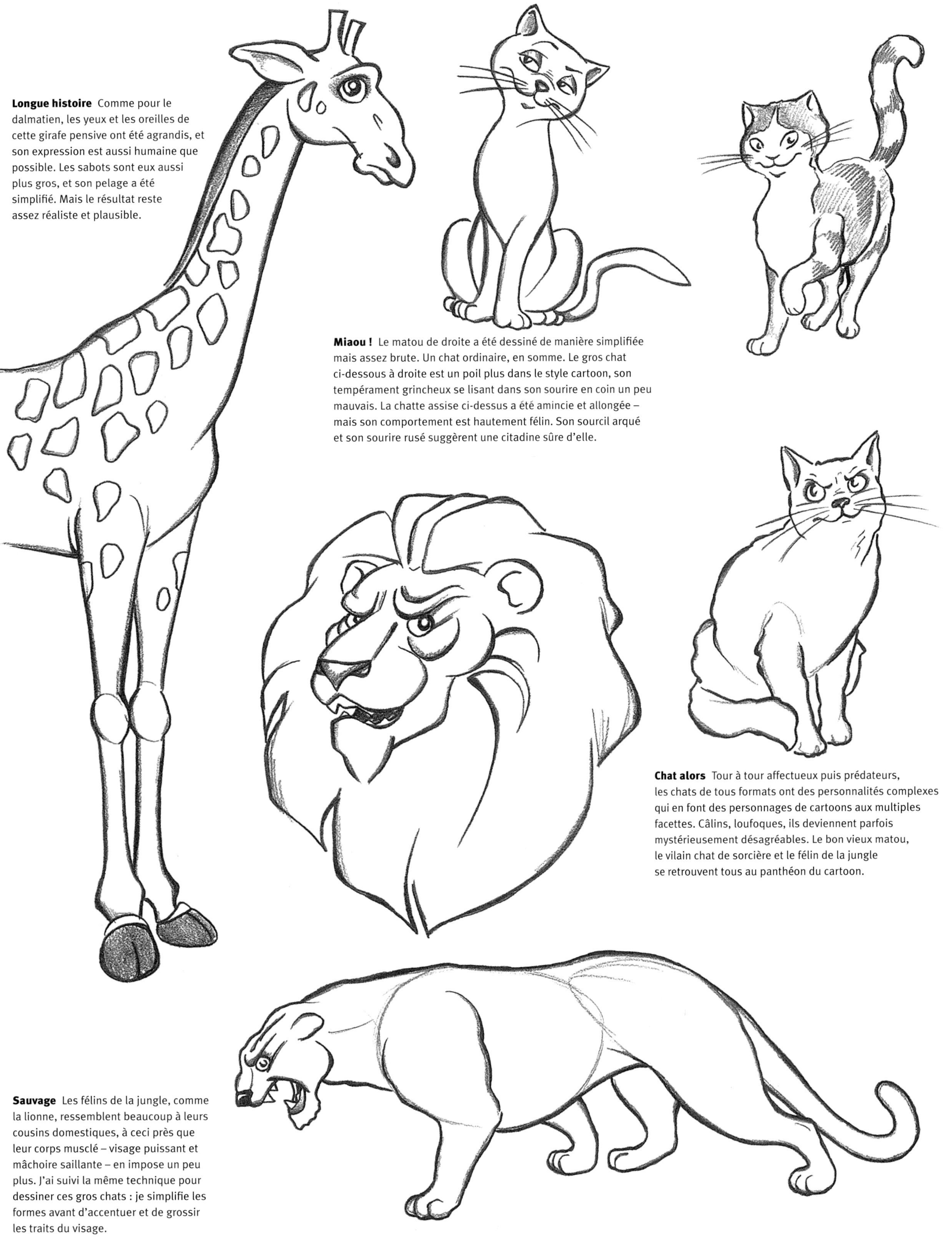

Longue histoire Comme pour le dalmatien, les yeux et les oreilles de cette girafe pensive ont été agrandis, et son expression est aussi humaine que possible. Les sabots sont eux aussi plus gros, et son pelage a été simplifié. Mais le résultat reste assez réaliste et plausible.

Miaou ! Le matou de droite a été dessiné de manière simplifiée mais assez brute. Un chat ordinaire, en somme. Le gros chat ci-dessous à droite est un poil plus dans le style cartoon, son tempérament grincheux se lisant dans son sourire en coin un peu mauvais. La chatte assise ci-dessus a été amincie et allongée – mais son comportement est hautement félin. Son sourcil arqué et son sourire rusé suggèrent une citadine sûre d'elle.

Chat alors Tour à tour affectueux puis prédateurs, les chats de tous formats ont des personnalités complexes qui en font des personnages de cartoons aux multiples facettes. Câlins, loufoques, ils deviennent parfois mystérieusement désagréables. Le bon vieux matou, le vilain chat de sorcière et le félin de la jungle se retrouvent tous au panthéon du cartoon.

Sauvage Les félins de la jungle, comme la lionne, ressemblent beaucoup à leurs cousins domestiques, à ceci près que leur corps musclé – visage puissant et mâchoire saillante – en impose un peu plus. J'ai suivi la même technique pour dessiner ces gros chats : je simplifie les formes avant d'accentuer et de grossir les traits du visage.

Les traits du visage

Les animaux sont bien souvent les protagonistes des cartoons. Animaux domestiques ou bêtes sauvages, ils sont tour à tour futés, stupides, gentils, méchants, et empruntent leurs expressions aux humains. Toutes les créatures qui nous entourent, avec leurs cornes bizarres, leurs trompes, groins, et autres becs sont une source d'inspiration inépuisable pour le dessinateur, qui saura les transformer en personnages mémorables.

Crânes de cartoons

La tête d'un être humain a plus ou moins la forme d'un œuf, bien que l'on puisse la modéliser en un cube, une cacahuète ou quoi que ce soit d'autre dans un cartoon. En revanche, de l'araignée au zèbre, celle des animaux n'est jamais la même. Les quatre animaux présentés sur cette page ont des formes de tête uniques dont je me suis servi pour commencer leur « portrait ». Suivez les étapes pour chacun de ces personnages, puis essayez de dessiner votre animal préféré. Un peu de pratique et votre technique sera… au poil !

Chien méchant Tracez un gros œuf pour figurer la trogne de ce boute-en-train. Le nez de clown rappelle que ce chien aboie plus qu'il ne mord.

Ours bien léché Le visage de cet ours amical se compose de formes rondes. Tracez ensuite un contour moelleux et un sourire plein de dents.

Un foin c'est tout Le long visage de ce cheval a une forme de poire et un museau rond. Ajoutez de longs cils et une lippe charnue pour une touche de féminité.

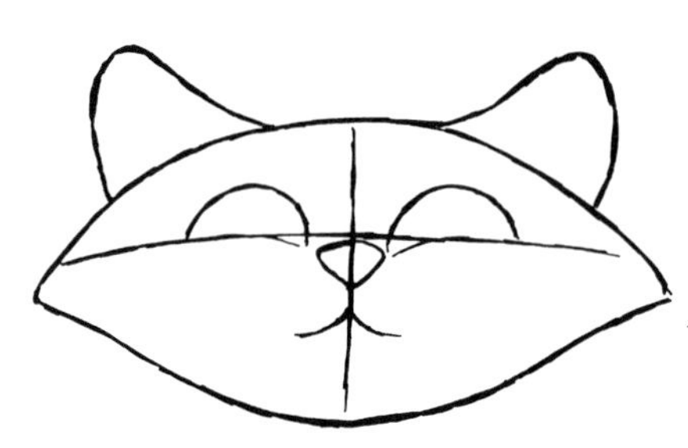

Chat fou La tête a une forme de diamant. Des moustaches et un large sourire complètent le portrait de ce chat qui louche.

Zoo comique

En tant que dessinateur, vous choisissez le style de vos dessins. J'ai d'abord dessiné ce cheval de façon assez « réaliste » (en tout cas pour un cartoon), puis son double beaucoup plus loufoque. De même, j'ai dessiné le premier lapin avec soin, avec un visage symétrique. Il est mignon comme… un petit lapin ! J'ai ensuite déposé une feuille de calque sur le dessin et griffonné ce lièvre un peu dingue. Je préfère les versions loufoques, et vous ?

Bonne humeur

Il est parfois plus amusant de dessiner des créatures grincheuses. Les techniques de dessin utilisées pour créer un visage expressif s'appliquent indifféremment à un vieil homme ou à une chèvre (on a parfois du mal à les différencier !)

Bourru Pour la tête de cette chèvre, j'ai tracé une forme de haricot rouge et j'ai suivi la ligne incurvée des cornes jusqu'à sa bouche grimaçante.

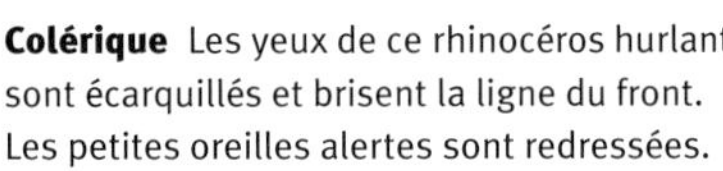

Colérique Les yeux de ce rhinocéros hurlant sont écarquillés et brisent la ligne du front. Les petites oreilles alertes sont redressées.

Museaux, becs et compagnie

Pour dessiner des visages d'animaux convaincants, commencez avec une forme ronde et des axes centraux (verticaux et horizontaux), comme vous le feriez pour un visage humain. Ajoutez ensuite une forme ronde plus petite pour le museau. Entraînez-vous avec les modèles ci-dessous puis appliquez-les pour créer vos propres personnages.

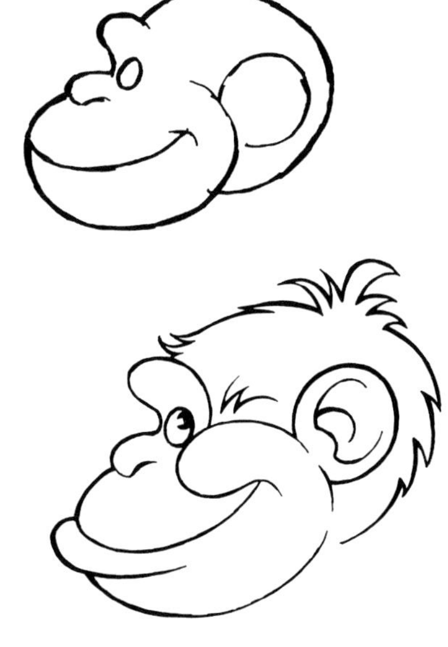

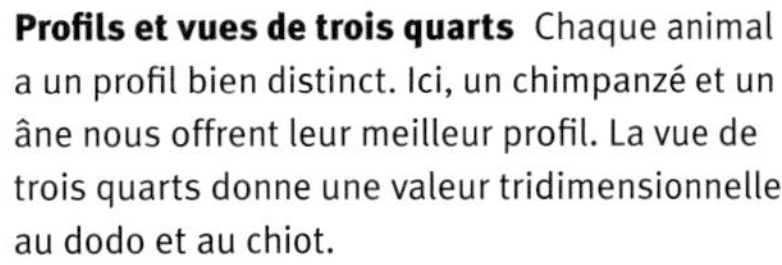

Profils et vues de trois quarts Chaque animal a un profil bien distinct. Ici, un chimpanzé et un âne nous offrent leur meilleur profil. La vue de trois quarts donne une valeur tridimensionnelle au dodo et au chiot.

Corps de bêtes

Les physiques animaliers varient énormément, des girafes aux longues jambes aux cochons tout ronds. Toutefois, il existe quelques conseils et principes à suivre qui vous aideront beaucoup, quelle que soit la créature que vous dessinez. Allez au zoo, faites un portrait de votre chien, de votre canari. Mon chien, Hugo, se retrouve souvent dans mes dessins. Il est parfois transformé en tigre ou en dragon, mais sa personnalité perce toujours. Les créatures présentées ci-dessous sont des cartoons dessinés dans le but d'être expressifs et loufoques, mais ils conservent toujours un peu de l'identité de l'animal qu'ils représentent.

Coquins et malins Pour dessiner une créature de cartoon à quatre pattes, une méthode consiste à commencer par un dessin au trait d'une table rectangulaire. Tracez ensuite une simple forme de haricot rouge autour du dessus de table pour figurer le corps. Ajoutez une tête circulaire et des jambes en tuyaux. Le chien ainsi créé semble être solidement campé sur le sol, tandis qu'on ne distingue plus les lignes conductrices.

Assise, la table, assise ! Imaginez que les pieds de table sont des tuyaux flexibles ou des fils de fer : vous pouvez les tordre pour créer les poses que vous voulez. Il vous suffit ensuite de recouvrir le dessus de table avec une forme de corps, puis d'ajouter un cou et une tête.

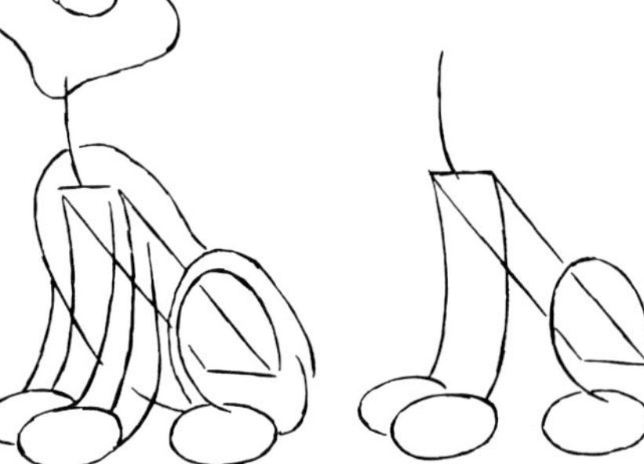

Tout mimi

Pour transformer un animal en cartoon, étudiez l'original et faites-en quelques croquis. Demandez-vous quelles sont les caractéristiques de l'animal. Par exemple, le bulldog a un poitrail imposant et une très grosse mâchoire. Accentuez-les encore un peu plus. En deux mots : exagérez et simplifiez. Malgré les apparences, les bulldogs sont des animaux affectueux. J'ai voulu conserver cet aspect ici.

Si réel Notre bulldog femelle est trapue et musclée, avec une grosse tête et un corps massif.

Simples cercles Ici, la tête, le poitrail et les hanches du chien ont été simplifiés en trois cercles. J'ai agrandi sa bouche proéminente et rapproché ses yeux.

Régime grossissant J'ai dessiné des jambes puissantes, légèrement arquées, et de grosses pattes maladroites. Avec une petite oreille et quelques plis de peau, mon portrait commence à prendre forme.

Touches finales Contrairement à ce qui se fait traditionnellement, mon bulldog a un regard gentil. Ici, les plis de peau ajoutent au côté mignon de notre amie.

Animez-les

On ne va pas laisser ces petites bêtes comme ça : il faut les mettre en mouvement. Commencez par observer la manière dont les vrais animaux se meuvent. Les pattes avant des chiens sont un peu arquées, un peu à la manière des bras humains. Mais pour leurs pattes arrière, c'est une tout autre histoire. Lorsque vous êtes prêt à commencer, tracez en premier une colonne vertébrale (ligne de mouvement), puis étoffez vos figures de bâtons.

Au trot La taille de la tête et des sabots de ce poney est disproportionnée pour créer un effet comique. Son corps est plus rond et compact que celui d'un vrai cheval, ajoutant à son côté mignon. Ses membres sont eux plutôt réalistes, et son mouvement crédible.

Boïng ! Les proportions de ce kangourou son assez réalistes, mais sa croupe est plus large, et son visage plus rond et brut que dans sa version originale. Les oreilles retroussées par le vent indiquent la direction de notre ami rebondissant.

Éléphantastique Ce portait d'éléphant n'est rien d'autre qu'un gros ballon avec des jambes. Sa trompe et sa queue ont été allongées pour accentuer le sens de sa course. Les plis de sa trompe et ses orteils bien délimités lui donnent un certain panache.

Ça mouille

Les corps et les textures des tortues, serpents, crapauds et autres poissons sont plus difficiles à rendre mignons que ceux des mammifères. Vous pouvez en revanche jouer sur leur aspect exotique pour créer des personnages originaux qui sortent du lot.

Peau de serpent Les crochets réalistes de ce serpent contrastent avec son sourire farfelu et le motif fantasque de ses écailles. Les serpents peuvent s'enrouler autour de toutes sortes de choses et saisir des objets avec leur queue – à la façon des singes. En cartoon, les serpents tiennent à merveille le rôle des méchants ou des faux gentils.

Drôle d'air Yeux exorbités, lèvres charnues : ces ingrédients fonctionnent du tonnerre sur les poissons rouges. Le corps de celui-ci semble être principalement constitué d'une grosse tête flottante expressive. En tordant un peu la réalité, ses nageoires peuvent devenir des mains.

Humains malgré tout ?

Appliquer aux animaux des caractéristiques humaines (ce que l'on appelle anthropomorphisme) permet de créer des personnages mignons dans lesquels nous nous retrouvons un peu. Ces personnages portent bien souvent des vêtements, conduisent des voitures et vivent dans des maisons. Leurs corps rappellent ceux des humains, tout en conservant un certain degré d'identité animale. Ces petits héros comptent parmi les personnages de cartoons les plus appréciés.

Dessin des mains Pour donner à vos personnages des mains anthropomorphes, commencez par tracer un simple cercle pour la paume, puis dessinez trois ou quatre doigts dodus.

Comme des enfants Vos jeunes amis peuvent être dessinés dans les mêmes proportions que les petits humains de cartoons. Chacun des chatons ci-contre mesure l'équivalent de deux têtes et demie. Mais rien ne vous oblige à dessiner vos personnages de la même manière pour les rendre mignons. Pour le premier, j'ai appliqué un style assez simple, avec des yeux comme des boutons. Le deuxième a de grands yeux et un large museau blanc.

Ouiiin ! Tracez quelques lignes en zigzag et des larmes pour montrer que ce bébé canard hurle de chagrin. La bouche béante accentue cette impression de hurlement, alors même que les yeux sont masqués. Notez que la vue en contre-plongée sert également à intensifier l'émotion transmise.

Bzz bzz

Les insectes sont des personnages récurrents dans les cartoons, et ils nous donnent bien du souci : combien de pattes dois-je dessiner ? Est-ce que je leur dessine un nez, un sourire ? Et quel vêtement est à la mode côté insectes cette année ? Sachez que les rayures et les pois sont des classiques indémodables...

Notre abeille ci-dessous est douce comme du miel. Sa grosse tête et ses petits yeux typiques suivent les codes du « mignon », mais son corps rappelle sa véritable nature. Les ailes de notre petite coccinelle deviennent presque un vêtement, avec des manchettes et des ourlets. Ses petites antennes sont délicates et féminines.

Bas les pattes

Sur les animaux humanisés, les pattes deviennent des mains à trois ou quatre doigts – petits, mignons et grassouillets. Ne les faites pas trop longs. Pour les oiseaux, les ailes doivent être effilées pour devenir des doigts. Les chevaux, cochons et autres animaux à sabots sont plus problématiques. Vous pouvez présenter les sabots comme des mains gantées, ou bien leur donner un air plus souple, comme une main dans une chaussette ou une moufle.

Habillez-les !

En tant que dessinateur, vous êtes non seulement en charge du casting, mais aussi des costumes de vos petits héros. Si l'habit fait le moine, vous comprendrez l'importance du rôle que vous avez à tenir.

Définir un personnage

Le costume revêt une importance primordiale. Accrochez par exemple une étoile sur le pelage d'un chien errant, et le voilà représentant de la loi. Ajoutez un chapeau, et il devient shérif ! Ou bien tracez un cercle autour de sa tête en un casque d'astronaute, quelques étoiles en arrière-plan et le voici en orbite. Habillez vos personnages de telle sorte que l'on sache en un regard qui ils sont.

On se déguise ? Le chapeau qui tombe sur les yeux, les pieds perdus dans les grandes chaussures, l'immense sac : cette petite lapine a pris les affaires de maman ! Ce qui est mignon chez les petits êtres humains devient carrément craquant chez les animaux.

Mini mignons
Associer vos petits personnages à des objets plus grands qu'eux est la meilleure façon d'entendre un « Ooooh ! C'est si craquant. » À bon entendeur...

Savoir faire simple

Comme vous allez être amené à dessiner le même personnage encore et encore, établissez une garde-robe assez simple. Une salopette, une jolie paire de chaussures, une casquette ou un chapeau, des baskets, un ruban : choisissez quelques accessoires de base qui vous permettront d'identifier vos personnages. En revanche, si les boutons ou les fermetures à glissière sont nécessaires dans la vraie vie, vos cartoons n'en n'auront pas besoin !

Conseil d'artiste
Lorsque vous créez un personnage cartoon, évitez les motifs détaillés (comme le motif écossais par exemple) car il est bien difficile ensuite de les reproduire à l'identique.

Fine équipe Qui pourrait croire que ces joyeux amis ne sont rien de plus qu'un cercle monté sur une forme de poire ? Les vêtements et les détails comme les dents sont venus dans un second temps. Il est important de vous concentrer en premier lieu sur la forme de base de votre personnage. Allez à l'essentiel puis apportez des détails.

Pleins de vie !

Du grizzly qui conduit une voiture et se brosse les dents au bolide de course qui avance tout seul, les dessinateurs confèrent depuis toujours des caractéristiques humaines aux animaux et aux objets (ce que l'on appelle « anthropomorphisme »). Pour cela, il vous faut imaginer ce à quoi ressemblerait tel objet ou tel animal s'il était humain. Après cela, vous devez identifier les attributs propres à cet objet ou animal, et imaginer ce à quoi ressemblerait cet humain avec les mêmes attributs. Combinez enfin ces deux images et vous obtiendrez un personnage de cartoon… en chair et en os !

Prenez un humain – n'importe lequel Pour créer un animal de cartoon, faites-vous en premier lieu une idée d'un être humain dans sa version cartoon classique.

Pensez aux caractéristiques Décidez de l'animal que vous voulez représenter. Ici, j'ai choisi un lapin. Attachez-vous ensuite à définir ce qui fait de cet animal un lapin : longues oreilles, joues poilues, dents en avant, grandes pattes arrière et queue ouateuse.

Associez-les Appliquez à présent tous ces attributs à votre premier personnage et vous obtenez un animal avec des traits humains ! Remplacez les oreilles de l'un par celles de l'autre, faites de même pour les jambes et ainsi de suite…

En comparant Donner des traits humains à un animal de cartoon est facilité par le fait que tous deux ont la même construction de base : une tête juchée sur un poitrail, avec deux yeux, deux oreilles, un nez, une bouche, deux membres supérieurs et deux membres inférieurs.

Cheese ! Dessinez vos animaux dans des poses bien à nous pour leur conférer encore plus d'humanité : voyez ce crocodile avec sa main sur la hanche. Si vous ajoutez à cela une action, comme celle d'utiliser un cure-dents, l'effet est encore meilleur.

On s'adapte De nombreux animaux (comme les insectes ou les mollusques) ne partagent pas la construction physique des humains. Pour parer à cela, inversez la méthode : plutôt que d'appliquer des traits d'animaux à une figure humaine, dessinez sur vos personnages des caractéristiques humaines (comme ici des cils ou des lèvres).

On s'habille Souvenez-vous que les vêtements et les costumes s'utilisent à merveille sur les animaux. Ce chien bien solennel semble prendre la route à contrecœur. Le chapeau et les lunettes lui confèrent une personnalité humaine.

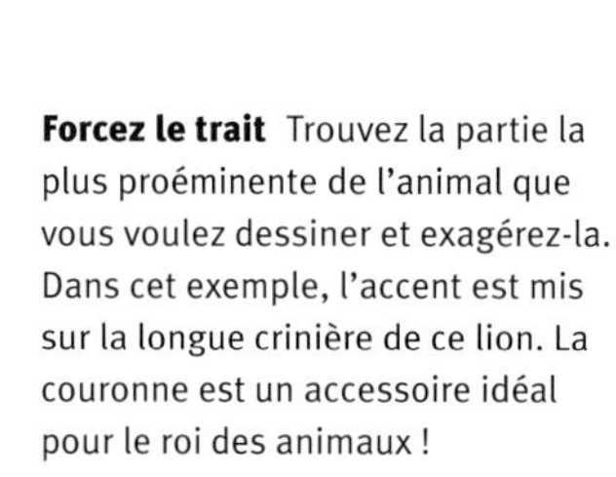

Forcez le trait Trouvez la partie la plus proéminente de l'animal que vous voulez dessiner et exagérez-la. Dans cet exemple, l'accent est mis sur la longue crinière de ce lion. La couronne est un accessoire idéal pour le roi des animaux !

Créer une feuille de modèles

Si vous avez un personnage fétiche que vous serez amené à dessiner souvent, la meilleure chose à faire est de créer une feuille de modèles telle que celle présentée ci-dessous. Un tel document regroupe des dessins du personnage dans diverses positions, sous différents angles et arborant différentes expressions. C'est sur cette feuille que le dessinateur indique les détails de la construction du corps et des costumes, ainsi que les expressions du visage appartenant à la personnalité de son héros. Cela vous aidera (ainsi que tous vos assistants !) à rester cohérent au fil de vos créations.

Citoyen modèle Lorsque vous établissez une feuille de modèles, essayez d'y intégrer toutes les poses et expressions de votre personnage – parlant, marchant, faisant un clin d'œil, se tournant dans un sens, puis dans l'autre, fermant les yeux… Souvenez-vous : c'est vous le dessinateur, c'est vous qui avez le dernier mot. Profitez-en !

Feuille de modèle – l'ourson Théodore

Animaux fantastiques

Les mondes fantastiques ne sont pas uniquement habités par des héros humains et des méchants. Si vous aimez créer et dessiner des personnages fantastiques, vous trouverez dans ce chapitre des instructions précises et des idées précieuses. Vous allez apprendre à donner vie à des créatures monstrueusement belles, depuis les premières esquisses à la création de genres nouveaux, en passant par le travail des détails. En un mot, tout ce dont vous avez besoin pour faire vivre votre monde intérieur de façon convaincante.

Construire des créatures

Il est beaucoup plus simple d'appréhender un dessin si vous commencez par le décomposer en formes de base ou en figures tridimensionnelles. Avec un peu de travail d'affinement, elles peuvent facilement devenir des parties du corps de votre créature. Dans mes dessins, je me sers souvent de cylindres pour préfigurer les jambes, et de cubes pour les pieds (voir ci-dessous les exemples d'application de cette méthode). Voici à quoi se résume la première étape de chaque dessin : esquisser les formes et développer les volumes. Il s'agit ensuite simplement de relier et d'affiner les lignes, puis d'ajouter des détails.

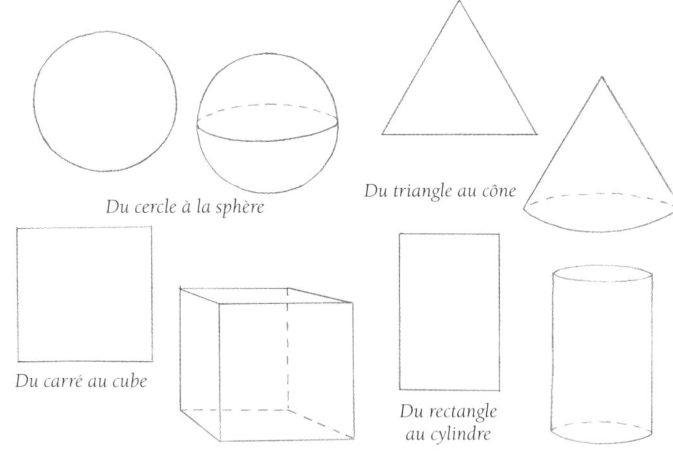

Passer de la 2D à la 3D J'ai tracé ici quatre figures simples et leurs équivalents en volumes. Je considère les figures comme des vues de face, plates, d'objets en 3D. Lorsque vous les inclinez, elles deviennent des objets tridimensionnels. Utilisez ainsi des ellipses pour figurer l'arrière d'un cercle, d'un cylindre ou d'un cône ; dessinez un cube en reliant deux carrés avec des lignes parallèles.

Commencer par des formes de base

Lorsque vous tracez les contours de votre sujet, vous dessinez sa silhouette, ou sa figure. Mais votre sujet a aussi de la profondeur et de la dimension. Les quatre figures de base, le cercle, le rectangle, le carré et le triangle ont pour équivalents la sphère, le cylindre, le cube et le cône. Une balle ou un grain de raisin sont ainsi des sphères, une jarre ou un tronc des cylindres, une boîte ou un immeuble des cubes, un sapin ou un entonnoir des cônes. Lorsque vous aurez appris à passer une forme en 2D dans son format en 3D, vous serez en mesure de dessiner n'importe quel sujet !

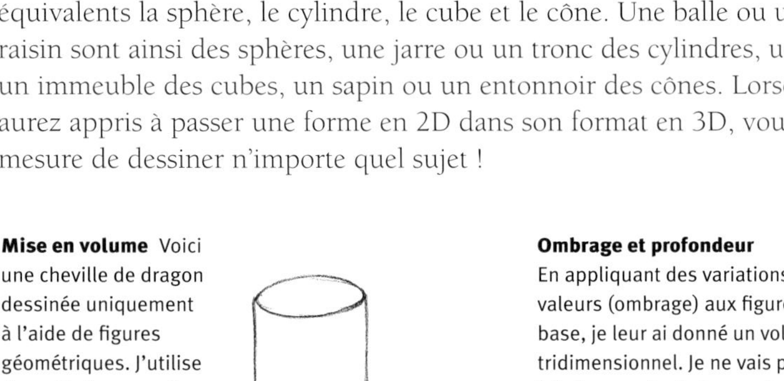

Mise en volume Voici une cheville de dragon dessinée uniquement à l'aide de figures géométriques. J'utilise des cylindres pour la jambe, un cercle pour l'arrondi du pied et des triangles pour les griffes.

Ombrage et profondeur En appliquant des variations de valeurs (ombrage) aux figures de base, je leur ai donné un volume tridimensionnel. Je ne vais pas aussi loin lorsque je réalise un dessin en temps normal, mais cette étape intermédiaire permet d'illustrer le rôle de l'ombrage dans la création d'un champ tridimensionnel.

Dessin final Me guidant à partir de ces volumes élémentaires, j'affine les lignes du dessin, j'ajoute les détails et je précise les ombres. À la fin, bien que les formes de base aient été modifiées, on peut encore les deviner sous le dessin.

Positionner les éléments du visage

Croyez-le ou non : la tête d'un dragon, comme celle des autres créatures fantastiques, a les mêmes proportions (taille et disposition relative des éléments du visage les uns par rapport aux autres) que celles d'un humain. Que vous observiez le sujet de face, de profil ou de trois quarts, les proportions de base restent inchangées.

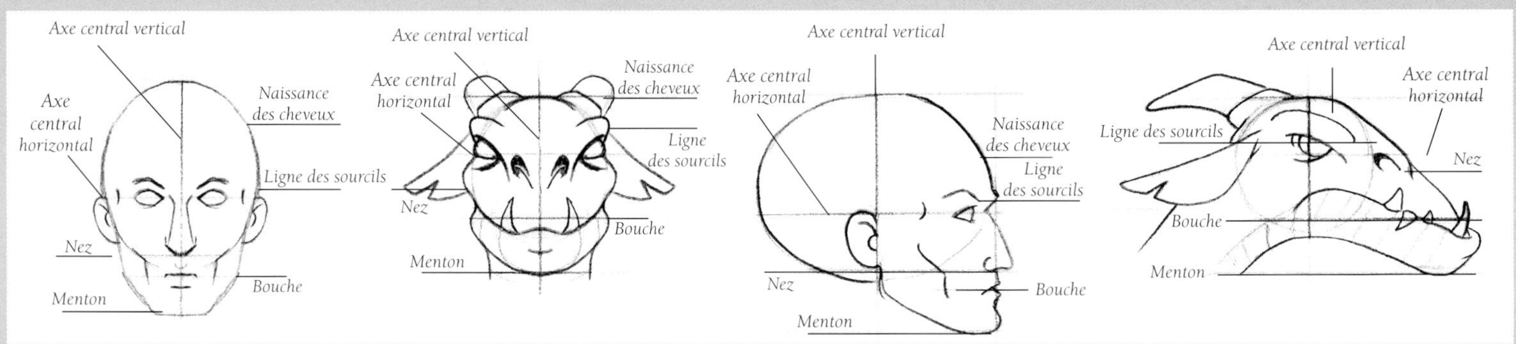

Lignes conductrices d'un visage humain Divisez-le en sa moitié, verticalement et horizontalement. Divisez ensuite la partie inférieure du visage en deux afin de situer pointe du nez, puis une nouvelle fois pour situer la lèvre inférieure. La ligne de naissance des cheveux se situe aux deux tiers de la distance entre le haut du crâne et les yeux, et la ligne des sourcils est juste au-dessus des oreilles. Les yeux sont centrés sur l'axe central vertical et écartés de la taille d'un œil.

Lignes conductrices d'un visage de dragon Le visage du dragon suit les mêmes règles de proportions que le visage humain, à ceci près que les lignes conductrices (et les éléments du visage) sont espacées un peu différemment. Par exemple, la ligne de « naissance des cheveux » du dragon est plus haute, et l'espace entre la pointe du nez et l'axe central horizontal est plus petit que chez l'être humain. Mais ces lignes jouent le même rôle et fonctionnent selon le même modèle que pour l'être humain.

Profil d'humain Lorsque vous dessinez un profil humain, appuyez-vous sur un large cercle crânien pour positionner les éléments du visage. Le nez, les lèvres et le menton sortent de ce cercle, tandis que l'œil et l'oreille demeurent à l'intérieur. Lorsque la tête est tournée de profil, les lignes conductrices du visage restent inchangées.

Profil de dragon Tracez un plus petit cercle crânien, car les dragons ne possèdent pas un aussi grand cerveau que le nôtre. Le museau et la bouche sortent du cercle, tandis que l'œil demeure à l'intérieur. L'oreille commence à l'intérieur du cercle mais, étant plus longue que l'oreille humaine, s'achève à l'extérieur.

Associez les références

La plupart des créatures fantastiques sont en réalité des combinaisons d'animaux existants – voire d'êtres humains ! Les dragons sont par exemple bien souvent composés d'éléments appartenant au serpent, au lion, à l'aigle, au poisson et à d'autres animaux. Cela vous permet de vous référer à des photographies pour recréer ces éléments.

Je peux ainsi m'inspirer d'une aile d'oiseau et d'une aile de chauve-souris pour dessiner une aile de dragon. Vous appuyer sur des photos vous permet de conférer un certain réalisme à vos créations fantastiques. Ceci dit, ne vous sentez pas limité par vos modèles : les dragons sont des créatures de mythes, la question anatomique n'est pas essentielle.

Aile L'aile de dragon ci-dessus associe à la fois des caractéristiques d'aile d'oiseau et de chauve-souris. Les griffes affûtées et les veines apparentes lui confèrent toutefois une identité propre.

Tête Dans cet exemple, j'imbrique une tête d'alligator dans un crâne de chimpanzé pour obtenir une tête de dragon. Vous retrouvez ainsi des traits appartenant à chacun de ces animaux dans le dessin final, comme le long museau et l'œil de l'alligator, ou la forme de la mâchoire et du crâne du chimpanzé. J'ajoute ensuite bien entendu quelques attributs fictifs : les oreilles ressemblent ainsi à des nageoires.

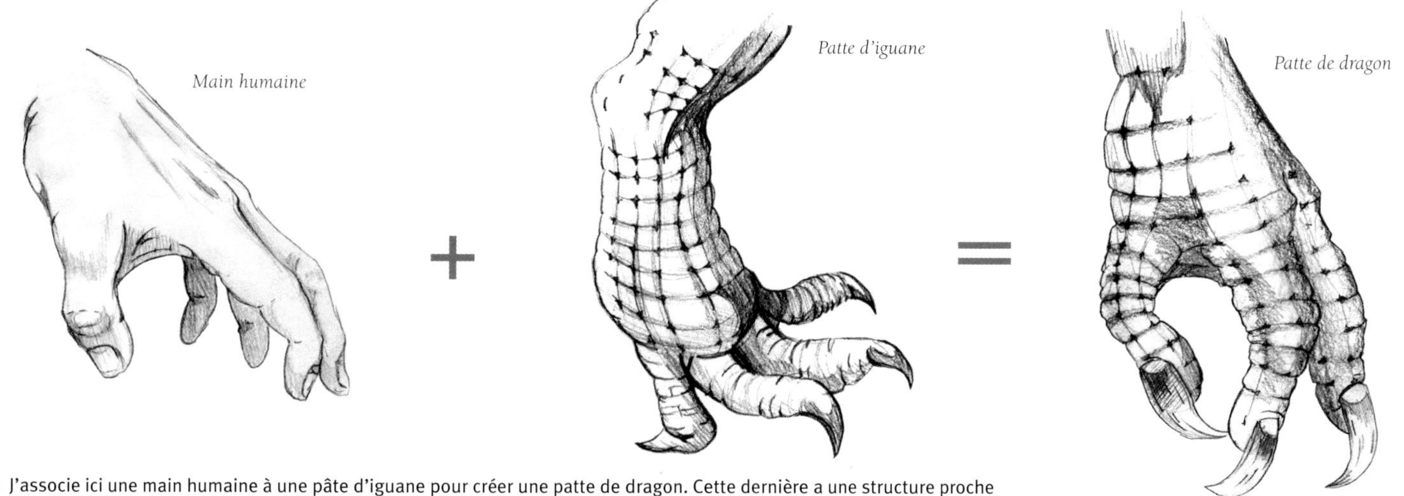

Patte J'associe ici une main humaine à une pâte d'iguane pour créer une patte de dragon. Cette dernière a une structure proche d'une main humaine, mais sa texture rappelle celle de l'iguane. Dans de nombreux cas, on pourrait tout à fait utiliser la patte d'iguane telle quelle. Mais si votre dragon doit transmette une certaine impression de sensibilité, des attributs humains (comme ici avec les ongles) seront utiles.

Créer des attributs physiques

Les cornes, les ailes, les plumes, les griffes, le pelage : autant d'attributs et de détails à prendre en considération lorsque vous imaginez votre créature. Souvenez-vous qu'il est bien souvent utile de vous appuyer sur des photos de référence, que ce soit de personnes ou d'animaux. Les exemples présentés ici vont vous permettre de vous entraîner à la création de textures diverses, telles que les écailles lisses ou les cornes striées, et d'éléments tels que les ailes ou les queues. Si vous avez presque terminé un dessin mais sentez qu'il est incomplet, pensez à cette sélection pour donner à votre créature une touche de dynamisme.

Écailles Pour vous inspirer, étudiez des animaux à peau écaillée, comme les serpents, les crocodiles, et même les poissons. Les écailles de gauche sont lisses et glissantes, comme le ventre d'un serpent. En n'utilisant que des ombrages clairs et en fondant les contours des écailles dans les zones où les rehauts sont les plus marqués, vous donnez de la mobilité à vos écailles, comme sur un poisson. Les écailles de droite sont plus ombrées et fortement striées et craquelées sur les contours. Elles paraissent très dures et épaisses – comme celles que l'on trouverait, rappelant une armure, sur le dos d'un vieux dragon.

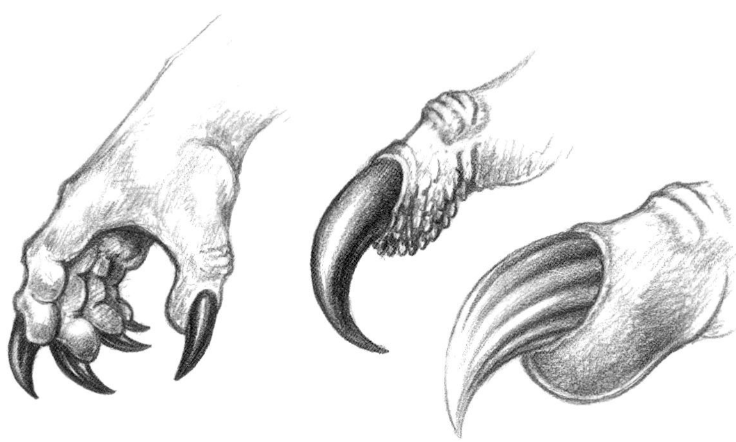

Griffes Taille, forme, fonction : il existe parmi les animaux une très grande variété de griffes. Prenez le tigre, l'aigle, le lézard ou même le chien, puis pensez à votre créature et à l'utilité de ses griffes. L'exemple de gauche montre à quoi peuvent ressembler des serres sur une main de gargouille : parfaites pour attaquer, défendre et grimper. Les griffes du milieu pourraient être un ongle de pied de dragon ou d'une harpie. Inspirée d'une serre d'aigle, elle est très pratique pour accrocher quelque chose. Le dernier exemple est une excellente griffe-à-tout-faire striée.

Fourrure et pelage Pour dessiner un pelage court (à gauche), tracez des lignes de taille moyenne en évitant de former des rangées parallèles. Donnez-leur un aspect spontané et dessinez-les dans la même direction. Utilisez des traits plus sombres pour dessiner des bandes ou d'autres motifs et pour les ombres propres. Les poils rêches et drus (au centre) se dessinent avec de petits coups de crayon rapides. Cette technique convient bien pour les poils très courts ou le duvet sur les doigts de pied et les phalanges d'un ogre. Les longs crins (à droite) sont utiles pour les crinières et les queues. Tracez de longues lignes fluides dans le sens de pousse. Pour donner du brillant aux crins, laissez le blanc du papier apparaître par endroits. Les crins ne sont pas tous de la même longueur : laissez quelques-uns s'échapper en une mèche rebelle ou une boucle délicate.

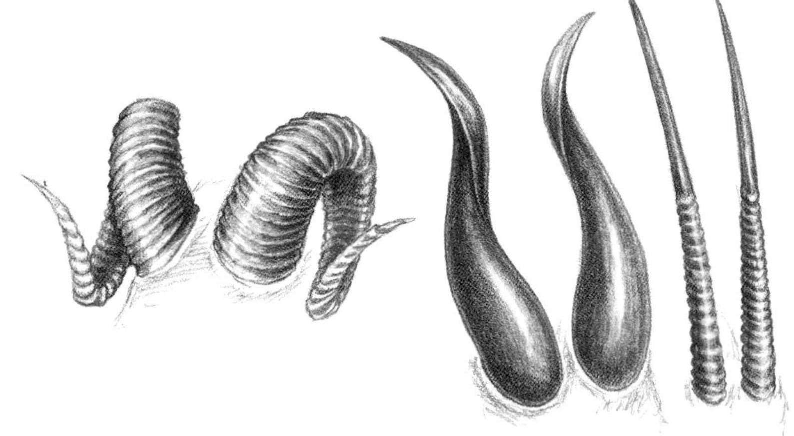

Cornes Comme pour les autres exemples de cette double page, c'est en modifiant ce que vous voyez dans la nature que vous créerez les cornes de vos créatures. Beaucoup d'animaux arborent des cornes époustouflantes, mais même des formes plus classiques, comme les cornes de bélier, peuvent se prêter à un univers fantastique. En torsadant des cornes droites, comme dans l'exemple au centre, vous obtenez un effet raffiné. Sur l'exemple de droite, les stries se fondent vers la pointe fluide des cornes, produisant un effet à la fois brut et empreint de noblesse.

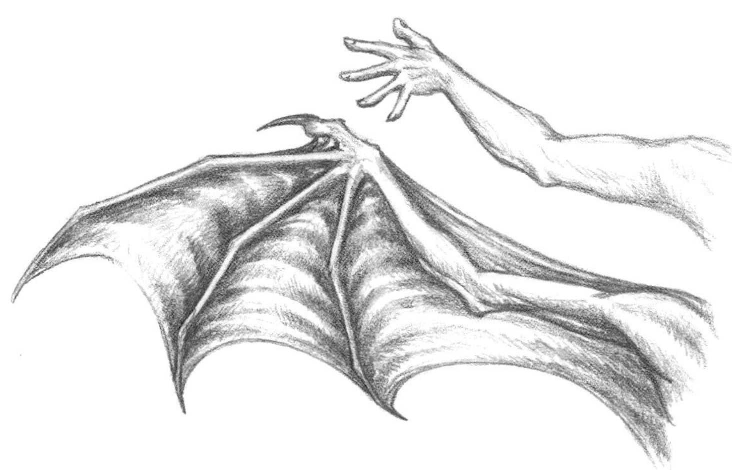

Ailes de cuir Les ailes forment pour ainsi dire une deuxième paire de bras. Si leurs os sont fins et allongés, leur structure de base est celle d'un bras prolongé d'une main. L'exemple le plus connu est celui des chauves-souris, dont les ailes constituent les membres avant. Dans l'illustration ci-dessus, comparez les « doigts » de l'aile et ceux de la main. Notez que chaque membre possède un poignet, un coude, une épaule, et même un pouce. Gardez en tête cette structure comme point de départ. Ajoutez ensuite plus ou moins de doigts, ou bien faites partir de longues pointes depuis le coude.

Ailes à plumes Les ailes des oiseaux ressemblent également au bras humain. Contrairement aux ailes de cuir, dans lesquelles la peau est tendue par des doigts allongés, les « doigts » d'une aile à plumes sont fusionnés en un unique doigt. Les plumes donnent sa forme et son volume à l'aile. Bien qu'elles puissent servir d'armes d'intimidation, il ne vous est pas nécessaire de dessiner chaque plume individuellement. Insistez de préférence sur les longues plumes (qui rappellent des doigts) de la bordure extérieure de l'aile. Ne détaillez à l'inverse pas trop les petites plumes de la rangée supérieure (même si je vous conseille de bien en délimiter le contour et pourquoi pas de leur dessiner des marques).

Ailes repliées Lorsqu'elles ne sont pas en vol, les créatures fantastiques replient traditionnellement leurs ailes afin d'être plus mobiles et d'être sur leurs gardes. Les ailes pliées peuvent se reposer contre le corps ou bien simplement être rabaissées et relâchées. La membrane des ailes – comme chez les chauves-souris – est généralement extensible, même au repos. Ce n'est pas vraiment le cas dans l'exemple ci-dessus, hormis les quelques plis apportant un peu de souplesse, mais vous pouvez également imaginer des ailes dont les plis suivent la ligne des « doigts » et qui reposent comme des étoffes une fois relâchées.

Ailes ouvertes Lorsque les ailes sont ouvertes, la membrane entre les « doigts » s'étire et se tend. Elle conserve quelques plis peu nombreux. Notez que la bordure de la membrane est moins arquée une fois l'aile dépliée. L'exemple de gauche montre une aile ouverte inclinée loin du spectateur.

Ailes expressives Les créatures fantastiques sont assez attachées à leurs ailes. Lorsque vous ajoutez ainsi des membres supplémentaires, ils deviennent partie intégrante de l'anatomie de votre animal et deviennent un vecteur corporel de ses pensées et de ses émotions. Dans l'exemple ci-contre, le dragon de droite cherche à intimider l'autre en ouvrant grand ses ailes. Cela fonctionne, et le dragon de gauche, impressionné par la manœuvre, resserre ses ailes contre lui, se cachant presque sous elles dans une posture de soumission.

Associer des parties d'anatomie

Lorsque vous unissez le lion et l'aigle pour faire naître un griffon, les membres antérieurs du félin laissent place aux membres inférieurs de l'oiseau (chez les oiseaux, les ailes constituent les membres supérieurs). L'astuce pour dessiner un beau griffon est ensuite de relier les zones disparates de son anatomie. Les « coudes » du lion deviennent les « talons » de l'aigle, et la « cheville » de l'aigle devient le « poignet » du lion. Gardez ces parallèles en tête lorsque vous créerez votre créature.

Créer des effets de textures

S'entraîner aux techniques indiquées ci-dessous est un excellent exercice pour réussir à recréer la texture des écailles et des plumes, caractéristiques qu'on retrouve sur les dragons tout au long de ce livre. Pour vous aider, vous pouvez vous inspirer de photographies de personnes ou d'animaux réels dont les caractéristiques physiques sont proches de celles de la créature sur laquelle vous travaillez. Par exemple, observer les motifs que présentent les carapaces des tortues ou la peau écaillée des poissons peut vous être d'un grand secours pour trouver l'inspiration.

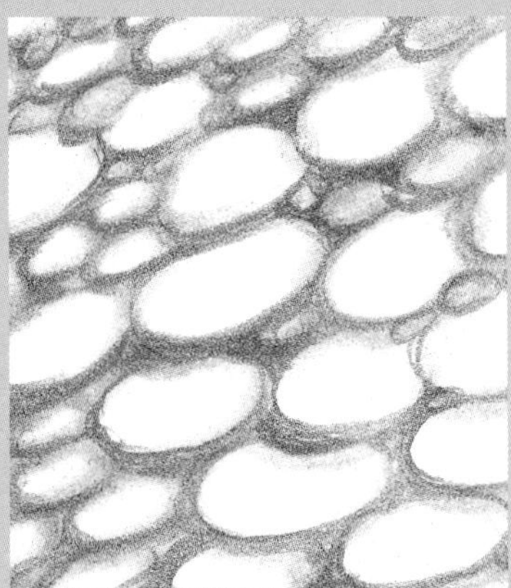

Écailles lisses Pour créer des écailles lisses, commencez par dessiner des ovales irréguliers, puis ombrez les interstices qui les séparent. Des écailles lisses comme celles-ci sont idéales pour la peau des dragons de mer.

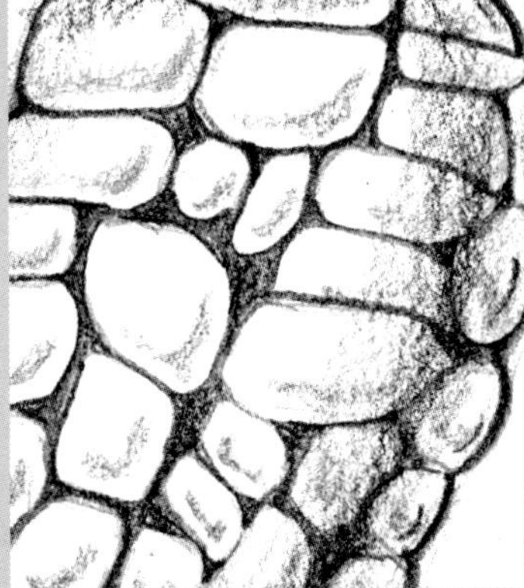

Écailles grossières Pour créer des écailles grossières, dessinez des formes irrégulières en suivant un alignement légèrement incurvé. Ombrez fortement les interstices qui séparent les écailles, puis ombrez ces dernières avec des traits de crayon parallèles légers.

Écailles épineuses Pour les écailles épineuses acérées, esquissez la forme au crayon 2H, en ajoutant les détails au crayon de couleur noir. Votre crayon ne doit pas être tenu serré afin de créer des arcs légèrement incurvés pour les épines aux diverses formes.

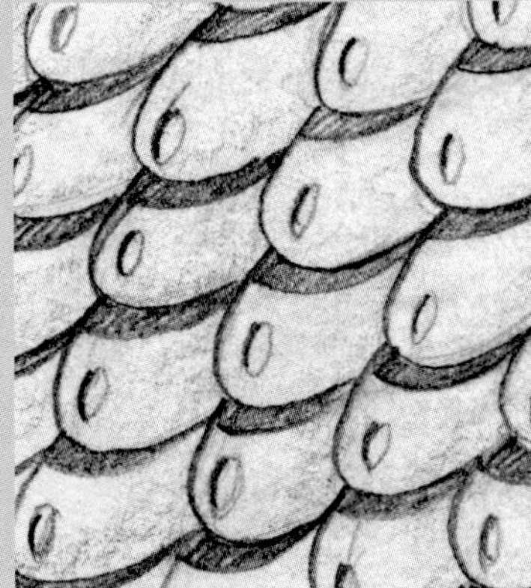

Écailles de poisson Pour les écailles comme celles de la plupart des dragons d'Asie, dessinez des arcs de diverses tailles. Recouvrez partiellement chaque écaille avec la couche suivante, puis ajoutez une ombre portée sous chacune, pour indiquer qu'elles se chevauchent.

Types d'ombrage

Les artistes utilisent diverses méthodes pour ombrer leurs dessins – la plupart vont du plus sombre au plus clair, commençant par les ombres les plus foncées avant de travailler sur le reste du dessin. Je préfère pour ma part affiner une zone à la fois, car cela m'aide à me focaliser sur chaque élément, comme la tête, les bras ou les jambes. Me concentrer sur des périmètres restreints me permet également de ne pas balader ma main plusieurs fois sur tout le dessin et ainsi d'éviter d'étaler le graphite. Comme vous pouvez le voir ci-contre, je développe la tête, le cou et une grande partie du poitrail avant de travailler le reste du corps, et je finis d'ombrer la queue avant d'ajouter les teintes les plus sombres et les détails tels que les plumes et les serres.

Utiliser la perspective atmosphérique Une fois que vous maîtrisez les grandes lignes de l'ombrage, vous pouvez utiliser d'autres techniques pour donner de la profondeur à votre dessin. Sur l'exemple de gauche, la queue du dragon s'éclaircit à mesure qu'elle s'éloigne : c'est ce qu'on appelle la « perspective atmosphérique » – la propension des objets à devenir plus clairs à mesure qu'ils prennent de la distance. Attention : cette technique ne s'applique qu'à des scènes de jour. Si votre dessin se passe de nuit, c'est l'inverse qui est vrai : les éléments les plus éloignés sont aussi les plus foncés, tandis que ceux qui sont proches sont plus clairs et mieux définis. Diminuer le degré de détail permet également de donner une impression de distance. Notez que la queue et les épines dorsales du dragon de droite s'éclaircissent et rapetissent à mesure qu'elles s'éloignent, même si on devine que les épines se prolongent sur toute la queue. Le dessin en n'est que plus convaincant.

Pégase

Pour certains, il est le fils de Poséidon, pour d'autres, il jaillit du corps de la Méduse lorsqu'elle se fit trancher la tête par Persée, qui l'utilisa pour s'enfuir. Par la suite, ce cheval ailé rejoignit les cieux et devint une constellation de l'hémisphère nord.

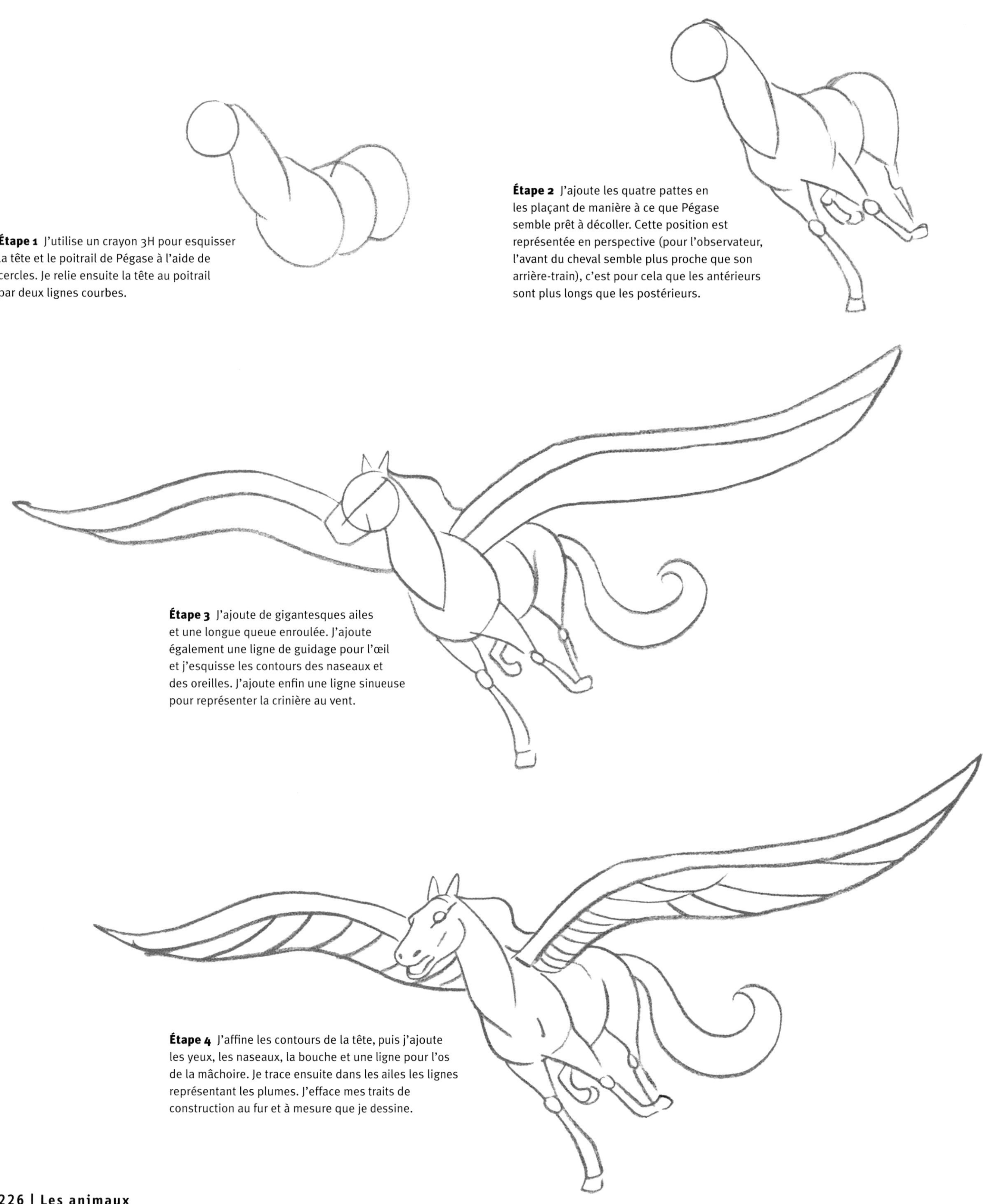

Étape 1 J'utilise un crayon 3H pour esquisser la tête et le poitrail de Pégase à l'aide de cercles. Je relie ensuite la tête au poitrail par deux lignes courbes.

Étape 2 J'ajoute les quatre pattes en les plaçant de manière à ce que Pégase semble prêt à décoller. Cette position est représentée en perspective (pour l'observateur, l'avant du cheval semble plus proche que son arrière-train), c'est pour cela que les antérieurs sont plus longs que les postérieurs.

Étape 3 J'ajoute de gigantesques ailes et une longue queue enroulée. J'ajoute également une ligne de guidage pour l'œil et j'esquisse les contours des naseaux et des oreilles. J'ajoute enfin une ligne sinueuse pour représenter la crinière au vent.

Étape 4 J'affine les contours de la tête, puis j'ajoute les yeux, les naseaux, la bouche et une ligne pour l'os de la mâchoire. Je trace ensuite dans les ailes les lignes représentant les plumes. J'efface mes traits de construction au fur et à mesure que je dessine.

Étape 5 J'affine les pattes, puis j'utilise un crayon 2B pour ombrer ces dernières, ainsi que la partie inférieure du poitrail. J'opte ensuite pour un ombrage léger, en me gardant d'appuyer trop fort, afin de donner l'illusion d'un pelage blanc. Je procède ensuite à l'ombrage de la tête, en insistant tout particulièrement sur les yeux et les naseaux ; je me contente seulement de suggérer les dents du bas à l'intérieur de la bouche ouverte.

Étape 6 J'efface tous les traits de construction superflus sur le poitrail et les membres. J'utilise alors un stylo à encre à pointe de 0,2 mm pour ajouter de longues courbes gracieuses au niveau de la crinière et de la queue. Je prends ensuite un crayon 2B pour ombrer la crinière, la queue et les sabots.

Étape 7 Avec le tranchant d'un crayon 2B, je trace de petits traits et de petits gribouillis sur les ailes, créant ainsi la texture des plumes. Je fais ressortir les zones ombrées des ailes à l'aide d'un stylo à encre à pointe 0,2 mm, en hachurant les pointes de ces dernières.

Cerbère

Fils de Typhon et d'Échidna, Cerbère garde les portes des enfers, gouvernés par Hadès ; Cerbère interdit l'entrée des enfers aux vivants et empêche les morts d'en sortir. Malgré son inflexibilité, il n'est pas infaillible : quelques héros, dont Héraclès (Hercule), Orphée et Hermès parviendront à déjouer sa vigilance ou même à le vaincre.

Étape 1 Avec un crayon 2H, je dessine les figures géométriques de base de la créature, en marquant l'orientation des trois têtes à la sortie du buste. L'utilisation de formes simples, comme celles-ci, permet de structurer plus facilement le dessin.

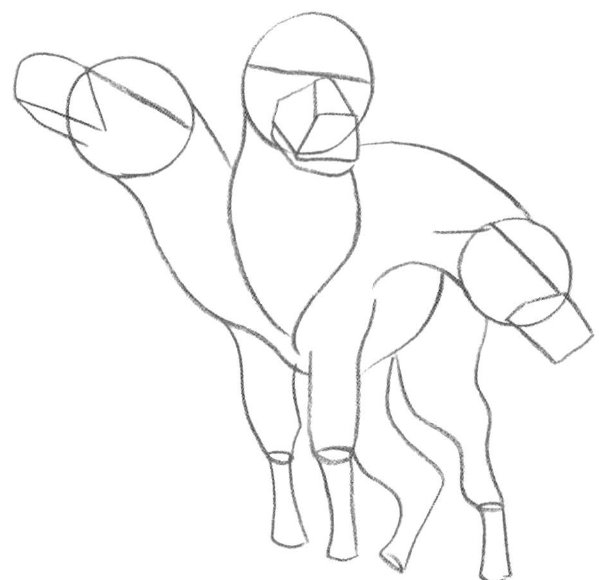

Étape 2 J'ajoute des museaux en forme de boîte sur les trois têtes et j'esquisse les pattes à l'aide de simples cylindres. Je m'assure de la justesse des proportions avant d'ajouter quoi que ce soit d'autre.

Étape 3 Je termine ensuite les pattes puis j'ajoute la queue. Je dessine ensuite les museaux et l'extrémité des pattes. La structure de base étant terminée, j'ai maintenant une vue globale des proportions d'ensemble.

Étape 4 Avec un crayon 2B, je dessine les yeux, le museau et la gueule des différentes têtes de chien. Pour qu'elles aient toutes une personnalité différente, je modifie légèrement ces derniers éléments d'une tête à l'autre. Alors que le chien de droite montre les dents, celui du milieu semble grogner et celui de gauche a un bout de langue qui dépasse légèrement de la gueule. J'ombre alors les yeux, les truffes et les gueules. Vous remarquerez l'intensité de la zone ombrée directement autour des pupilles.

Étape 5 Toujours au crayon 2B, je poursuis l'ombrage des têtes puis j'ajoute les oreilles et je dessine une ligne légèrement dentelée tout autour des têtes pour représenter les poils. J'affine ensuite les pattes, en dotant les doigts de griffes et les genoux de poils.

Étape 6 Je poursuis l'ombrage le long du cou de chacune des têtes jusqu'à leur corps commun. J'appuie plus fort sur le crayon de sorte à obtenir des contours et des ombres plus marqués et plus sombres. Cette technique renforce l'illusion de profondeur et de contours.

Étape 7 J'ajoute alors une dose différente de bave à chacune des têtes. Puis je m'intéresse à la queue. Cerbère ayant une queue écailleuse comme celle d'un serpent, je m'efforce de la rendre aussi différente que possible de son pelage. J'affûte mon crayon 2B et je procède par petits traits irréguliers pour obtenir un motif écailleux sur les bords de la queue. Vous remarquerez comment la dureté de ces traits s'oppose à la finesse des traits du pelage.

Étape 8 Je termine l'ombrage des pattes ; je fonce les griffes et j'ajoute des pointes acérées à la queue. Je retouche les faces, ajoutant des nuances plus foncées là où c'est nécessaire. Pour finir, j'ajoute quelques vibrisses (moustaches) sur chacune des têtes.

Le saviez-vous ?

- Le douzième (et dernier) travail du héros grec Héraclès (Hercule, chez les Romains) consistait à capturer le Cerbère. C'est Hadès et Perséphone, sa maîtresse, qui autorisèrent Héraclès à s'emparer du Cerbère, à condition qu'il ne lui fasse pas de mal.
- Certains auteurs ont attribué 50 (Hésiode), voire 100 têtes (Horace), au Cerbère.
- En grec ancien, le Cerbère était appelé « Kérberos ».

Fáfnir

Autrefois, Fáfnir, le dragon des Vikings, était un nain. Il donna un coup de main à son frère Regin pour assassiner leur père – le roi nain Hreidmar – afin de s'emparer de ses richesses. Mais après le meurtre, Fáfnir refusa de partager le trésor, et à cause de sa cupidité, il fut lentement transformé en dragon. Regin se vengea ensuite de l'égoïsme de son frère en incitant son fils Sigurd à tuer le dragon.

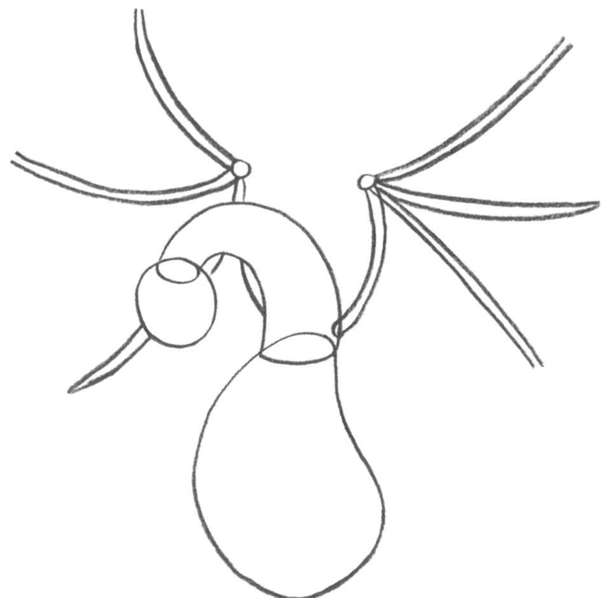

Étape 1 À l'aide d'un crayon 2H, j'ébauche les figures géométriques de base qui représentent la partie supérieure du dragon. Je dessine un contour en forme de larme pour le torse, un cylindre incurvé pour le cou et un petit cercle pour la tête. Puis je trace des lignes incurvées en forme d'épées pour les os alaires.

Étape 2 Je relie les os alaires avec des lignes courbes, en ajoutant de petits cercles au bout de chaque os. J'ajoute ensuite un long museau et deux yeux perçants. Je dessine des cercles, des boîtes et des cylindres pour ébaucher les bras et les jambes, puis je dessine la queue charnue.

Étape 3 J'ajoute maintenant quelques détails à la tête. Je dessine les cornes pointues, les ailerons palmés de chaque côté de la face, et le motif rayé qui part du sommet du crâne vers le front, et des yeux au nez. J'ajoute ensuite les narines et la bouche ouverte, en représentant deux crocs acérés sur la mâchoire supérieure. Je fais une ligne courbe pour indiquer le front plissé, puis j'efface les traits de construction restant sur la tête.

Étape 4 À l'aide des figures géométriques de base pour me guider, je développe les bras, les jambes, les mains et les pieds. J'ajoute des griffes acérées aux pieds et aux mains, puis je dessine des lignes incurvées pour indiquer la musculature sur les pattes. Le coude visible reçoit également une pointe. Puis j'ajoute des écailles en rayures le long du ventre et des pointes le long du cou et de la queue. Je fignole les ailes et le bout pointu de chaque os. Pour finir, j'efface mes derniers traits de construction.

Étape 5 Pour obtenir des nuances plus foncées et plus douces pour ce dragon, j'emploie un crayon de couleur noir pour commencer à rendre les détails de la face. J'ébauche lentement ces tons, avec un toucher léger. Je travaille avec un petit taille-crayon à la main, car le crayon de couleur est très tendre et il faut constamment le tailler pour les zones de détail.

Étape 6 J'exerce très peu de pression pour ombrer les ailes, en plaçant le ton le plus foncé le long des os et près du cou, là où la lumière ne passe pas. J'ajoute aussi des entailles et des déchirures sur les bords externes des ailes, et je fonce les bouts des pointes. J'ajoute ensuite de très fines veines partout sur les ailes, et j'applique un motif d'écailles sur les jambes et les bras, qui me rappellent un tissu matelassé. Je fonce davantage les pieds, en réservant les valeurs les plus foncées pour les griffes.

Étape 7 Je continue mon motif d'écailles sur le cou, le dos et la queue. Je préfère travailler sur une seule partie du corps à la fois, car cela m'aide à garder le motif approprié pour la zone sur laquelle je me concentre. Quand les écailles sont terminées, j'ajoute des ombres foncées là où elles se chevauchent. Ensuite, j'ombre les grandes écailles du ventre, en laissant le côté le plus proche plus clair afin d'indiquer que la lumière provient de la droite. Je fonce également les bouts des pointes le long du dos, et j'ajoute quelques « boutons » ronds à l'extrémité de la queue.

Le saviez-vous ?

- Pour tuer Fáfnir, Sigurd se dissimula dans une fosse couverte et attendit que le dragon passe pour le poignarder.
- Dans une version allemande de cette légende, Fáfnir commence sa vie sous la forme d'un géant et non d'un nain.
- Après avoir tué Fáfnir le dragon, Sigurd fit cuire son cœur et le mangea, ce qui lui apporta le pouvoir de comprendre le langage des oiseaux.
- Ce que Fáfnir ne savait pas, c'est que le trésor qu'il avait dérobé était maudit.

Le phénix

Après avoir vécu entre 500 et 1 000 ans, cet oiseau mythique se fabrique un bûcher funéraire en guise de nid et se laisse consumer par les flammes. Lorsque les braises refroidissent, un nouveau phénix jaillit des cendres. Il n'y a jamais qu'un seul et unique phénix en vie au monde. Le phénix est une créature bienveillante, symbole de vie et de résurrection.

Étape 1 À l'aide d'un crayon 2H, j'esquisse des formes simples pour représenter la tête, le bec, le corps et les pattes du phénix à leur place.

Étape 2 Je continue à ébaucher les formes élémentaires constitutives de la créature en ajoutant des cylindres courbes et rectilignes pour la structure des ailes et du cou et en traçant un triangle aux coins arrondis pour la queue.

Étape 3 Avec un crayon HB, je précise les contours du corps en veillant à ce que les pattes restent très minces et le cou recourbé. J'indique les contours des plumes sur les ailes et la queue et je dessine les serres pointues de la patte levée. J'orne l'arrière de la tête d'une crête, puis j'efface tous les traits de construction qui ne me servent plus.

Étape 4 À partir de cette étape, j'emploie un stylo calibré à pointe de 0,3 mm pour hachurer la tête, le cou et la poitrine de l'oiseau, recréant ce faisant la texture de son plumage. Je pose des hachures croisées là où les ombres sont les plus foncées.

Étape 5 Je traite maintenant les pattes en commençant par foncer beaucoup les cuisses puisque la lumière – arrêtée par le corps – n'y parvient pas. Je juxtapose de petits traits incurvés le long des pattes minces, et je pose une ombre sombre à la base du bec et sur sa partie inférieure.

Étape 6 Je fais descendre les petits traits courbes des pattes sur les serres, puis je cerne les contours de celles-ci et je les ombre. Enfin, sur les ailes, je dessine de grandes plumes en trois couches qui se chevauchent : j'emploie des hachures simples et croisées pour obtenir les différents tons nécessaires à la représentation de leur superposition. Il me reste à préciser les détails de l'œil et du bec avant d'effacer toutes traces de crayon à papier.

Étape 7 Toujours avec mon stylo calibré de 0,3 mm, je dessine des flammes autour de l'oiseau. Puis je noircis les extrémités de ces flammes avec un stylo à encre à pointe de 0,5 mm pour les faire ressortir. Et pour terminer, je réalise un lavis à l'encre de Chine qui va me servir à colorer le cœur des flammes. Ainsi mon Phénix se détachera-t-il mieux sur le feu.

Le Minotaure

Mi-taureau mi-homme, le Minotaure était une bête sauvage et carnivore née de l'union de la femme du roi Minos et d'un taureau blanc, volé par le roi au dieu de la mer, Poséidon. Pour punir Minos, Zeus fit naître l'amour entre son épouse et ce taureau, qui engendrèrent le Minotaure. Ce monstre fit tant de dégâts sur l'île de Crète que Minos demanda à l'architecte Dédale de construire un labyrinthe pour y emprisonner la bête, finalement vaincue par Thésée. Dans nos fictions et jeux contemporains, les minotaures ont traditionnellement le rôle de méchants mais sont toujours considérés comme des êtres supérieurement intelligents. On leur offre parfois le rôle de héros.

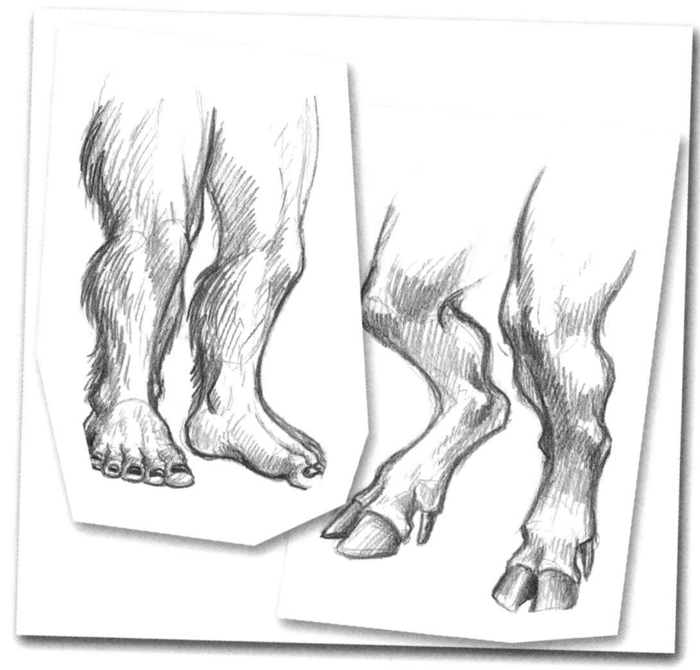

Créer les pieds et les jambes La technique que je préfère consiste à dessiner des pieds humains qui se terminent en sabot de taureau. À la place du talon, je trace le jarret, qui conduit à l'os et au sabot scindé en deux. Les minotaures ont des cuisses bien humaines, et leurs tibias sont hybrides. Leurs jambes ont en définitive un aspect arqué.

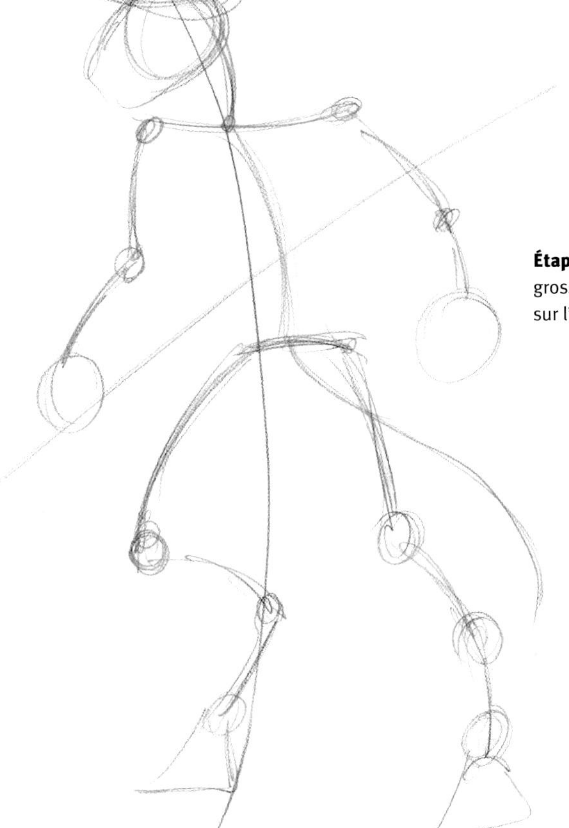

Étape 1 Je commence par tracer la ligne de mouvement avec un crayon HB. J'esquisse ensuite grossièrement le reste du personnage. Je veux qu'il soit légèrement voûté, et je l'indique déjà sur l'esquisse. J'ajoute également une ligne droite pour figurer sa longue crosse.

Étape 2 Toujours avec mon crayon HB, je commence à développer les volumes à l'aide de formes simples. Notez que j'attribue à ce minotaure une très grande panse, bien qu'il soit très musclé. Les taureaux sont en effet très puissants bien que trapus. Une autre caractéristique des animaux à sabot est leur paire de « griffes » (les ergots) derrière les deux moitiés du sabot, ce qui donne à penser que l'animal a quatre doigts de pied. Dans cette même idée, j'esquisse quatre doigts sur la main ouverte du minotaure.

Étape 3 J'affirme les formes de base pour ensuite les affiner en leur donnant plus de détails, comme les muscles, les genoux, les chevilles, le museau, la bouche et les sourcils. J'esquisse également par-dessus ses crins et ses vêtements, constitué d'une large ceinture enroulée autour d'un linge et d'un haut de toge. Je grossis ensuite l'une des extrémités de sa crosse et j'effile l'autre. J'ajoute une touffe de longs poils au bout de la queue. Je développe ensuite les sabots, gardant à l'esprit l'effet des quatre doigts de pied chez les bovins.

Étape 4 Maintenant que j'ai établi la structure de base, je lance l'assaut sur les détails, dont les cheveux et la barbe désordonnés, les vêtements en piteux état et les accessoires comme les manchettes cloutées, la ceinture et les boucles d'oreille. J'ajoute également un bout de tissu noué au bout de sa crosse, décoré de deux plumes et d'un cordon de perles.

Créer un effet homogène

Si le minotaure est un hybride entre l'homme et le taureau, il est important que ses traits et ses membres forment un ensemble homogène. Il donnera sinon l'impression d'être une somme de copier-coller. J'ai pour cela quelques astuces, dont celle d'écarter un peu plus les yeux que vous ne le feriez sur un visage de taureau. Cela humanise quelque peu l'animal. Je sculpte aussi les lèvres de manière à ce qu'elles soient plus charnues et modelées, se prêtant mieux à la parole et aux expressions du visage. Vous pouvez aussi dessiner de longs crins ou cheveux.

Étape 5 Une fois que j'ai posé les détails, je transfère mon dessin sur une feuille propre à l'aide d'une table lumineuse. Tandis que je calque mes lignes, j'affine les jointures des membres, et j'enlève le cordon de perles, qui semblait comme rajouté après coup.

Étape 6 A l'aide d'un crayon HB, j'ombre le dessin par un hachurage rapide. Je travaille sur la totalité du corps pour planifier mes zones claires et mes zones sombres. À ce stade, je modifie légèrement la barbe en la divisant en deux « queues ». Les paires et les objets scindés en deux sont un leitmotiv dans cette composition : la crosse et les sabots sont scindés, la première arbore deux feuilles et on compte deux tresses, deux ceintures, deux boucles d'oreille, etc.

Étape 7 Lorsque je suis satisfait de mon plan d'ombrage, j'utilise un 2B plus sec pour remplir les zones d'ombre les plus foncées, et un HB pour fondre ces zones d'ombre vers les parties plus claires. Je travaille les zones d'ombre par du hachurage et j'applique des coups de crayon plus doux, plus fluides pour créer les fondus. Notez toutefois que je ne supprime pas toutes mes hachures : j'en laisse certaines apparentes pour figurer la texture de la peau et des vêtements.

Étape 8 Je continue à appliquer du ton, toujours avec mon 2B pour les teintes sombres et mon HB pour fondre les valeurs foncées vers les teintes claires. Je m'attarde un peu plus sur les vêtements et j'assombris les points de couture sur la chemise pour les faire mieux ressortir sur le tissu clair. J'augmente par couches successives la valeur des cheveux et de la barbe. J'applique des traits verticaux sur les sabots pour leur donner une apparence fluide et lisse, mais également striée. J'inscris des motifs serrés sur le bracelet d'épaule pour faire penser à un tissu brodé ou travaillé. J'ajoute enfin des bandes sombres sur les plumes pour compléter les valeurs foncées de la scène.

Collection Dessiner, mode d'emploi

La collection de référence pour passer maître dans l'art de dessiner

Dessiner, mode d'emploi
ISBN : 978-2-7114-2159-6

Dessiner, mode d'emploi
Les animaux
ISBN : 978-2-7114-2235-7

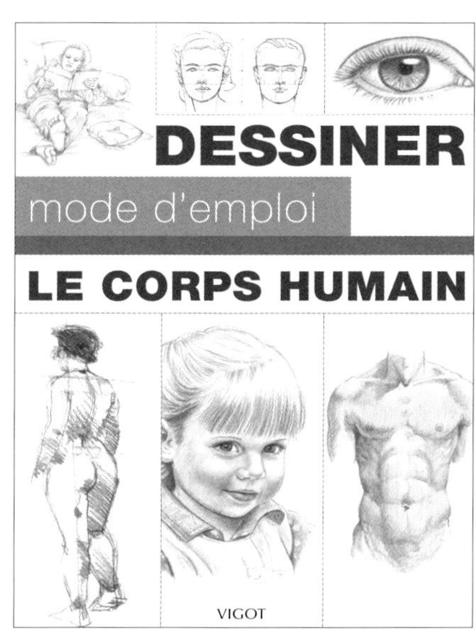

Dessiner, mode d'emploi
Le corps humain
ISBN : 978-2-7114-2234-0

CRÉDITS

Pages 3 en haut à droite, 43, 44-45, 85, 86-87, 107, 108, 109 © 1999, 2003, 2005, 2009 Michael Butkus

Pages 9, 10 en haut, 11 à gauche, 12 en bas (échelle de valeurs) © 1997, 2003, 2006 Diane Cardacci

Page 216 © Walter Foster Publishing, Inc. Artwork © Sherm Cohen

Pages 218, 219, 220 en bas, 221, 222, 223, 224 en haut, 225 en bas, 234-237 © 2009 Walter Foster Publishing, Inc. Artwork © 2009 Joana Contreras (Kythera of Anevern)

Pages 220 en haut, 224 encadré, 225 en haut, 226-233 © 2007 Michael Dobrzycki

Pages 2 en bas, 3 à gauche en bas, 5, 11, 18, 19, 24, 26, 27, 30, 31-37, 42, 52, 53, 65-67, 76, 77, 88-98, 106, 110, 111, 115, 120-124, 129,130, 131, 134, 135, 148, 149, 156-159, 202, 240, 1re de couverture (biche) © 1989, 1990, 1997, 1998, 2003, 2009 Walter T. Foster

Pages 132, 133, 136-145, 154, 155, 160-163 et 1re de couverture (cheval) © Patricia Getha

Page 13 © 2004, 2005, 2009 Ken Goldman

Pages 210-213 © 1998, 2004 Jack Kelly

Pages 3 en bas à droite, 198, 199, 200, 201, 203-209, 214-215, 217 © 1999, 2004 © Jack Kelly et Carson van Osten

Pages 128, 150-153 © 1989, 1998, 2003 Michelle Maltseff

Pages 2 à gauche et en haut à droite, 4, 15, 28, 29, 40, 41, 46, 50, 51, 54, 56-64, 68-74, 164, 165, 170-175 et 4e de couverture (tigre, marmotte, panda) © 1989, 1997, 2001, 2003, 2004, 2005, 2006, 2009 William F. Powell

Page 10 en bas © Carol Rosinski

Pages 47, 84, 102-105, 192-197 © 2007 Nolon Stacey

Pages 3, 25, 55, 75, 78, 79, 80-83, 99-101, 112-114, 116-119, 125-127, 146, 147, 1re de couverture (chien, chat), 1989, 1998, 2003, 2005, 2009 Mia Tavonatti

Pages 1, 3 en haut à droite, 12 en haut, 14, 16, 17, 20-23, 38, 39, 48, 49, 166-169, 176-191, 1re de couverture (girafes), 4e de couverture (lionne) © 2008 Linda Weil

Traduit de l'anglais par Sophie Lecoq (pp. 5, 7-10, 12, 14, 16-17, 20-23, 31, 38-39, 43, 47-48, 51, 75, 85, 102-105, 107, 129, 132-133, 136-145, 154-155, 160-163, 165-197, 199-201, 203-217, 219-225, 234-237), Simone Honnorat (pp. 11, 18-19, 24, 26-27, 30, 32-37, 52-53, 65-67, 76-77, 88-91, 92-93, 95-98, 110-115, 120-125, 130-131, 134-135, 148-153, 156-159, 202, 224, 230-231), Hélène Tallon (pp. 6, 15, 28-29, 44-45, 54, 59, 64, 86-87, 94, 99, 108-109, 116, 119, 126, 146-147, 232-233), Véronique Cebal (pp. 40-41, 46, 49, 56-58, 60-63, 68-74, Laurence Richard (pp. 25, 55, 78-83, 100-101, Claude Checconi (pp. 226-229), Ghislaine Tamisier (p. 13)

Réalisation de la version française : Patrick Leleux PAO

ISBN : 978-2-7114-2235-7
Dépôt légal : octobre 2012
Achevé d'imprimer en Chine